A OESTE DO ÉDEN

JEAN STEIN

A oeste do Éden

Um lugar americano

Tradução
Denise Bottmann

Companhia Das Letras

Grafia atualizada segundo o Acordo Ortográfico da Língua Portuguesa de 1990, que entrou em vigor no Brasil em 2009.

Título original
West of Eden: An American Place

Capa
Gabrielle Bordwin

Imagem de capa
Back of Hollywood, 1977, óleo sobre tela
de Ed Ruscha, 55 x 200 cm, cortesia do autor.

Preparação
Lígia Azevedo

Revisão
Carmen T. S. Costa
Huendel Viana

Dados Internacionais de Catalogação na Publicação (CIP)
(Câmara Brasileira do Livro, SP, Brasil)

Stein, Jean
A oeste do Éden : Um lugar americano / Jean Stein; tradução Denise Bottmann. — 1ª ed. — São Paulo : Companhia das Letras, 2017.

Título original: West of Eden: An American Place
ISBN 978-85-359-2893-8

1. História oral 2. Hollywood (Los Angeles, Calif.) - Biografia 3. Hollywood (Los Angeles, Calif.) - Condições sociais 4. Hollywood (Los Angeles, Calif.) - História 5. Hollywood (Los Angeles, Calif.) - Usos e costumes I. Título.

17-02012 CDD-979.494

Índice para catálogo sistemático:
1. Histórias orais : Hollywood : Estados Unidos : Biografia 974.494

[2017]

EDITORA SCHWARCZ S.A.
Rua Bandeira Paulista, 702, cj. 32
04532-002 — São Paulo — SP
Telefone: (11) 3707-3500
www.companhiadasletras.com.br
www.blogdacompanhia.com.br
facebook.com/companhiadasletras
instagram.com/companhiadasletras
twitter.com/cialetras

Às minhas filhas,
Katrina e Wendy

Sumário

Prólogo: Bem-vindo a Los Angeles

MIKE DAVIS: Quando eu era mais novo, fiz um acerto com a Gray Line Tours para trabalhar à noite e nos fins de semana (dizia-se "fazer um bico fora do expediente"). A empresa promovia excursões pelo Aquário Marineland do Pacífico, pelo cemitério de Forest Lawn, por Hollywood Park e pela Universal Studios, além de transportar participantes de convenções pelo centro da cidade. Com um horário muito apertado, eu passava a maior parte do tempo na concorrida excursão por Hollywood e Beverly Hills. A gente usava um uniforme de piloto de avião que parecia saído de uma comédia de Mel Brooks.

A empresa não nos dizia o que devíamos falar durante os passeios, era bem esquisito. Havia um itinerário fixo, claro, mas fora isso os motoristas novos tinham de dar uma grana para os mais antigos, que então lhes passavam os endereços das celebridades e o script do "áudio" que acompanhava o percurso. Eu era pão-duro e não entrei nessa. Escolhia uma mansão a esmo e inventava qualquer coisa. Em geral não dava problema, mas de vez em quando um fã inveterado me pegava no pulo. Lembro que uma vez me saí com essa: "Olhem — *I Love Lucy!* É a casa dela. Vou diminuir a velocidade para vocês tirarem fotos". Aí uma senhora no fundo do ônibus ficou simplesmente histérica. "Já fiz essa excursão várias vezes, essa não é a casa de Lucille Ball! A dela fica a três quadras daqui."

Beverly Hills era fácil. A parte mais alucinada da coisa consistia em levar os turistas de Iowa pelo Hollywood Boulevard. Estávamos no começo dos anos 1970, Hollywood era pós-*flower power*, pós-Manson. Nas calçadas fervilhava uma garotada que tinha fugido de casa, putas e michês, gente delirando, viciados em heroína com duas semanas de vida pela frente — o epicentro da miséria humana. Era um lugar medonho, sobretudo no passeio Hollywood à Noite. Eu costumava encostar na esquina do Grauman's Chinese e os turistas desembarcavam para ir venerar as pegadas na Calçada da Fama. Então eu me trancava no ônibus. Fechava as janelas e dizia para mim mesmo: "Longe daqui, seus zumbis! Vocês não me pegam. Vão devorar os turistas!". Era bizarro, mas os turistas saíam e, cercados pela miséria, exclamavam emocionados: "As pegadas da Ava Gardner!". Quer dizer, podiam encontrar um cara nu estendido na rua ou estrebuchando de overdose, espumando pela boca, e eles saltavam sobre o corpo e diziam: "Ah! Victor McLaglen, eu lembro dele!". Ficavam extasiados, e eu, mortificado. Não se sentiam minimamente incomodados com a enorme distância moral entre o mito de Hollywood e sua realidade concreta — só enxergavam o que já traziam gravado na cabeça. Era absolutamente surreal, e eu me sentia de volta a *O dia do gafanhoto*. O que Nathanael West queria dizer, claro, é que as massas, no fundo, querem é matar e devorar, canibalizar suas divindades-celebridades.

Ainda bem que havia algumas exceções memoráveis. O Sindicato dos Estivadores costumava promover excursões para os americanos de ascendência japonesa e filipina que trabalhavam nos canaviais do Havaí. Eu sempre pegava esses grupos. Era um pessoal incrível, eles gostavam de casos e piadas. Interessavam-se por história, inclusive por pitacos de história das minorias. Depois tinha os caras que eu desprezava mesmo: os sujeitos que estavam lá para as convenções, quarentões brancos e bêbados com a libido escapando das calças. Aqueles filhos da mãe hipócritas e devassos supunham que todo motorista da Gray Line era automaticamente um cafetão (enfim, vários eram) que ia arranjar para eles uma adolescente de quinze anos. A coisa era ainda mais nojenta porque a gente sabia que a maioria desses babacas era pai de família supostamente honrado e membro do Rotary de alguma cidade de médio porte no Centro-Oeste.

A Gray Line tinha dois tipos de ônibus. O de excursão normal era um American Eagle de segunda mão, descartado da frota da Greyhound. Para transportar os caras das convenções e tipos do gênero, a gente guiava uns ônibus velhos da linha urbana municipal, sem bagageiro, apelidados de "fundo chato". Às vezes eram seis, sete, oito deles que iam até a Universal Studios. Aí era legal porque a gente não precisava fazer nada, só largava os sujeitos no estacionamento. Os motoristas se juntavam num ônibus, circulava uma garrafa de bebida. Metade deles ficava trabalhando de cafetão ou vendendo tralha atrás dos ônibus. Um dia a gente estava no meu ônibus quando vimos outro passando lentamente e depois ganhando velocidade. Hoje, como os caminhões de carga pesada, os ônibus têm um "superfreio" — parece um botão vermelho grande — que fixa as rodas no lugar quando eles param. Acho que aquele motorista não notou que o estacionamento gigantesco da Universal tem uma ligeira descida. Então o ônibus começou a dar ré, bem devagarinho, mas depois foi pegando embalo. Os motoristas gritaram: "Abra a porta, Mike!". Abri e fomos todos correndo atrás do ônibus, mas era tarde demais. Ficamos olhando com um misto de horror e fascinação aquela lata-velha que continuava a descer e então despencava na Hollywood Freeway.

I. OS DOHENY

Loma Vista Drive, 905, Beverly Hills

A mansão Greystone, construída para o filho de Edward L. Doheny.

Uma estrada sinuosa descia entre os muros de contenção até os portões de ferro abertos. Além das grades a colina se estendia por vários quilômetros. Nessa parte mais baixa, dava para enxergar vagamente, ao longe, algumas das antigas estruturas de madeira no campo de petróleo que havia feito a fortuna dos Sternwood. [...] *Uma pequena parte ainda funcionava, com poços bombeando de cinco a seis barris por dia. Os* Sternwood, *tendo se mudado para o alto da colina, agora não sentiam mais o cheiro do petróleo ou da água parada dos reservatórios, mas ainda podiam olhar pela janela e ver o que lhes trouxera riqueza. Se quisessem. Não creio que quisessem.*

Raymond Chandler, *O sono eterno*

RICHARD RAYNER: É da natureza dos escândalos que, uma vez aberta a caixa de Pandora, a coisa sempre acaba sendo mais turva, mais recôndita, mais retorcida e muito mais extensa e duradoura do que se poderia imaginar antes de abrir a caixa. A história de Edward L. Doheny se concentra em torno de uma caixa de Pandora que desencadeou uma sequência extraordinária de acontecimentos, que prenderam a atenção do país durante toda uma década. Envolveu a queda e a morte de um presidente. Envolveu milhões e milhões de dólares pagos a alguns dos melhores advogados do país. Envolveu dois assassinatos intimamente ligados a Doheny em circunstâncias ainda muito obscuras. E terminou com a derrocada deste que a certa altura foi o homem mais rico dos Estados Unidos. Doheny morreu em 1935 falido e em desgraça, em larga medida por suas próprias ações e por sua obstinação em se proteger.

PATRICK "NED" DOHENY: Meu bisavô ficou chocado com o modo como tudo aconteceu. Se você for pensar como é que um cara forte daqueles quebrou, fica imaginando como foi enfrentar tudo aquilo, que tipo de sujeito ele tinha de ser para sobreviver àquilo. Foi uma tragédia, mas os livros de história sempre distorcem a figura dele. O que mais me dói na leitura que fazem da nossa família é a crueldade atribuída. Fico transtornado que alguém como o meu bisavô, que foi uma figura tão inspiradora, seja substituído por uma caricatura idiota. É uma sandice.

O que meu bisavô fez foi fora de série — a riqueza que ele acumulou, o sucesso que gozou, sua aventura tão excêntrica. Esse negócio todo em *Sangue negro* é totalmente apócrifo. Não tem um fiapo de verdade. A única parte verídica do filme é o começo, ele sozinho no poço da mina: meu bisavô sempre dizia que uma vez tinha caído num e quebrado as pernas. Mas o resto é invenção. Toda essa gente — Upton Sinclair com *Petróleo!* e depois o pessoal do cinema — queria promover seus próprios interesses, e é ridículo confundir esses interesses com a história. Gostei do filme e achei Daniel Day-Lewis maravilhoso no papel. Mas não tem absolutamente nada a ver com a minha família. A história real é muito mais interessante do que qualquer coisa que tenham apresentado.

> *Embaralhe as cartas e inicie uma nova rodada de pôquer: as mãos são diferentes da rodada anterior, mas é o mesmo baralho, o mesmo jogo, com o mesmo espírito, os jogadores sérios e quietos, envoltos numa nuvem de fumaça.*
>
> Upton Sinclair, *Petróleo!*

RICHARD RAYNER: A saga de Doheny tem um papel central na história de Los Angeles, sob todos os aspectos. Costuma-se pensar que Mulholland foi o padrinho ardiloso que deu existência a LA porque trouxe água e permitiu que a cidade crescesse. Mas Doheny simboliza a outra forma de adquirir riqueza nos primeiros trinta anos de efetivo crescimento. Entre 1900 e 1930, a população passou de uns 100 mil para 1,25 milhão de habitantes.

MIKE DAVIS: A história recente de Los Angeles tinha sido uma montanha-russa: no começo empolgante, depois assustadora. No final de 1885, a chegada da ferrovia de Santa Fe na Califórnia do Sul rompeu o monopólio de uma década da Southern Pacific. Em março, teve início a mais extraordinária guerra de preços da história americana, com as passagens de Chicago caindo para o valor absurdo de um dólar, depois se estabilizando em dez. Duzentos mil turistas curiosos aproveitaram o preço baixo para conhecer a Terra do Sol e banhar os pés no Oceano Pacífico. Mas primeiro foi preciso montar um esquadrão de corretores imobiliários com seus homens-placa, que ficavam do lado de fora das estações esperando para vender a quem desembarcava no terreno dos sonhos, num dos novos subúrbios ajardinados ou nos montes áridos dos arredores. Los Angeles estava construindo calçadas de concreto ultramodernas, mas as ruas principais continuavam a ser de terra e cascalho, com muita lama. Um velho explorador como Doheny provavelmente preferia pedra e chão batido. Também devia gostar da área inexplorada, arraigada em torno de toda a cidade. Los Angeles tinha pouca água e nenhum carvão, nenhum porto em boas condições, indústria nenhuma. Era uma região afastada e ainda não desenvolvida, com permanente falta de capital. Mas os locais mantinham em segredo essas desvantagens enormes — os recém-chegados, ao ver o Éden, se deixavam convencer com facilidade e compravam um terreno.

RICHARD RAYNER: A população era movida a petróleo, e Doheny foi o cara que criou o setor petrolífero de LA, muito embora tenha amealhado a maior parte de sua fortuna no México. Nos anos 1920, LA produzia 20% de todo o petróleo do mundo. Quando a gente olha as fotos das enormes extensões ocupadas pelos poços ou lê *Petróleo!*, dá para ver isso. É um troço vertiginoso, e Doheny foi o responsável. Mas todos aqueles anos da vida dele, antes desse período, quando percorria o Oeste nas décadas de 1870 e 1880, a gente não sabe muita coisa sobre eles. Só passamos realmente a conhecer Doheny quando ele já tinha por volta de quarenta anos. Imagino que devia estar bastante desesperado na época, pois nada tinha dado certo. Mas conhecemos a história da primeira mulher, que ele largou, e é uma história bem sombria.

MARYANN BONINO: Edward Doheny casou com a primeira mulher, Carrie Wilkins, em Kingston, no Novo México, em 1883. Ela não chegou a conhecer o pai, um cirurgião da Guerra Civil que se alistou quando a filha era bebê e não voltou. Ela e a mãe levaram uma vida de pioneiros — muito difícil, sobretudo para mulheres que tinham de se sustentar sozinhas. Apesar de tudo, Carrie parece ter desenvolvido uma sensibilidade considerável.

Participava ativamente na Igreja episcopal e era uma cantora amadora muito cativante, despertando "o entusiasmo de uma grande audiência" quando ela e Edward moraram em Kingston e, mais tarde, em Silver City. Depois que se mudaram para Los Angeles, em 1891, a vida emocional e financeira de ambos foi marcada por uma sucessão de altos e baixos. Tiveram um filho, Ned, em 1893; a filha Eileen morrera um ano antes, aos sete, de febre reumática. Edward descobriu petróleo em Los Angeles e no condado de Orange, mas, devido aos novos riscos empresariais, as coisas ficaram muito difíceis em termos financeiros — o que explicaria por que trocaram de casa todo ano entre 1895 e 1899. No final de abril de 1899, Carrie decidiu dar um tempo e foi para San Francisco, levando Ned. Talvez tenha ido para o norte porque o próprio Edward estava se transferindo para o condado de Kern, onde acabara de encontrar petróleo. Mas, como Carrie nunca mais voltou, pode ter ido embora por outra razão. Nessa época, Estelle Betzold, que mais tarde se tornaria a segunda mulher de Edward, trabalhava como telefonista — muito provavelmente no mesmo edifício onde ficava o escritório dele. Dizem que Edward ouviu sua voz e ficou encantado. Ela de fato tinha uma voz encantadora — todos diziam isso — e um jeito alegre e atrevido. Talvez a partida de Carrie tenha coincidido com o início do flerte entre Estelle e Edward.

Carrie só se divorciou de Edward onze meses depois de deixá-lo. Mesmo então, e até depois de se mudar para Oakland, ainda devia gostar dele. No final de setembro de 1900 — cerca de um mês após o casamento de Edward e Estelle e três semanas depois de ele levar a nova mulher para San Francisco (provavelmente atravessando a baía até Oakland) —, Carrie se matou. As biografias publicadas de Doheny sugerem enfaticamente que ela possuía algum distúrbio, mas os fatos apontam para outra coisa.

CAROLE WELLS DOHENY: Carrie ficou tão abatida com o casamento dele que se matou. A família depois herdou sua depressão. É uma coisa muito cruel. Mas ninguém fala de verdade sobre ela.

MARYANN BONINO: Carrie ingeriu fluido de bateria. Segundo as empregadas, ela teria confundido com um remédio que havia encomendado na farmácia. Talvez tenha encenado a coisa para parecer acidental. Ned provavelmente estava lá. Ela tomou o fluido de manhã, quando ele deveria estar na escola, mas Ned certamente estava em casa ao longo dos desdobramentos e ouviu ecos de seus "gritos violentos" que se prolongaram por algumas horas. Ele continuou naquela mesma casa por quase dez meses depois da morte da mãe. Talvez Edward e Estelle tenham achado melhor deixá-lo em Oakland com os empregados conhecidos e a rotina a que estava acostumado. Eles próprios ficaram devastados com os acontecimentos. Além do choque com o suicídio, o casamento deles, realizado menos de um mês antes, havia sido totalmente inesperado. Não tinham casa para morar e Edward estava com um volume enorme de trabalho, devido à sorte incrível que tivera com a descoberta de petróleo no México. Seu plano não deu certo: Ned fazia muita birra e batia na governanta. No final de julho de 1901, Estelle estava em Oakland cuidando pessoalmente do pequeno, e duas semanas depois escreveu a Edward: "Nós dois, você e eu, seríamos condenados por assassinato se dessa vez não tivéssemos acorrido".

RICHARD RAYNER: A história do envolvimento de Doheny no México é extraordinária. É uma fantástica aventura de arrojo empresarial e, ao mesmo tempo, de pura e descarada roubalheira e manipulação. À base de propinas, Doheny foi abrindo seu caminho por toda a hierarquia do governo mexicano até se tornar amigo do presidente Porfírio Diaz, de quem obteve direitos exclusivos de explorar poços de petróleo numa área perto da cidade de Tampico, que naquela época possuía as maiores reservas do mundo. Depois da queda de seu amigo Díaz, ele foi hábil o bastante para manter suas concessões, sobrevivendo às várias mudanças políticas e às insurreições seguintes.

PATRICK "NED" DOHENY: Quanto ao negócio todo com os terrenos petrolíferos no México, meu deus, havia países inteiros atrás daquilo. Os ingleses estavam lá, os alemães também. Foi onde se originou a música *ranchera*, que é basicamente a *oompa* da Alemanha. E é por isso também que a cerveja mexicana é tão boa. Todos tentavam dar todo o apoio possível a qualquer tiranete, para garantir que poriam as mãos nos recursos naturais que havia lá.

RICHARD RAYNER: De 1903 a 1918, Doheny fez 65 viagens ao México, subornando as autoridades e convertendo uma área enorme de 450 mil acres num feudo pessoal, num apartheid. Era um microcosmo e uma ampliação daquilo que os Estados Unidos tentavam fingir que não eram naquela época. Não admira que muita gente no México se indignasse contra Doheny e o odiasse. Os relatórios do Departamento de Investigação da época, o precursor do Departamento Federal de Investigação (FBI), trazem informes de vários revolucionários mexicanos cercando a mansão de Doheny em Chester Place, LA. Pelo menos um historiador, Dan La Botz, aventa que Doheny estivesse por trás do assassinato de Venustiano Carranza, o presidente constitucional do México que queria nacionalizar o setor petrolífero. Verdade ou não, logo Doheny viu claramente que o movimento esquerdista no México podia ser uma ameaça para ele, e criou um exército particular para proteger suas extensas propriedades, sobretudo na época em que o México gestava uma revolução. Mas o que ele queria mesmo era que os fuzileiros navais americanos ocupassem o México, e assim ele não precisaria proteger tudo por conta própria. Em todo o processo, Doheny conseguiu se manter por vários meios. E despertou muito ressentimento por lá.

JOHN CREEL: Edward Doheny percebeu que meu tio-avô, Enrique Creel, poderia ser útil para seus planos, visto que ele era um importante banqueiro e político no México, com estreitas ligações com o presidente Díaz. Quando Enrique era o embaixador mexi-

O maior poço de petróleo do mundo, Cerro Azul nº 4, México, fevereiro de 1916.

cano nos Estados Unidos, Doheny ofereceu um banquete em sua homenagem no Alexandria Hotel, um local exclusivo em Los Angeles. O evento, que o *Los Angeles Examiner* considerou como "um dos mais notáveis já realizados na Califórnia", tinha como entrada caviar imperial d'Astrakhan. Doheny chegou a providenciar fontes que soltavam jorros vermelhos, brancos e verdes, com a voz de Caruso entretendo os convivas ao fundo. O evento saiu por pelo menos 150 dólares por pessoa — dólares de 1907 —, e foi tido como "uma extravagância descomunal" pelo *Los Angeles Times*, rival do *Examiner*. Eu adoraria estar lá. Eles sabiam receber bem, não é mesmo?

RICHARD RAYNER: Talvez não por acaso, uma semana antes do banquete que Doheny ofereceu a Enrique Creel, uma equipe de detetives particulares em LA a serviço de Creel deteve brutalmente o intelectual mexicano fugitivo Ricardo Flores Magón, importante anarquista que defendia a reforma agrária em seu país. Doheny conseguiu preservar seu pedaço do México com uma fantástica mistura de ousadia e corrupção, em um de seus momentos de audácia.

PATRICK "NED" DOHENY: Estelle tentava segurar as pontas. Passava períodos de total solidão, em que nunca via o marido, e então de repente ele aparecia, voltando do México. Era provavelmente o homem mais rico dos Estados Unidos. Você consegue imaginar como era estar nessa situação, naquela época? Pelo amor de deus, você era uma telefonista e aí Steinway constrói um piano com o busto do seu filho gravado nas duas laterais do teclado? Pode consultar o catálogo Steinway. Eles fizeram um piano com a cabeça de Ned entalhada. Isso não é realidade — é outra esfera.

CAROLE WELLS DOHENY: Edward e Estelle estavam em San Francisco na Feira Mundial quando ela viu aquela maravilhosa exposição de Pompeia com colunas de mármore rosa e preto. Dezoito dessas colunas formavam um conjunto oval, e ela disse: "Adoraria um salão de baile assim". Então ele mandou desmontar o conjunto e levar para Chester Place. Você não gostaria de dizer: "Adoraria ter tal coisa", e pronto?

RICHARD RAYNER: A casa Doheny não é um lugar no qual você se imagina morando, mas o que eles realmente queriam era uma espécie de fantasia da Era de Ouro.

Edward e Estelle Doheny na recepção ao ar livre de 24 de junho de 1915, Los Angeles Times.

O Salão Pompeiano na mansão de Edward L. Doheny.

PATRICK "NED" DOHENY: Ned é a figura ausente em nossa família, e ter o mesmo nome dele é muito esquisito para mim. Não faço ideia de como era esse cara, o pai do meu pai. Daria tudo para tê-lo conhecido. Sinto falta dele. Mesmo. Não ter conhecido esse avô é deixá-lo entregue às sombras da memória de outra pessoa. Às vezes penso que meus pais me deram esse nome para homenagear ou ligar esse antepassado a mim, ainda que inconscientemente. Não é fácil, mas talvez minha relação com esse sujeito, sobre quem não sei nada, de alguma forma traga alguma sanidade. Sua mãe se mata e você ainda é escanteado? Não sei o quanto ele presenciou, mas é uma maneira horrível de morrer, ter o corpo corroído por dentro daquele jeito. Meu bisavô providenciou uma boa sepultura para a primeira mulher, Carrie. A nova mulher tinha o mesmo nome da mãe de Ned, embora em geral fosse chamada pelo segundo nome, Estelle. Devia ser surreal.

MARYANN BONINO: Ned certamente sentiu falta da mãe, mas Estelle lhe deu muito amor, e era sincera. Ele a aceitou como mãe substituta quase de imediato. Mas os danos que ele sofreu foram muito grandes, e ele continuou fazendo cena. Você vê a infelicidade dele nas fotos — mesmo mais velho.

TOPSY DOHENY: Em 1914, Ned casou com Lucy Smith, com a aprovação dos pais dele. Já haviam convivido bastante: papai e mamãe D. chegaram a levar Ned e Lucy numa longa viagem à Europa depois que ele saiu da Marinha. Foi quando o romance deu liga, no navio cruzando o Atlântico. Não existe nada igual a romance de navio. Pelo que diz meu marido, Tim, foi assim que os pais dele ficaram juntos.

RICHARD RAYNER: Os dois se deram muito bem. Os pais de Lucy ficaram muito felizes que ela fosse com os Doheny nessa excursão pela Europa, que certamente foi a hora em que o patriarca se permitiu dizer: "Bem, agora cheguei lá, vou dar uma pausa, vamos para a Europa. Tenho alguns negócios por lá, mas levarei Estelle e Ned e vamos nos esbaldar". William Randolph

Hearst deu a eles seu guia pessoal para a Europa. Embarcaram no *Olympic*. Dois anos antes, quando o *Titanic*, vindo no outro sentido, afundou, Doheny foi um dos primeiros a entrar em contato com o *Los Angeles Examiner*, o jornal de Hearst, dizendo que ouvira falar que o navio estava naufragando. Nem desconfiava que sua própria vida, seu próprio império no futuro colidiriam no iceberg que foi o Teapot Dome e também começariam a naufragar.

ANSON LISK: Ned era filho único e, quando casou com Lucy, os dois decidiram morar em Beverly Hills e construir Greystone. Eu morava bem ao lado, na Fazenda Doheny. Meu pai, que era casado com a irmã mais velha de Lucy, administrava e dirigia todas as fazendas de Doheny espalhadas pela Califórnia. Ned e Lucy tiveram cinco filhos: Dickie Dell, Larry, Bill, Pat e Tim. Cresci com eles. Lucy parecia um sargento. Queria controlar a vida de todo mundo e controlava mesmo. Até minha mãe e meus tios estavam sob o comando dela.

ANN SMITH BLACK: Meu pai era irmão de Lucy Smith Doheny, e por isso, quando criança, a cada quinze dias íamos passar um fim de semana em Greystone. Meu avô Smith foi um dos responsáveis por trazer a ferrovia de Santa Fe para o Oeste. Meus avós viviam originalmente em Pasadena, num casarão que ainda está de pé, e foi lá que Lucy e Ned se casaram. Ele ia para a Universidade do Sul da Califórnia, a USC, e queria ser médico.

Lucy era a caçula, mas quando casou com Ned Doheny todos se submeteram a ela. E era o que Lucy queria. Ela sabia ser durona. Nunca veio para cima de mim, mas intimidava todos os outros.

LARRY NIVEN: Minha avó comandava com mão de ferro. Era franzina, mas irritadiça e peculiar. Desde o começo sabia que apelido queria para si e nos disse: "Fofa". Não era fofa, mas era divertida. Certa vez, estava numa festa, talvez em Greystone, e reconheceu um homem. Ela perguntou: "Você não me conhece?", e ele respondeu: "Não, creio que não". Então ela se virou e mostrou a bunda. Era seu ginecologista.

TOPSY DOHENY: O apelido dela era Fofa, mas nós, os parentes mais próximos — meu marido Tim e todos daquela geração —, a chamávamos de Fera. Você via na hora que não devia contrariá-la. Sempre tive um pouco de medo dela. Era muito severa. Uma vez chegou a quebrar uma escova de cabelo em Tim. Ele não se incomodou — tinha ideias próprias e não se intimidava. Era o mais rebelde, não se assustava com nada que ela dissesse ou fizesse. Um dos modos de humilhar os meninos era fazê-los vestir um dos vestidos velhos da irmã Dickie e ameaçar mandá-los assim para a escola. Ela fez isso com todos eles. Quando Tim ficou mais velho e continuou malcriado, a mãe mandou que ele pusesse o vestido. Claro que ele já tinha visto os outros garotos usando aquela roupa, se acovardando e cedendo, mas ele não faria isso. Tim não se submeteu. Começou a dançar, dizendo: "Ah, fica tão bem em mim! É lindo de morrer, mami, amei, adorei!". Ela ficou totalmente desconcertada. Nunca mais tentou aquele método. Tim tinha puxado muito à mãe e simplesmente dava o troco. Sempre houve uma disputa de vontades entre os dois. Um dia ela disse "Cansei" e o despachou para a Academia Militar Culver, em Indiana. Tim não gostou nem um pouco e armou uma série de planos e estratégias com um amigo até conseguir a fuga perfeita. Saíram correndo e cada um foi para um lado, para despistar. Tim sabia que a mãe mandaria os detetives da Agência Pinkerton atrás dele, e de fato mandou. Passaram meses procurando Tim, mas ele estava sempre um passo à frente. Trabalhou um tempo numa fazenda de criação de raposas, ficou alojado no Exército da Salvação, andou de carona por muitos lugares. Depois de meses, voltou para casa. Ela ficou furiosa, pois havia enlouquecido de preocupação durante todos aqueles meses com ele na estrada. Ninguém sabia onde Tim estava, nem mesmo a Pinkerton. Ele sabia exatamente como deixá-la louca da vida.

Mas a Fera comandava o espetáculo e mostrava isso claramente. Tinha um sino e um determinado número de toques para cada filho, por ordem de nascimento. Todos menos Dickie Dell, que não tinha número de chamada. Se o sino tocasse só uma vez, era para Larry; duas vezes, para Bill; três, Pat; quatro, Tim. Tim dizia que, quando o sino começava a tocar, os meninos paravam e esperavam para contar os toques. Dependendo do número, um filho ia até a mãe. A Fera não sabia o que fazer para manter a garotada sob controle. É preciso lembrar que ela nasceu em outra época, talvez isso fosse habitual. Acho que a Fera não conseguia negar nada a Dickie, embora também fosse bem dura com ela. Era dura com todos eles.

CAROLE WELLS DOHENY: Dickie Dell e Shirley Temple eram amigas quando meninas, e a mãe de Shirley Temple lhe deu uma casinha de bonecas que era do tamanho de uma casa normal. Um dos primos do meu marido acabou comprando a tal casinha. Fica depois de Rockingham, no alto da Sunset. Como Shirley Temple tinha uma casinha, Dickie também quis uma. Foi construída no terreno de Greystone, numa escala três por quatro. Tudo, inclusive cozinha e banheiro, era três por quatro.

ANN SMITH BLACK: A casa de bonecas de Dickie Dell era maravilhosa. Só podíamos brincar lá quando éramos convidadas, o que não acontecia com muita frequência. A gente podia olhar, mas sem pôr a mão. Tudo era em miniatura, muito lindo e bem--feito, enfeitado com colchas de seda e cristais. Era fabuloso, um sonho, uma espécie de casinha de João e Maria, com um telhado inclinado. Até mesmo um adulto podia ficar de pé dentro dela.

TOPSY DOHENY: A casa de bonecas de Dickie Dell era, na verdade, do tamanho de uma casa pequena, não de uma casinha de brinquedo. Tim contou que uma vez pôs uma bombinha lá e, não ouvindo nenhuma explosão, telefonou para Dickie para perguntar se não tinha explodido mesmo. Era um lugar enorme.

CAROLE WELLS DOHENY: Dickie Dell não era bonita, mas tinha seu charme. Cabelo curto e escuro, o nariz dos Doheny, que é um pouco saliente, mas um rosto muito simpático. Seu primeiro marido era um advogado — de sobrenome Niven. Era a pessoa "certa" para casar. Sem graça feito ele só. E sem muita noção. Ele lhe deu um refrigerador de Natal. Veja, uma mulher que podia comprar e vender uma geladeira 20 mil vezes, e ele vem e dá um refrigerador de presente para ela. Dickie Dell disse: "Por que ele não sai e compra alguma coisa fabulosa para mim?". Os dois não combinavam, ponto. O segundo marido, Porter Washington, era treinador de cães e, como ela, criador de lulus da Pomerânia. Era muito bonito — do Texas ou de Oklahoma, e tinha sangue cheroqui — e sexy, sobretudo comparado ao primeiro marido, um advogado puritano. Devem ter dado umas trepadas nos canis e ele era vistoso e divertido, então por que não casar com ele? Fofa passou dez anos sem falar com a filha, tão horrorizada ficou. Até chegou a levar Dickie para a Europa para ficar longe dele, mas não deu certo. No fim, ele se mostrou um marido maravilhoso.

LARRY NIVEN: A Fofa nunca engoliu o meu padrasto, mas, pudera, mamãe tinha casado com o treinador de cachorros dela!

TOPSY DOHENY: Dickie era muito, muito gentil. Nunca vi nenhuma mesquinharia da parte dela, ela só queria se divertir e ser feliz. Não tinha um pingo de maldade. Ela ganhou esse apelido porque o irmão Larry não conseguia falar direito seu nome, Lucy Estelle, que é meio enrolado de pronunciar. Saía "Dickie Dell", e o apelido pegou. Dickie tinha duas paixões na vida: cães e joias. Usava pedras preciosas em qualquer ocasião — para ir ao médico ou ao mercado, e eu sempre morria de medo de que fosse assaltada.

CAROLE WELLS DOHENY: Uma vez ela me deu um anel de safira rosa lapidada de dezoito quilates. Tinha duas voltas de diamantes, cada um deles com um quarto ou um terço de quilate. Era um anel enorme. Foi quando tive meu primeiro filho. Ela era muito atenciosa. Sempre que havia um aniversário ou uma ocasião especial envolvendo um parente ou amigo, telefonava para os joalheiros Ruser na Rodeo Drive e os convocava. Ela dizia: "Tragam algumas coisas, é aniversário da minha nora", ou: "Está chegando o Natal". Eles levavam bandejas cheias de joias.

Lucy tinha uma casa em Hermosa Beach, para onde íamos no verão. Todo almoço parecia o Dia de Ação de Graças. Os criados usavam luvas brancas e serviam coisas como bife Wellington com todas as guarnições, ou coq au vin. Na praia, de almoço! Era tudo incrível, como se você estivesse no mais fino restaurante. Ela descia com um traje de banho verde-esmeralda, com colar e brincos de esmeralda. Além de anéis, pulseiras e um broche. Punha todas as joias mesmo que estivesse de maiô. Nunca nadava, ficava por ali com as amigas. Mas era linda, e um grande exemplo. Se estivesse de vermelho, usava todos os seus rubis; se estivesse de azul, punha todas as suas safiras e diamantes. Eu adorava aquilo. Onde mais ela poderia usá-las? Por que não no verão, na praia? Por cima do maiô, ela vestia aqueles casaquinhos e saídas de banho transparentes que iam até a metade da coxa. Fazia calor e suas pernas eram muito bonitas. Sentava-se na varanda e ficava nos vendo nadar, usando suas joias e tomando aperitivos com as amigas. Bebiam bem. Ao meio-dia, estavam todas alegrinhas.

Até Groucho Marx se encantou com ela. Conheceram-se a bordo de um navio para Londres, quando a mãe a levou para a Europa, tentando distraí-la da ideia de se casar com Porter Washington, o treinador de cachorros. Groucho estava nesse navio. Divertiu-se muito, dizendo que ela possuía grande senso de humor. Ele a admirava. Groucho era uma celebridade, e a considerava o máximo. Anos mais tarde, eu e ele fizemos um show juntos. Quando eu o apresentei ao meu marido, ele disse: "Doheny, Doheny... você é parente de Dickie Dell?". Tim respondeu: "Ela é minha tia e madrinha". E então Groucho nos regalou com várias histórias.

LARRY NIVEN: A certa altura, um ladrão levou uma fortuna — duas fortunas, na verdade — em joias da minha mãe. Ele entrou pela janela da biblioteca, e meio que se enroscou nas prateleiras onde ficavam os prêmios das exposições de cães. Os cachorros começaram a latir, mas os criados não ligaram — eles viviam latindo. Por fim, o sujeito passou pela janela e saiu com duas fronhas cheias de joias. Largou uma delas numa lata de lixo para não ter de carregar dois pacotes e foi em frente. Tentou vendê-las num bar, e foi assim que acabou sendo pego. Ficou tristíssimo quando soube o valor do que tinha roubado e perdido. Eram centenas de milhares de dólares. Pegamos algumas joias com o atendente do bar, mas nem tudo foi recuperado.

PATRICK "NED" DOHENY: Meu bisavô tinha especial apreço pelo bem-estar e a segurança da família. Li cartas dele que são tão carinhosas e sentimentais que a gente se espanta, principalmente quando lembra como ele precisou ser durão para fazer tudo o que fez. Todas as referências à família são quase piegas, de tão doces e amorosas. Assim, quando quis fazer algo grandioso para o filho único, Ned, ele encomendou a construção de Greystone. Quis ser generoso.

RICHARD RAYNER: Você olha Greystone e entende que é isso o que o poder e a riqueza podem fazer. Raymond Chandler criou a mitologia da coisa em *Adeus, minha adorada*: "A casa em si não era grande coisa. Menor do que o Palácio de Buckingham, muito cinzenta para a Califórnia e decerto com menos janelas do que o Chrysler Building". É muito impressionante hoje, e devia ser ainda mais impressionante naquela época — e muito inadequada, em termos da arquitetura de LA. Uma mansão rural inglesa, com pedras daquela grossura, numa colina em Beverly Hills? Mesmo na época, devia parecer uma locação de cinema.

WALLACE NEFF JR.: Os Doheny eram os maiores clientes do meu pai — foi ele que projetou quase tudo o que construíram. Fez para eles uma casa enorme em Ojai, na Califórnia, e projetou a biblioteca da sra. Doheny no Saint John's Seminary em Camarillo. Mas não foi o responsável por Greystone. Quando Ned Doheny casou e teve todos aqueles filhos, ele e a mulher decidiram que meu pai faria o projeto de uma casa para eles. Ned Doheny disse que queria um palácio. Era assim que o jovem Doheny pensava. Queria ter algo grande para exibir. Meu pai fez alguns estudos, mas a mulher de Doheny quis algo mais parecido com uma casa inglesa, e entendo isso. Um palácio é demais para uma jovem dama. Então ela entrou em contato com Gordon Kaufmann e, *puf*, lá se foi o projeto do meu pai.

MIKE DAVIS: Como tudo o que cercava os Doheny, Greystone é um mausoléu — um mausoléu gótico, de granito e calcário. Tudo na família tem um ar de tumba ou de sepulcro. Mas talvez isso seja típico das casas de gente muito rica. Os empreiteiros das mansões iam estabelecendo parâmetros cada vez mais difíceis, numa espécie de corrida armamentista. E o castelo San Simeon, de Hearst, ganhou.

TOPSY DOHENY: Tim me falou que a propriedade dispunha de água própria. Cavaram sete grutas com nascentes, e a água de lá era bombeada para os reservatórios. A obra foi feita por velhos prospectores amigos do avô dele. Papai D. tinha um monte de camaradas dos velhos tempos, que ele contratava para entrar nas grutas com pás e picaretas. Eles cavavam e depois erguiam paredes de retenção para captar a água.

PATRICK "NED" DOHENY: Na infância, a gente costumava brincar muito na pista de boliche. Era muito divertido. A gente podia explorar aquela casa até cansar, coisa ótima para um garoto. Mas dava medo, quer dizer, é um casarão. Meu pai dizia que, quando andava pelos salões à noite e seus irmãos saltavam de trás das cortinas, ele quase morria de susto.

TOPSY DOHENY: Lá em Greystone era um entra e sai de todo tipo de gente. O pai da Fera, papai Smith, adorava futebol americano, e ela costumava convidar o time inteiro da USC. Também era amiga de Somerset Maugham, que Tim disse que uma vez passou alguns dias na casa, e de Auden. Tinha sempre um monte de gente por lá.

JEAN STEIN: Estive em Greystone algumas vezes com meus pais, para o chá. Era tudo muito imponente e fui instruída a me comportar direitinho. Era o tipo de lugar onde você não consegue ficar à vontade. Como num museu, um gesto em falso e os guardas vêm ver o que foi.

STEFANIA PIGNATELLI WERNER: Quando eu era menina, conhecia muito bem Estelle Doheny, aquela velha senhora. Não via muita graça naquela mulher, mas mamãe gostava dela — e quem não gostava da minha mãe? Desconfio que Estelle ficou fascinada quando soube que minha mãe descendia de duas famílias latifundiárias espanholas, os Sepúlveda pelo lado paterno e os De La Guerra pelo lado materno. A gente visitava muito Estelle. Ela morava numa casa incrível em Chester Place, com uma piscina numa estufa que era fenomenal. Era grande, linda, ninguém usava a piscina e ela me deixava nadar lá.

Estelle parecia uma cozinheira, mas era extraordinária. Quando cheguei à idade de casar, ela queria que a cerimônia acontecesse na St. Vincent's, aquela igreja católica imensa que tinham construído. Eles haviam construído uma catedral! Eu de fato me casei lá, e naquela manhã Estelle mandou seu motorista em seu Packard, cheio de lírios do vale. Foi incrível, tão lindo que nem dá para dizer. Ela chegou a substituir o tapete vermelho da igreja por um azul suave, desde a entrada até o altar, para combinar com o azul-claro dos vestidos ridículos das damas de honra. No canto da igreja ficava uma estátua do santo padroeiro do velho Doheny, esculpida com os traços dele.

TOM SITTON: Os Doheny eram os pilares da sociedade de LA na época, com a diferença de que eram católicos e democratas, duas coisas que o resto da elite de LA não era. Mas apesar disso eles se deram bem na sociedade porque eram riquíssimos. Doavam montanhas de dinheiro à Igreja católica. Em 1923, Doheny pagou a construção da igreja de São Vicente de Paulo, que as pessoas chamavam de "Saída de Emergência dos Doheny". O bispo disse que todo mundo pecava, mas que os ricos pecavam muito mais do que os pobres, e por isso ele precisava fazer doações maiores. Assim, a Igreja era sua "saída de emergência" para escapar do inferno.

PATRICK "NED" DOHENY: A família era muito, mas muito rica mesmo. Não só no sentido do dinheiro, mas também porque era composta de grandes personalidades. Queremos ser arquetípicos, maiores do que a vida, queremos atender às expectativas. Esperamos ocupar plenamente certo espaço, um espaço nosso. Não importa se seja ou não a verdade. É o que acontece com o julgamento da história sobre meu bisavô, embora ele sempre tivesse se considerado patriota.

LARRY NIVEN: O período do Teapot Dome foi um pesadelo, imagino, embora a família não falasse sobre isso. Certamente não comentaram o escândalo com os garotos. Mas mamãe sempre achou que meu bisavô não havia feito nada de errado.

RICHARD RAYNER: Já no início da Primeira Guerra Mundial, Doheny começou a aconselhar o governo americano sobre como garantir o abastecimento de petróleo naval. Nos primeiros anos do século XX, o controle de certas áreas ricas em petróleo em Wyoming e na Califórnia havia passado para o Ministério da Marinha como zonas de reserva petrolífera, visto que os navios da Marinha tinham sido recentemente reformados para operar com petróleo em vez de carvão. Quando estourou a Primeira Guerra, Doheny já estava conversando com o governo sobre a construção de uma base no Havaí, com reservatórios de petróleo. A questão que pairava era: O que fazer com essa área rica em petróleo controlada pela Marinha? Quem iria explorá-la? Doheny então expôs o risco de uma drenagem, o pesadelo de deixar o petróleo no subsolo e um sujeito inescrupuloso comprar a área vizinha e extraí-lo. Foi nisso, obviamente, que Paul Thomas Anderson se inspirou para o seu *Sangue negro*. Então Doheny defendeu que o trabalho de extração do petróleo para a Marinha fosse entregue a uma pessoa amiga, como ele. Quando Harding foi eleito em 1920, ora, vejam só, quem foi nomeado para o Ministério do Interior foi Albert Fall, velho parceiro de pôquer de Doheny dos dias de ócio no Novo México, na década de 1880. Logo em seguida — presume-se que a pedido de Doheny, e certamente em seu benefício — o controle dessas duas reservas navais, Elk Hills e Teapot Dome, passou do Ministério da Marinha para o Ministério do Interior, ou seja, para Albert Fall. O direito de explorar essas concessões foi então entregue a dois dos homens mais poderosos do país no setor petrolífero: Harry Sinclair, que ficou com o Teapot Dome em Wyoming, e Edward Doheny, que ficou com Elk Hills na Califórnia.

PATRICK "NED" DOHENY: Não sei quem fez o que em relação a Teapot Dome. Meu bisavô era muito íntegro, mas toda época tem seu espírito, sua personalidade. Quer se trate de níveis socialmente aceitáveis de racismo ou chauvinismo, de certa tolerância a alguns comportamentos transgressores ou de um desdém pelas regras, cada época é marcada por um conjunto de circunstâncias. E você não pode ter uma perspectiva histórica se olhar o passado com os valores de hoje. Mas é consenso na família que o lance que meu bisavô deu e implicou o acordo com o governo para os depósitos de armazenamento de petróleo em Pearl Harbor foi, de fato, o mais baixo.

RICHARD RAYNER: No fim se revelou que Harry Sinclair havia enchido Fall de presentes e que em 1921 o próprio Doheny enviou seu filho Ned, acompanhado de Hugh Plunkett, seu amigo, secretário e motorista, até Nova York, onde retiraram 100 mil dólares em dinheiro vivo da conta bancária de Ned. Eles foram de trem até Washington e entregaram o dinheiro numa maleta de couro preto a Albert Fall, num hotel da cidade. Tudo isso foi exposto mais tarde numa série de depoimentos e investigações, e depois em audiências durante o julgamento no tribunal.

O deslindamento da coisa começou quando Albert Fall, que era o dono do Three Rivers Ranch no Novo México e estava doido para expandir sua propriedade, mas não tinha muitos recursos, foi visto em 1922 e 1923 gastando dinheiro a rodo. Seus inimigos no Novo México começaram a escarafunchar a coisa e a levaram ao senador Thomas Walsh, de Montana. Um autêntico inspetor Javert, saído dos *Miseráveis*, Walsh convocou Doheny e Fall para uma audiência perante uma comissão do Senado no final de 1923 para explicar o dinheiro e as concessões. Nos depoimentos, os dois negaram qualquer irregularidade, porém Fall admitiu que entregara as concessões sem licitação. Doheny não resistiu e pôs a boca no trombone, alardeando a magnitude do acordo e dizendo que seria "muito azar se não tivermos 100 milhões de dólares de lucro".

ANN SMITH BLACK: Papai D. criou oleodutos no Havaí para receber petróleo de vários lugares. Quando veio a Segunda Guerra Mundial, eles foram usados para abastecer a Marinha. Meu pai sempre dizia: "Nunca se esqueça disso: ele pode ter se envolvido num escândalo, mas as coisas que ele criou, como os oleodutos no Havaí, foram de grande benefício para os Estados Unidos".

RICHARD RAYNER: Quando terminou a primeira fase dos depoimentos, sem nenhuma revelação sobre a origem do dinheiro que Fall recebera, ele e Doheny bolaram um plano e pegaram para bode expiatório Ned McLean, o playboy milionário dono do *Washington Post* e do *Cincinatti Enquirer*, um sujeito que viajava num vagão particular chamado *Enquirer* e dava lembrancinhas como o diamante Hope para sua exuberante mulher, Evalyn Walsh McLean. É difícil não ver McLean como outro ricaço que acabou se engasgando com sua colher de prata. O pai dele criou um grande jornal em Cincinatti, comprou o *Washington Post*, que cresceu sob sua gestão, e acumulou uma enorme fortuna, deixando-a para seu filho único. Como o jovem Ned Doheny, Ned McLean era muito diferente do pai. Mas, parceiro de Fall em rodadas de pôquer e bridge, em salas enfumaçadas compartilhadas com o presidente Harding, ele aceitou a estratégia de declarar que havia emprestado o dinheiro a Fall. Era fácil atribuir tudo a Ned. Era um acobertamento falho e idiota que o senador Walsh logo desmascarou.

No começo de 1924, poucos meses depois da morte repentina de Harding, em agosto do ano anterior, Doheny foi depor mais duas vezes, decidido a proteger sua empresa petrolífera, sua família, sua posição e sua fortuna. Declarou que de fato dera o dinheiro ao velho e querido amigo Albert Fall, mas que 100 mil dólares eram uma bagatela para ele, como 25 ou cinquenta dólares para um sujeito comum. Doheny se apresentou como um daqueles mineiros irresponsáveis de antigamente que teve a sorte de encontrar petróleo. Sua esperança era se safar sem sofrer uma ação criminal.

Doheny tentou de tudo quanto é jeito. Em 1925, chegou a abordar Cecil B. DeMille, que então era o diretor de cinema mais famoso dos Estados Unidos, e pediu que fizesse sua biografia. Queria que DeMille rodasse um filme promocional, em que ele apareceria como uma figura glamorosa, empolgante, patriótica. Acho que ele se considerava realmente merecedor de um filme de DeMille, mas também julgava que seria uma boa arma em sua incômoda luta contra o governo. DeMille não se sentiu atraído pela ideia, apenas achou graça.

A tentativa de evitar uma ação criminal gorou, e a primeira audiência do julgamento por conspiração começou no final de 1925, poucos meses depois de Doheny vender suas propriedades no México para a Standard Oil. Era evidente que ele andava pensando numa maneira de proteger sua fortuna e deixar a família

O ex-ministro do Interior Albert B. Fall e a mulher na abertura do julgamento.

amparada. Mas, quando o julgamento começou, Doheny estava sob uma pressão enorme dos acionistas, que se consideravam prejudicados no valor de suas ações. Assim, além do processo criminal por conspiração, houve uma enxurrada de outros, e ele percebeu que teria de gastar muitos milhões em sua defesa judicial. Logo antes do processo, Doheny escreveu uma carta a Fall mencionando que Ned Doheny passara o verão na Mayo Clinic. A impressão que se tem é de que tudo aquilo estava sendo demais para o filho. Mesmo assim, Ned foi intimado a comparecer ao julgamento e depôs sobre seu serviço militar durante a guerra e suas atividades como portador da maleta de 100 mil dólares de seu pai para Fall. Quando perguntaram a Doheny por que havia enviado o filho único em tal incumbência, ele respondeu, satisfeito: "Mandei meu agente mais confiável, que na época eu incentivava a participar de todas as fases do negócio". O mais espantoso é que Doheny prosseguiu dizendo que, mesmo que Ned "fosse detido no caminho, a experiência lhe ensinaria alguma coisa". Estava implícito que pensava que assim ele amadureceria. Claro que Doheny acreditava que Hugh Plunkett, o Sancho Pança de Ned, iria protegê-lo durante a viagem.

PATRICK "NED" DOHENY: Naquelas circunstâncias, o filho do Papai D. era a única pessoa em quem ele achava que podia confiar plenamente. Meu bisavô era muito cioso em relação à família. Lembro de uma carta em especial que ele escreveu quando estava em Londres no serviço militar durante a Primeira Guerra Mundial. Dizia que as janelas eram cobertas de panos escuros, os faróis dos carros se reduziam a pontinhos bem pequenos de luz e havia um enorme contigente de soldados nas ruas. Mas sua grande inquietação era a falta que sentia dos familiares e o quanto se preocupava com eles. O bem-estar da família era sua grande prioridade. Ela se torna aquele único recurso inegavelmente ligado à pessoa, quando todo o resto é, na melhor das hipóteses, incerto.

GAYLE CHELGREN: O nome completo do meu tio era Theodore Hugh Plunkett, mas minha mãe, Isabelle, o chamava de Hughie. Nunca cheguei a conhecê-lo, porque ele nasceu em 1896 e morreu no final dos anos 1920. Mas ela o idolatrava. Os Plunkett eram minha mãe e os irmãos, Hugh, Charles e Robert. O mais próximo dela era Hugh. Ele sempre foi muito bom com minha mãe, que me contava que, quando ele comprava um carro novo, a primeira coisa que fazia era levá-la para dar uma volta. Ela adorava o irmão, e ele também devia considerá-la especial.

Sei que Hugh trabalhava num posto de gasolina como mecânico e foi lá que conheceu Ned Doheny. Creio que Ned também trabalhava no posto, mas talvez Hugh tenha apenas consertado o carro dele e foi assim que se conheceram. Hugh virou motorista e depois secretário dele, então veio a se tornar seu melhor amigo. Não tenho certeza, mas talvez os dois fossem gays.

LARRY NIVEN: Todo garoto Doheny trabalhava como atendente de posto de gasolina. Não sei se ainda é assim ou não, mas a ideia era dar a eles uma noção do trabalho de verdade. Você não é um homem completo enquanto não fizer isso, era assim que pensavam — e ainda pensam, acho. No caso do meu irmão, o posto de gasolina ficava em Beverly Hills, em algum lugar a leste de Rodeo. Trabalhei num posto em Topeka, Kansas, quando fazia matemática na Universidade de Washburn. Meu pai trabalhou num posto depois de casar com minha mãe, e ele nem era um Doheny — era um Niven. Uma vez ele falou sobre isso, dizendo que era uma ideia idiota, passar todas aquelas horas debaixo de um carro trocando o óleo não valia a pena. Então ele se formou advogado. Minha família tinha lá suas dúvidas sobre mim. Eu estava demorando para escolher uma carreira, antes de virar escritor, e aí o segundo marido da minha avó Lucy Doheny, Leigh Battson, teve a ideia de comprar um posto de gasolina e me deixar tocar o negócio. Dinheiro certamente não faltava. Eu mesmo, aliás, tinha o bastante. E cuidar de um posto de gasolina é, sem dúvida, uma coisa tranquila, não? Para um sujeito dispersivo como eu, que quando menino ficava sonhando em voar nos veículos imaginários de Wernher von Braun — a nave que devia aterrissar em Marte... Sempre fui doido por ficção científica, mas para Leigh Battson isso não era projeto de vida. A intenção dele era boa, mas não aceitei a proposta.

PATRICK "NED" DOHENY: Fala-se que Ned Doheny conheceu Hugh Plunkett quando trabalhava num posto de gasolina, mas existem boatos de toda sorte. Um deles é que Ned era gay. Não sei. Na família, isso é tido como um mero boato. Desconfio que surgiu por causa do tempo que Ned passou sozinho, longe da família. Não posso ser mais preciso do que isso. Quer dizer, não tenho o que dizer.

JOHN CREEL: Minha mãe se divorciou do meu pai, Henry Creel, então se casou com meu padrasto, Robert Plunkett. Ele nasceu em Fort Scott, Kansas, e de lá a família se mudou para Los Angeles. O irmão dele, Hugh, era o mais velho. Seus irmãos eram Chick — apelido de Charles —, Robert e Isabelle. Meu padrasto dizia que Hugh era o melhor, um sujeito que ajudava os outros. Todo mundo gostava dele. E se Hugh tinha alguma coisa do meu padrasto ou da irmã dele, Isabelle, então deveria ser bastante carismático.

Hugh era habilidoso e trabalhava consertando automóveis. Não sei se foi assim que conheceu Ned Doheny, mas viraram bons amigos. Ele trabalhou muito tempo para Ned e se deu bem, chegando até a pagar o curso de engenharia do meu padrasto na USC. Era o responsável pelo sustento da família, então foi realmente dramático quando tudo aquilo aconteceu.

RICHARD RAYNER: Quando começou a despontar um segundo processo criminal contra Doheny e Fall por suborno, em 1929, a pressão de todos os lados chegou ao máximo. Os dois tinham sido absolvidos das acusações de conspiração em dezembro de 1926, e decerto esperavam que, após a morte de Harding, o governo Coolidge fosse dizer: "É isso. Já gastamos todo esse dinheiro, agora chega". Mas não. Plunkett foi comvocado a depor no julgamento e não tinha imunidade, enquanto Ned tinha, por causa de um dos julgamentos anteriores. Aquela era a primeira vez que a promotoria intimava Plunkett, e provavelmente ele ficou um pouco nervoso.

JOHN CREEL: A ex-mulher de Hugh depois testemunhou que, embora estivesse muito nervoso naquele período, ele certamente não era louco. Segundo meu padrasto, se alguém tinha algum distúrbio era Ned, um homem muito instável.

LARRY NIVEN: Meu avô e o amigo dele apareceram mortos. Creio que tiveram uma briga — o amigo talvez fosse meio parasita, não sei. Provavelmente mexeram nas provas também, e assim a história completa se perdeu no passado. Eles nunca comentavam o assunto com as crianças.

TOPSY DOHENY: Meu marido, Tim, tinha apenas três anos quando o pai dele morreu, então só guardou duas lembranças: uma de quando o pai o salvou de uma onda forte em Hermosa Beach, outra de quando o pegou no colo em Greystone e foi até a sacada interna que dava para o salão, onde estava tendo uma festa. E só. Antigamente evitavam ao máximo falar da morte. Desencorajavam qualquer pergunta que se fizesse. Uma vez perguntei a Tim: "O que você acha que aconteceu?". Ele me falou que o secretário do pai tinha problemas mentais e que Ned disse a ele: "Olha, Hugh, você vai ter de se afastar por um tempo". Naquela época não existia remédio para essas coisas, e imagino que os lugares para onde mandavam essas pessoas não eram os mais agradáveis do mundo. Então Hugh ficou furioso, puxou uma arma, atirou no pai de Tim e depois se matou.

O segundo nome de Tim era Hugh — Timothy Hugh Doheny —, e depois do que aconteceu, claro, trocaram para Timothy Michael. Hugh era muito chegado à família Doheny. Pelo que entendo, a Fera, a mãe de Tim, estava em casa naquela hora. Não sei se Tim também estava, mas nesse caso decerto estaria no andar de cima com a babá ou algo assim. Saiu nos jornais, claro, mas não de um jeito que desse para entender a história. Eles ficaram com medo do escândalo, e parece que foi por isso que chamaram primeiro o médico, e só depois a polícia, e então o médico não contou tudo para a polícia. Naqueles dias, as famílias eram muito discretas e evitavam publicidade.

CAROLE WELLS DOHENY: Meu sogro, Larry Doheny, estava em casa quando aconteceu. Ele tinha uns dez ou onze anos. Eram mais ou menos nove e meia da noite, então ele e Dickie Dell, os dois mais velhos, ainda estavam acordados. Acho que ouviram a gritaria e ficaram no alto da escada, só escutando, querendo saber o que estava acontecendo. Chegaram lá antes do tiro. É incrível: a família levou três horas para chamar a polícia. Nunca contaram como foi de verdade, isso é o que mais impressiona.

GAYLE CHELGREN: Ned e o pai dele estavam envolvidos no escândalo do Teapot Dome, e li em algum lugar que meu tio ia depor contra Ned. Mamãe nunca me contou isso, porque era doloroso falar no assunto — ela nunca disse nada a respeito —, mas houve uns procedimentos tortuosos e meu tio ia ser envolvido, já que era secretário de Ned. Acho que ele teria de depor contra o chefe.

RICHARD RAYNER: Os Doheny estavam tentando convencer Plunkett a se internar numa clínica de repouso mental. Na noite em que tudo aconteceu, ele, Ned e Lucy Doheny discutiram se essa medida era mesmo necessária. Plunkett não queria. Ele saiu de Greystone e voltou lá pelas nove da noite. Então vieram os tiros e depois chamaram o médico. Os tiros foram por volta das dez, mas os policiais só chegaram muito depois da meia-noite.

JOHN CREEL: Como Hugh tinha sido o homem da maleta na ida de Ned a Washington e estava a par de tudo sobre o Teapot Dome, os Doheny queriam que ele fosse para um sanatório, assim não teria de depor no julgamento. Ele disse: "De jeito nenhum". Se fosse, que garantia teria de não ser preso? Ele ficou muito zangado e foi ver os Doheny naquela noite.

O que nunca se comenta é que Ned havia se transferido para outra ala de Greystone. A família não queria que os filhos o vissem depois que ele ficou incapacitado. Então ele morava numa parte separada da mansão, o que explica por que não foi encontrado na sala da família nem no quarto com a mulher. Ele morava num apartamento praticamente separado ali dentro.

RICHARD RAYNER: Nas fotos, Plunkett não parece ser o cara mais esperto do mundo. Tenho certeza de que ele desejava fazer o que pudesse por Ned, mas mesmo assim sentia que estava sendo forçado a fazer algo que não queria. Tinha medo de ficar trancafiado para sempre. Nos romances de Chandler, sempre escondem os caras em casas de repouso ou eles são trancados num hospício por médicos de má-fé — na verdade, eles são mantidos prisioneiros por alguma família ricaça. Era uma forma de afastar a pessoa, de lidar com os problemas e as inconveniências. Plunkett ficou visivelmente magoado por tentarem usá-lo daquela maneira.

JOHN CREEL: Os Doheny foram agressivos, espalhando histórias sobre o que havia acontecido. Meu padrasto ficou furioso, porque sabia que estavam plantando mentiras, principalmente que Hugh era louco. Tudo isso para impedir que ele fosse depor. Eles inventaram essa história de que Hugh matou Ned. Desde o começo minha família nunca acreditou que ele tivesse feito isso e depois tenha se suicidado, e ficou furibunda. Toda essa balela de que Hugh não tinha estabilidade mental foi criada especialmente para que ele não fosse depor.

Outra coisa que realmente enfureceu meu padrasto foi a história de que Ned e Hugh eram amantes. Ele disse que era pura desonestidade, mas claro que diria isso mesmo, pois era irmão de Hugh. Mas ele falou que não havia a menor hipótese, que Hugh não era disso. Sua tarefa era simplesmente cuidar de Ned, porque ninguém na família conseguia lidar com ele.

PATRICK "NED" DOHENY: Uma das coisas que realmente lamento é que ninguém tenha tentado manter viva a memória de Ned entre nós, nem mesmo meu pai, que tinha quatro ou cinco anos quando meu avô morreu. Minha avó nunca falava dele, nenhum pio. Era muito voluntariosa e não permitia qualquer pergunta a respeito, por causa de toda a tragédia. Ao que parece, Ned tinha um grande senso de humor e era muito divertido, mas não me surpreenderia se ele tivesse problemas de depressão. Tenho a sensação de que havia uma baita solidão rondando em torno dele. Com o pai sempre longe e a mãe tendo morrido como morreu, acho que havia algumas questões não resolvidas. Gostaria muito de saber mais sobre essas pessoas. Está faltando uma peça nesse quebra-cabeça. Enorme.

RICHARD RAYNER: Leslie White era um jovem investigador da promotoria de Los Angeles e foi um dos primeiros detetives a chegar à cena na noite das mortes. Para ele, foi Doheny quem atirou em Plunkett. Quando você vê a impressionante foto que White tirou da cena do crime e a avaliação que ele fez — como as marcas de pólvora aparecem nos ferimentos na cabeça dos dois —, dá para entender a razão. Raymond Chandler, que tinha trabalhado na área do petróleo e era fascinado por Doheny, certamente pensava como White, como se vê pela maneira como incorpora o caso Doheny-Plunkett em *Janela para a morte*. Chandler pega uma passagem do livro de Leslie White, *Me, Detective*, que descreve a ida a Greystone, mas não só — a certa altura Chandler põe Marlowe descrevendo as mortes e dizendo: "Você leu sobre o caso nos jornais... mas não foi assim. Além disso, você sabia que não tinha sido assim, o promotor sabia que não tinha sido assim, e os investigadores da promotoria foram afastados do caso em questão de poucas horas". Pairava a nítida sensação de uma operação para abafar o caso, e as pessoas sabiam que, independentemente do que tinha acontecido naquela noite, não iam ler as informações corretas nos jornais. Certa época fiquei fantasiando que encontraria a matéria que esclareceria tudo de uma vez por todas. Mas, quando comecei a examinar melhor a história, não havia absolutamente nada — destruíram tudo.

White, mais tarde, virou escritor. Nos anos 1930, fazia mais sucesso do que Chandler. Tinha mais vivência das ruas e achava que poderia escrever sobre os bastidores da grande vergonha da cidade, a corrupção de LA. Mas embora não tenha a profundidade emocional nem a ressonância narrativa que a gente vê em Chandler — que talvez conhecesse White e sem dúvida lera seu livro —, *Me, Detective* é um livro e tanto.

ANSON LISK: Ned se matou. Éramos vizinhos dos Doheny, e naquela noite lembro que o telefone tocou às duas da manhã e houve um tumulto depois disso. Meu pai ajudou Lucy a ajeitar tudo. Foi lá e meio que cuidou de todo o caso dali por diante, mantendo a máxima discrição possível. Fez tudo o que pôde para ajudar. Ele tinha boas relações com a polícia de Beverly Hills, então ligou para eles e orientou Lucy. Acho que Ned matou o secretário e depois se matou. Acho que os dois estavam tendo um caso e aconteceu alguma coisa.

RICHARD RAYNER: É interessante ler os jornais daqueles dias — o caso estoura rápido, e depois, de uma hora para outra, some dos noticiários. Simplesmente abafam a coisa toda e as matérias desaparecem. Doheny recorreu claramente a todos que lhe deviam favores na cidade, pegando o telefone e dizendo a Harry Chandler, o editor-chefe do *Times* de LA: "Tudo bem, depois do funeral, acabou, chega". Tudo foi muito rápido. Os disparos aconteceram no sábado à noite, o enterro de Ned foi na terça e o de Hugh no dia seguinte. E só. Foi quase instantâneo. Os Plunkett não eram ninguém, e você nota que os pais dele ficaram transtornados. Eles não tinham recursos e foram esmagados pela força impiedosa desse poder e controle, cujos contornos então ficaram evidentes.

JOHN CREEL: Eles nunca permitiram uma investigação de fato, assim nunca saberemos a verdadeira história. Todo mundo tinha medo dos Doheny, então o que foi publicado não era a verdade. Eles eram poderosos demais. Depois de dois dias, o promotor local, Buron Fitts, se negou a levar o caso adiante e dar andamento às investigações, embora tivesse assumido o cargo dizendo que ia acabar com a corrupção. Meu padrasto foi várias vezes à delegacia para obter informações. Também tentou contato com Leslie White, mas disseram que ele não podia falar a respeito enquanto o caso estivesse nas mãos da promotoria. Mas meu padrasto sabia que White ia escrever um livro e que uma das histórias seria sobre o crime. Quando você lê, fica bastante claro que Ned Doheny matou Hugh Plunkett. Por exemplo, se Hugh estava com um cigarro na mão, ele não podia estar sendo violento naquela hora. Talvez tivesse discutido com Ned sobre a possibilidade de ir para um sanatório, mas, se você ainda está com um cigarro aceso na mão, é sinal de que não está cometendo nenhuma violência.

Meu padrasto estava decidido a encontrar o livro de Leslie White. Quando foi lançado, ele tentou comprar, mas disseram que não havia exemplares disponíveis. Em todo lugar era a mesma coisa. Passou anos procurando, e eu finalmente encontrei um exemplar na Biblioteca de Los Angeles. Ele nunca tinha pensado naquilo. Provavelmente achava que os Doheny eram tão poderosos que conseguiriam impedir até a biblioteca de adquirir um exemplar.

Os Doheny estavam com os pagamentos de Hugh atrasados e meu padrasto tentou chegar a algum tipo de acordo, mas a família de Hugh não recebeu nada. Então meu padrastro teve de deixar a USC e encontrar um emprego para sustentar a família. O único serviço que conseguiu durante a Depressão foi remover pedras numa pedreira a 25 centavos por semana.

GAULE CHELGREN: Minha família nada tinha de abastada, e os Doheny, bem, eram muito ricos, muito. Não acho que tenham ameaçado minha família, pois viram que ela não ia entrar na briga. Minha mãe sempre dizia: "Vamos deixar isso de lado. Já aconteceu, então precisamos esquecer". Foi assim que ela lidou com a situação. Mas meu tio Robert foi contra, acho que ficou louco da vida com aquilo. Se estivesse aqui, agora, me daria um tapinha nas costas e diria: "Isso mesmo, não vamos deixar o caso morrer". Os Doheny compraram lotes no cemitério para toda a família da minha mãe em Forest Lawn. Minha avó está lá, Hugh também, enterrado não muito longe de Ned Doheny. O resto da família não quis nem saber, não queria nenhuma ligação com os Doheny. Meu avô não está enterrado lá.

Meu avô era um homem alto e severo, pintor de paredes. Nunca me diverti muito com ele, mas de vez em quando ele abria um sorrisão. Ele era muito reservado sobre a morte de Hugh. Foram tempos difíceis para ele. Imagino que todos ficaram com tanta raiva que simplesmente se fecharam e não quiseram mais falar sobre o assunto. Meu avô acabou tendo um derrame. Ficou na nossa casa uns quinze dias e depois morreu. Foi meio rápido.

JOHN CREEL: Os Doheny eram muito religiosos e, pelo que sei, ficaram transtornados por Ned não ter tido um enterro católico. Creio que a família deve ter contado a verdade ao padre e ele acabou decidindo assim. Não podiam mentir para um padre. Para mim, o fato de Ned não ter sido sepultado com a família no Calvary Cemetery indica que ele se suicidou. Também sinaliza que as pessoas sabiam disso e que armaram para que a verdade não viesse a público.

Meu padrasto realmente não queria falar muito sobre o caso, era uma parte dolorosa da vida dele. Nunca puxava o assunto, embora respondesse se eu perguntasse. Mas ficava muito triste, e a gente não queria isso. Era realmente traumático sempre que ele retomava o assunto, então procurava evitá-lo. De vez em quando ia visitar o túmulo de Hugh em Forest Lawn, mas sempre sozinho. Nem minha mãe ia com ele.

RICHARD RAYNER: Em outubro de 1929, oito meses depois da morte de Ned e de Hugh, Albert Fall foi condenado por ter recebido propina de Doheny. Assim, no ano seguinte, Doheny foi a julgamento pelo suborno que levou à condenação de Fall. Durante o processo, várias equipes de advogados, tendo Frank Hogan no alto da pirâmide, tentaram livrá-lo. A certa altura, todos trabalhavam em Chester Place, inclusive na pista de boliche de lá, que chamavam de "Pista Hogan".

Hogan era extraordinário. O *Examiner* de LA disse que parecia um Houdini na sala do tribunal, recorrendo a todos os truques e artimanhas para livrar o cliente. Ele tinha uma postura tremendamente teatral e envolvente. Nesse processo, lançou mão de um recurso fantástico: sentou pessoalmente no banco das testemunhas enquanto liam as perguntas feitas a Ned Doheny no processo anterior, então lia as respostas de Ned como se fosse o próprio Ned. Estava capitalizando em cima do filho do acusado, que tivera uma morte trágica. O pobre Ned acabou sendo usado pelo pai mesmo depois de morto. Naquele momento, certamente ele foi mais útil ao pai estando morto do que em vida. Foi uma coisa de um cinismo tremendo, pavoroso. Mas funcionou. O julgamento terminou num dia muito frio em Washington e, por incrível que pareça, Doheny foi absolvido. Ele foi considerado inocente de pagar a mesma propina que condenara Fall por tê-la aceitado, num momento jurídico à la Lewis Carroll. Doheny deu 1 milhão de dólares de bonificação a Hogan e ainda acrescentou um Rolls-Royce, o que levou o advogado a dizer: "O cliente ideal é um ricaço com medo". Ótima frase. Mas

Doheny já estava meio acabado, era um homem arrasado. Morreu não muito tempo depois.

TOPSY DOHENY: Papai D. teve um derrame. Não sei em que ano, mas a morte do pai de Tim o atingiu duramente. Sua vida praticamente acabou, coitado, com o assassinato de seu filho único. Foi uma tragédia terrível.

ANN SMITH BLACK: A gente ia a Chester Place na Páscoa e havia ovos escondidos por toda parte. A maior diversão era ficar procurando. Papai D. teve vários derrames, então ficava sentado na cadeira de rodas, babando. Todos tínhamos de beijá-lo, mas tentávamos escapar o mais rápido possível.

O funeral dele foi muito católico e durou uma eternidade. Depois disso, Mamãe D. sempre tinha dois ou três padres em casa, o que era um grande conforto para ela. Havia um padre que era uma espécie de confessor dela, muito simpático.

TOPSY DOHENY: Mamãe D. tinha se convertido ao catolicismo, e os convertidos são sempre os mais fanáticos. Quando o marido morreu, tudo ficou nas suas costas, e tenho certeza de que ela vivia triste e solitária. Um monte de gente da igreja começou a aparecer na casa dela, e a influenciar suas decisões. Acho que naquela época lhe deram o título de condessa papal e a Igreja acabou ficando com toda a sua coleção de livros raros. O sonho dela era que sua memória fosse preservada para sempre, mas leiloaram tudo.

PATRICK "NED" DOHENY: Ela era uma católica muito devota. Os dois foram esteios de generosidade para a Igreja, mas nem quero falar nisso. É uma cantilena que vou guardar para mim mesmo. E se ela não tivesse dado toda aquela grana para a Igreja católica? Doou um volume assombroso de dinheiro, a um ponto que é, tipo, "Ah, meu deus". E no dia do funeral do Papai D., ela queimou todos os papéis dele. Eles também não eram dela. Mais tarde ela falou: "Depois me senti muito mal por isso", como se não tivesse nada a ver com a coisa. Não só ela não recebeu de volta um tostão do dinheiro que deu, como não tinha nada a ver com nenhuma daquelas cartas nem nada. Então a pessoa chega, alguém que não faz parte do processo em nenhum aspecto, forma ou condição, e resolve tudo da maneira que bem quer? O que é isso? Ela era pretensiosa e se achava importante. Pensava que estava protegendo a memória dele, mas era uma palerma.

RICHARD RAYNER: O nome dos Doheny ainda está presente em LA. O que espanta é que, para garantir poder e posição, Doheny acabou sacrificando a própria família. É trágico, e ele ficou visivelmente destruído com isso. É meio que uma história do tipo pecado original. Seu legado foi esquecido e manchado, mas ainda é simbólico, à sua maneira oculta. Hoje poucos lembram quem foi Doheny, e no entanto o nome ainda tem peso — a Doheny Memorial Library na USC, projetada por Wallace Neff, o Doheny Eye Institute, a Doheny Drive, a Doheny State Beach. E a mansão grandiosa de Greystone, que estava dilapidada até ser comprada e restaurada pela prefeitura de Beverly Hills. Agora fica aberta ao público e tem até um grupo de teatro amador que encena peças de crime e mistério pela mansão.

LARRY NIVEN: Um primo meu estava visitando Greystone e ouviu o guia anunciar que todos os Doheny estavam mortos. Ele corrigiu o homem. Imagino que ele tenha sido educado, mesmo que um pouco arrogante. Depois disso, os Doheny foram convidados para uma visita especial, e eu fui. Minha avó tinha lareiras realmente ultrabarrocas, embora eu não me lembrasse delas. A pista de boliche é de verdade; brinquei lá quando criança. Tinha uma piscina olímpica, sempre gelada, porque era cercada de árvores. Mesmo no verão era danada de fria, mas a gente nadava mesmo assim. Tinha um trampolim alto e até uma torre com outro trampolim. Agora é uma piscina com só um pé de profundidade. Para evitar ações judiciais, despejaram um monte de concreto lá dentro quando a prefeitura assumiu a propriedade.

GAYLE CHELGREN: Uma vez fui a um chá de cozinha em Greystone. Queria entrar e surrupiar alguma coisa do banheiro, mas desisti. Fiquei meio assombrada com a coisa toda. Permanecemos no jardim, basicamente; era um lugar imenso, lindo. Sei que fazem visitas guiadas, alguns amigos meus foram, mas nunca me interessei. E sabe de uma coisa? Toda a família antiga já se foi, esse é o pessoal jovem que não tem nada a ver com ela. Eles acreditam no que querem acreditar. Mesmo assim, tenho uma tremenda birra da família Doheny, mesmo que nem tivesse nascido quando tudo aconteceu.

RICHARD RAYNER: Raymond Chandler tem uma frase famosa: "A lei é o que você compra e o quanto paga por ela". Ele viu claramente como o poder funciona em Los Angeles, e esse é seu tema principal, além da corrupção. Chandler vivia voltando à história dos Doheny. Ela é enfocada de vários ângulos em toda a sua obra, e sempre foi o paradigma do que considerava o núcleo podre do paraíso.

II. OS WARNER

Angelo Drive, 1801, Beverly Hills

Barbara Warner e o pai, Jack Warner, 1942.

ARTHUR MILLER: A geração de Jack Warner inventou o que veio a ser a principal cultura mundial — e não só americana. O sonho do mundo é escapar da vida chata, comum, industrial, tecnológica. E dá para entender como a coisa aconteceu, se a gente pensar de onde eles vieram, um lugar onde não existia absolutamente nenhuma chance de ninguém fazer coisa alguma. Viviam num cafundó, mas onde era possível realizar todos os sonhos. Você pensava numa coisa qualquer e logo podia pôr em prática. Aquilo era fantástico. E eles encheram os filmes dessa magia. Uma vez George Cukor me disse: "Nosso objetivo era fugir da realidade. Tínhamos plena consciência de tudo isso". Era uma Terra do Nunca, uma invenção. Aqueles imigrantes, aqueles judeus da Europa Oriental, haviam criado um sonho de cabelos loiros, olhos azuis e nariz reto. Tudo tinha de ser lindo. Era um conto de fadas, porque os imigrantes viam aquele país como um conto de fadas. Foi incrível: cativou o país inteiro.

DAVID GEFFEN: Jack Warner era uma grande figura, como todos eles. Eram caras admiráveis, mas uns monstros. O cinema é um setor complicado, e você tinha de ser um monstro para criar uma indústria.

CY HOWARD: Agora ninguém dá muita importância, mas eles davam. Realmente gostavam do que faziam. Era uma atividade estimulante, e eles se empenhavam. Adoravam o pique e a energia. Não faziam por dinheiro — a grana era apenas um derivado. Adoravam sair de casa de manhã e ficar cercados de gente do Texas com o bronzeado perfeito e o nariz reto, dançando em volta deles e dizendo: "É tão legal estar aqui!". O estúdio era a família, e a mulher era alguém como Loretta Young. Nada mau ter uma mulher assim. Você não gostaria de pensar: "Essa é minha mulher, Ginger Rogers, e não aquela que está em casa"? Eles tinham os dois lados da coisa.

Mas não entendo por que um novo magnata acha que tem de se mudar para a casa de um antigo magnata. Ele devia ter identidade própria. Consigo entender por que os antigos magnatas apareceram e precisaram de uma identidade nova. Afinal, a General Motors e Wall Street não tinham chamado nenhum deles, então tiveram que iniciar um novo setor de negócios. Fizeram as regras. Mas não entendo por que a nova geração precisa de uma identidade do Velho Mundo.

DAVID GEFFEN: Uma vez eu e um amigo passamos de carro pela casa de Jack Warner, na Angelo Drive. Os portões estavam abertos e entramos, mas então apareceram uns guardas e nos impediram de ver a propriedade. Quando li o necrológio de Ann Warner na *Hollywood Reporter*, em março de 1990, pensei: Humm, vou dizer que quero comprar a casa só para poder dar uma olhada. Então me deixaram entrar. Era de uma grandiosidade muito Hollywood. Um manifesto mais enfático do que o de Louis B. Mayer. Mais enfático do que o de David O. Selznick. Era o manifesto mais enfático de todas as figuras daquela época. Uma homenagem à ideia de como as pessoas viviam em Hollywood. A gestalt da coisa me pegou e eu comprei a casa. Mas o mais interessante é que paguei pela casa mais do que Jack Warner recebeu com a venda do seu estúdio em 1956. Creio que ele o vendeu por 38 milhões, enquanto eu desembolsei 47.

JACK WARNER JR.: Depois do sucesso que teve com *O cantor de jazz* em 1927, meu pai comprou um terreno ao lado da casa de Harold Lloyd. Era um local ermo, cheio de trigo e mato, e eles se mudaram com cavalos e homens munidos de pás. Meu pai construiu uma casa mediterrânea opressiva — que chamávamos de "tranqueira espanhola" —, mas linda. Foi projetada e decorada pelo departamento de arte do estúdio, um pessoal fantástico para montar locações, mas péssimo quando se tratava de casas. Mas não foi construída pelo estúdio — meu pai tinha um arquiteto e um empreiteiro. Provavelmente eles tinham um monte de móveis espanhóis velhos no estúdio e estavam querendo se livrar deles. Eram feios, desconfortáveis. Era como morar num museu, com um mobiliário grandioso que devia estar em alguma galeria. Ou num galpão de cenografia, que provavelmente foi de onde vieram. Mas certas partes da casa eram magníficas, com pisos da Europa e painéis da Inglaterra.

Meu pai acrescentou um campo de golfe de nove buracos, mas não lembro de ter sido muito usado. Uma vez levei uns amigos da equipe de golfe da USC e meu pai berrou feito louco comigo por estragarmos a grama, arrancando torrões nas tacadas e coisas assim. Ele não queria golfe ali, embora fosse um campo de golfe. A única vez que foi realmente usado foi numa festa de inauguração. Harold Lloyd e meu pai se uniram — pela única vez na vida — e fizeram uma passarela por cima do muro entre as duas casas, pela qual as pessoas iam e vinham.

BARBARA WARNER HOWARD: Nossa casa foi construída originalmente em estilo mediterrâneo, mas mamãe detestava tudo aquilo. Papai tinha morado lá com a primeira mulher, e mamãe estava sempre na cola dele, dizendo: "Me deixe mudar umas coisas", e ele nunca deixava. Então um dia ele chegou em casa e viu que mamãe tinha descolado com alguém no estúdio um trator para derrubar a fachada. Todo o ar mediterrâneo desaparecera. Então ele deixou que a frente fosse toda refeita. Ela gostava muito do palácio Monticello e foi visitá-lo, antes de começar a construção, para se inspirar. Com a ajuda do decorador Billy Haines, a casa se transformou na mansão sulista dos seus sonhos, tipo antes da Guerra Civil. Ela foi criada em Ferriday, na Louisiana, e guardava lembranças maravilhosas das fazendas de lá.

A entrada tinha enormes portões de ferro batido, sempre vigiada por um guarda do estúdio. A gente subia pelo caminho para carros, passava por um dossel de sicômoros que à noite era suavemente iluminado por lâmpadas camufladas, e então contornava uma fonte graciosa no pátio de tijolos. Depois atravessava uma porta dupla de mogno e entrava num vestíbulo com uma escadaria em curva, um grande candelabro de cristal e um assoalho de parquê de Versalhes, que mamãe tinha encontrado na França. No andar de baixo havia um teatro com uma tela enorme que vinha desde o chão e, na sala ao lado, um bar com balcão de madeira de carvalho claro e revestimento de couro nas paredes. A sala de jantar no térreo tinha cadeiras estilo regência e uma mesa de jantar inglesa para 24 pessoas. Havia uma sala para onde as mulheres iam enquanto os homens fumavam seus charutos depois do jantar, com chão de mármore estriado de rosa e estátuas venezianas de mouros e negros. Na copa, uma mesa telefônica antiga que só o mordomo sabia operar. Os aposentos dos meus pais ficavam no andar de cima e incluíam um banho turco, e eu tinha também meu quartinho e uma saleta de estar, que eram rosa vivo — até hoje odeio essa cor —, com montes de estofados floridos. Nunca tive nenhum apego especial pela casa — sempre quis sair de lá. Até hoje não entendo bem meus sentimentos em relação a ela.

JEAN STEIN: Nossa casa parecia modesta se comparada à dos Warner. A deles era como o Partenon, com direito a cascata e campo de golfe. Era de uma escala atordoante. As festas de aniversário de Barbara eram grandes produções, dezenas de crianças sentadas a uma mesa de banquete muito elegante. Lembro que o sr. Warner, numa dessas festas, enfiou a cabeça pela porta quando estavam trazendo o bolo e gritou: "Feliz aniversário, Bunky!". Então fechou a porta depressa.

BARBARA WARNER HOWARD: Apenas uns dez dias depois que minha mãe morreu, um executor testamentário falou: "Tenho alguém que talvez se interesse pela casa". Era David Geffen. Ele veio uns dias depois, de jeans, camisa e um belo blazer — parecia roupa de festa na praia. Podia ser um amigo meu. Achei que seria legal vender a casa para alguém da indústria do entretenimento, e minha mãe decerto simpatizaria com ele, embora meu pai não. Mas David disse: "Eu nunca moraria aqui. O que ia fazer num lugar como este?".

Mas ele voltou. E dessa vez falou que estava muito interessado. Meu pai tinha um irmão chamado David, que havia morrido de doença do sono logo após a Primeira Guerra, então eu disse:

"David, que maravilha. Talvez você seja o quinto irmão voltando". Ele me olhou como se isso tivesse decidido a questão.

David então mostrou a casa a uns amigos, Steven Spielberg e outros. No escritório, havia uma coleção de roteiros originais encadernados em couro, com a inscrição DA BIBLIOTECA DE ANN E JACK WARNER. Spielberg viu um que era mais ou menos da época em que ele chegara a Hollywood: *Juventude transviada* ou *Vidas amargas*. Ele disse: "Posso ver?". David perguntou se podia dá-lo a Spielberg. Ainda não tinha comprado a casa, mas me pegou de surpresa, então respondi: "Claro, esteja à vontade". Pareciam crianças numa confeitaria. Pela primeira vez, senti a mística da coisa. Ali estavam pessoas que eu respeitava, e elas pareciam fascinadas. Foi uma sensação muito estranha, como se eu morasse num museu de cera.

O contrato de venda da casa foi fechado seis semanas depois da morte de mamãe. Tudo correu muito rápido, mas David continuava insistindo: "Não dá para ir mais depressa?". Ele nem queria saber. Queria a casa para ontem.

DAVID GEFFEN: Depois que comprei a casa, levei minha decoradora lá e mostrei todas as mobílias e acessórios originais. Falei: "Está vendo esse assoalho? Foi um presente de Napoleão para a irmã dele". A decoradora disse: "Você acha que as pessoas presenteiam os parentes com assoalhos?". Entramos na sala de jantar e falei: "Esse papel de parede era do palácio imperial na China". Ela disse: "Isso é papel de parede francês de 1870 ou 1880". Apontei um móvel e falei: "Esse aqui é um Chippendale". Ela disse: "Você não vai ficar bravo comigo?". E eu: "Como assim, ficar bravo com você?". Ela respondeu: "O original está no Victoria and Albert Museum. Este aqui foi feito na Warner Brothers".

CY HOWARD: Depois que David comprou a casa, Barbara e eu fomos ao coquetel que os advogados deram lá. Nós nos cumprimentamos e ele disse: "Não sei por que porra comprei esta casa. O que um moleque do Brooklyn está fazendo aqui?". Respondi: "Você não precisa ser sempre do Brooklyn. Vai se divertir. Pode se permitir isso. Vai ter uma nova identidade". Ele falou: "Você sabe como é o Brooklyn: a gente senta na escadinha da entrada, todo mundo amontoado, todo mundo muito amigo. Como vou conseguir deixar isso aqui com uma cara simpática?". Aí eu disse: "David, você pode fazer um Brooklyn aqui. É só abrir duas docerias e trazer cinco rabinos hassídicos e três coreanos como seguranças, depois chamar a polícia para bater em todo mundo. E aí, como toque final — pode sair caro, mas acho necessário —, você constrói um elevado e fica lá estremecendo enquanto o metrô passa. Então você vai ter o Bronx". Barbara me agarrou e me tirou depressa dali, então não pudemos conversar mais.

BETTY WARNER SHEINBAUM: Meus avós eram do Velho Mundo, de Krasnocielc, na Polônia. Minha avó Pearl Warner era uma máquina de fazer filhos: teve doze, dos quais sete sobreviveram. Usava diariamente um vestido comprido de seda preta e, até onde eu sei, não se interessava por nada. Quase nunca abria a boca. Meu avô mandava e ela obedecia. Ele queria mudar de vida no Novo Mundo, mas ao mesmo tempo não estava preparado para fazer nada diferente do que fazia. Foi açougueiro, depois sapateiro, então teve uma lojinha. Não tinham nenhuma instrução e desejavam coisas melhores para os filhos. Mas os filhos tampouco puderam ter grande coisa, porque precisavam trabalhar para ter roupa e comida em casa.

Estavam sempre se mudando, trocando de atividade, tentando algum novo negócio com a esperança de que desse certo. A certa altura, eles pegaram, amansaram e domaram uns cavalos.

Diversificavam as atividades num esforço desesperado de encontrar alguma coisa que realmente garantisse seu sustento e fornecesse condições melhores do que tinham antes. Dinheiro não nascia em árvore. Toda a meninada precisava trabalhar desde cedo. Faziam tudo o que aparecia e batalhavam muito. Harry, meu pai, era o filho mais velho e virou o patriarca, o chefe da tribo. O manto coube a ele desde o primeiro dia, e nunca foi diferente. Contava como sua vida tinha sido dura desde os sete anos. Jack, por ser o caçula, não passou por isso. Era esperto, engraçado e queria entrar no show business. Sempre foi uma peste, desde o dia em que nasceu. Sam, o irmão do meio, mantinha a paz na família, porque era amado por todos. E Albert era mais pacato, evitando ao máximo qualquer problema ou encrenca.

JACK WARNER JR.: Não sei se meu pai recebeu muito afeto em casa quando menino. Todos estavam ocupados demais tentando ganhar a vida. É uma coisa que vem de longe, muito longe. Além disso, os irmãos mais velhos o atormentavam. Não era por mal, mas ele se sentia assim, e isso gerou o que veio mais tarde.

Harry, Albert e Sam puxaram ao pai. Não sei a quem papai puxou — era como aqueles moleques de rua que viram uns malandros metidos a valentes. Hoje a gente chamaria de delinquente juvenil. Nunca foi à escola e até foi expulso do ensino religioso. Quando o professor lhe deu uma reguada por ser bagunceiro, ele puxou a barba do homem e saiu correndo. Essa foi a última educação formal que ele teve. Harry sabia ler hebraico. Albert tinha jeito com números e cuidava das contas. Também podia pegar uma tabela e analisar todos os dados. Sam era bom em tudo: em coisas mecânicas, manuais, que exigiam criatividade ou raciocínio. Ele não precisava se esforçar para ser querido e amado. Era uma coisa espontânea. Se não tivesse morrido, creio que boa parte da história teria sido diferente.

Meu pai adotou o nome de um menestrel de que gostava — Leonard — como nome do meio. Ele não era Jack, era Jacob, e o sobrenome não era Warner. Uma vez perguntei: "Qual era o sobrenome de verdade da família?". Ele respondeu: "Jack, me dê um cigarro". Então soltou a fumaça, olhou para mim e disse: "Não lembro".

BARBARA WARNER HOWARD: Os meninos cresceram em Youngstown, Ohio, onde meu avô tinha um açougue. Ele punha carne kosher na frente e não kosher atrás, e meu pai costumava trocar as duas, porque a carne comum era mais gostosa. Meu avô tinha uma carrocinha e um cavalo para entregar os pedidos. O cavalo conhecia bem a rota e parava sozinho no lugar certo. A família morava num bairro polonês e na época havia certo antissemitismo por lá. A criançada aparecia na janela rindo para ver se os judeus tinham mesmo rabo.

JACK WARNER JR.: Meus pais se conheceram em San Francisco, onde meu avô materno era advogado. Quando se casaram, meu pai era só um rapazote de Youngstown, Ohio, que tinha participado de um filme, de modo que a família da minha mãe não gostou muito da escolha. Era uma família de judeus alemães muito abastada e bem antiga, que tinha cruzado o istmo do Panamá e chegado à costa logo depois da Corrida do Ouro. Estavam lá havia gerações, e então apareceu um sujeitinho cujos pais tinham vindo da Polônia. Minha mãe, Irma, nunca tinha provado comida kosher nem ouvido iídiche, e de repente se viu arremessada para dentro da família do meu pai.

BARBARA WARNER HOWARD: Eles não gostavam do meu pai. Ele tinha só o primário e ela vinha de uma família muito instruída.

Ele era muito novo, tinha 21 anos, e ela era bonita, loira e ligeiramente vesga. Mas meu pai era muito decidido e eles se casaram. Depois ele voltou para Youngstown, Ohio, com a mulher, para apresentá-la à família. Foi um desastre. Ela levava uma vida muito protegida e nunca conhecera gente daquele tipo. Tinham um açougue e a sogra só falava iídiche. Se meu pai era o mais refinado deles, você pode imaginar como eram os outros. Desde o começo as coisas não andaram muito bem.

JACK WARNER JR.: Minha mãe era uma mulher doce e afetuosa, com gosto pela vida e um grande círculo de amizades. Não tinha nenhum talento específico, mas cozinhava muito bem e dirigia a casa de forma perfeita. Era uma boa mãe, e muitas vezes me perguntei por que não tiveram mais filhos, mas acho que meu pai já vinha de uma família grande e não estava disposto a ter outra.

Os dois ficaram casados por vinte anos. No começo, quando lutava para subir na indústria do cinema e sua principal função era pegar os atores de manhã e verificar se o câmera não estava bêbado, meu pai era um cara feliz. Os irmãos ainda não eram ricaços e muitos dos problemas posteriores não haviam surgido.

BETTY WARNER SHEINBAUM: Depois que os irmãos fundaram o estúdio em LA, em 1923, Harry voltou para Nova York para trabalhar na distribuição com Albert e tratar com os bancos — meu pai era um dos poucos empresários judeus naquela época em quem os banqueiros confiavam. Para Sam e Jack coube a tarefa de tocar o negócio, mas Harry tinha de aprovar tudo o que fizessem. De uma maneira ou de outra, todos trabalhavam bem juntos. Então Sam morreu de hemorragia cerebral depois de uma operação para tratar uma sinusite, na véspera da estreia de *O cantor de jazz*, em 1927. Ele tinha sido responsável pelo som nos filmes — junto com um engenheiro militar que era um gênio da eletrônica, o major Nathan Levinson, que trabalhava na Warner Brothers.

JACK WARNER JR.: Meu pai era um sujeito muito divertido antes de os negócios fazerem um sucesso estratosférico. Na época do cinema mudo, ele escolhia o elenco e dirigia. Ficava atrás de uma câmera e fazia tudo, menos atuar — que era o que ele mais queria. De vez em quando, dá para vê-lo de costas numa cena. Era um ator frustrado, um histrião — embora achasse que se tratava de um palavrão. No começo, rodava comédias de dez ou vinte minutos, sem roteiro. Isso foi antes do grande sucesso deles, *Rin Tin Tin*. Quando era uma cena de multidão, convocavam como figurantes os parentes e amigos. Pediam que levassem sobretudo, chapéu, cachecol e peruca, caso tivessem. A equipe montava as câmeras de manhã cedo, geralmente na Sunset Boulevard, na praia ou nas colinas onde hoje fica o Dodger Stadium. Nas cenas de perseguição, os figurantes, que recebiam um lanche como pagamento, corriam ao lado da câmera e davam a volta por trás dela, então trocavam de chapéu e corriam outra vez, depois punham o casaco ou uma peruca e corriam mais outra vez. Depois, na hora de editar o filme, eles veriam como encaixar tudo. Quando eu tinha onze ou doze anos, sempre estava entre o pessoal que ficava correndo.

Naquela época, morávamos perto uns dos outros e íamos juntos, a pé, até o estúdio. São as recordações mais felizes que tenho. Lembro que um dia estava indo para o estúdio e meu pai dançava no meio do caminho. Ficava em Hollywood, na Sunset Boulevard, mas, antes disso, eles haviam tido um estúdio menor, bem vagabundo, num lugar chamado Poverty Row. Na verdade eram salas de escritório, porque naquela época se filmava em locações externas. Foi uma época de pobreza, mas foi feliz.

Meu pai era totalmente diferente naqueles tempos, um cara batalhador que se dava bem com todo mundo. Creio que ainda não tinha aquela atitude de quem desconfia que todo mundo quer alguma coisa dele, que depois veio a dominar sua vida. O sucesso estragou meu pai. Logo depois que *O cantor de jazz* rendeu toda aquela fortuna, foi então que tudo isso aconteceu, essa metamorfose.

RICHARD GULLY: Jack não gostava de ter funcionários do estúdio na casa dele. Assim, muita gente que trabalhava lá não era da Warner. Ele se sentia muito mais seguro com o pessoal de fora. Ficava nervoso com gente do estúdio querendo se aproveitar dele. Uma vez, numa exibição fechada antes da estreia, comentei: "Jack, você não podia ser um pouco mais atencioso?". Ele respondeu: "Na minha área de negócios, você não pode ter amigos. É evidente que não pode ter amigos". A ideia dele era: se quiser conduzir seus negócios de maneira ortodoxa e rigorosa, não pode ficar fazendo favores às pessoas. Simples assim.

BARBARA WARNER HOWARD: Meu pai adorava jogar tênis. Ele era bom, mas fazia questão de formar dupla apenas com profissionais ou com alguém realmente excelente, para ganhar sempre. Muito antes de nos conhecermos, meu marido, Cy, escreveu um filme para meu pai e foi convidado para uma partida. Cy era exímio jogador e ganhou dele. Richard Gully disse: "Dançou. Nunca mais vai ser convidado". E, claro, não foi mesmo. Meus pais realizavam partidas de tênis todo sábado e domingo, com bufês maravilhosos. Ninguém podia tocar na comida antes que meu pai começasse a comer. As pessoas tinham um pouco de medo dele. Quando criança, eu não sabia que esse não era o comportamento das pessoas em geral, que não era normal, quando a pessoa estava morrendo de fome, dizer a ele: "Sim, claro, a que horas *você* gostaria de comer?". Nem perguntar sempre: "O que *você* gostaria de fazer?", ou sempre concordar com um: "Claro, tem razão, as coisas são exatamente como você diz".

JACK WARNER JR.: No terreno do estúdio havia aquela torre preta monstruosa, e sempre que meu pai discutia com alguém e queria terminar a conversa, ele ia até a janela e apontava para fora, dizendo: "Que nome que está lá na torre de água?". Claro, não era o nome dele que estava lá, era "Warner Bros". Harry Warner ou até mesmo eu podia dizer que era o nosso nome. Mas era assim que meu pai calava a boca de quem discordava dele. Queria frisar que comandava a empresa, e, santo deus, comandava mesmo. Não tanto quando o irmão ainda estava vivo, mas depois sim. Dizem que certa vez Warren Beatty escalou a torre — é preciso estar com muita gana de fazer isso, porque ela é enorme — e assinou no topo. É admirável. Eu nunca teria me atrevido.

RICHARD GULLY: A sala de jantar de Jack Warner no estúdio era como o Palácio de Buckingham. Ele sentava à cabeceira da enorme mesa e era uma figura e tanto de se ver. Parecia um monarca. No escritório, nas apresentações dos roteiros ou em reunião com os produtores, nunca adotava essa atitude imponente, mas na sala de jantar particular, no estúdio, Jack Warner se sentava como o rei de tudo ao redor. À mesa cabiam mais ou menos vinte pessoas de cada lado. Só para comparar, a mesa de jantar na casa dele era grande, mas cabiam apenas umas dez de cada lado. A comida na sala de jantar do estúdio era magnífica. Ele tinha um cozinheiro francês e era como um restaurante gourmet. Jack Warner sentava à cabeceira e todos se submetiam a ele. Você só falava quando tinha permissão para isso.

Jack Warner montado num leão, cercado de bajuladores.

ARTHUR MILLER: Na noite em que conheci Jack Warner, lembrei de Victor Moore, comediante de produções como *Of Thee I Sing*. Ele fazia musicais em que aparecia de cartola, no papel de um personagem totalmente parvo e aloprado. A mistura de vaidade, grosseria e vulgaridade em Jack Warner era um espetáculo imperdível. Realmente tinha o mundo nas mãos, dava para sentir. Dava até vontade de rir. Mas era terrível. E todo mundo lhe devia alguma coisa. Ele sentava numa cadeira de espaldar alto na sala de jantar e era tratado como se fosse o rei da Inglaterra. Foi pedagógico.

JACK WARNER JR.: Quando Albert Einstein visitou o estúdio em 1931, meu pai — que era muito metido, mesmo quando não sabia do que estava falando — disse: "Doutor, o senhor tem a sua teoria e eu tenho a minha: Nunca contrate um parente".* Eu sempre ficava com vontade de acrescentar: "Onde você estaria, papai, se seus irmãos não o tivessem contratado?".

Levaram Einstein ao departamento de produção, onde havia um Ford em cima de um andaime. Ele e sua mulher sentaram dentro do carro e os câmeras filmaram o casal, enquanto projetavam atrás deles, sem que eles soubessem, cenas aéreas de Nova York, das cataratas do Niágara, de Chicago e Los Angeles. Então revelaram a película e projetaram para eles esse filme com os dois sobrevoando os Estados Unidos num Ford. Einstein arregalou os olhos e ficava dizendo em alemão, sem parar: "Meu deus, o que fizeram? Não compreendo". Meu pai falou: "Ele entende é de relatividade!".

Comecei a trabalhar no departamento de produção quando ainda estava na faculdade. Pegava uma bicicleta e percorria a área, vendo se havia algum problema. Uma vez escrevi quinze páginas de críticas e entreguei a ele e a Steve Trilling, seu braço direito naquela época. Depois meu pai me ligou e disse: "Para quem mais você deu isso? Recolha todas as cópias e destrua tudo". Eu tinha encontrado falhas em algumas coisas que atrasavam

* Piada que perde o sentido na tradução: "*Doctor, you have your theory of relativity and I have mine: Never hire a relative*". (N.T.)

os filmes — nada catastrófico, subserviência demais a comitês e coisas assim. Acho que quis me exibir um pouco, e ele não gostou. Nunca foi além da escola primária, por isso queria que eu tivesse uma ótima formação, mas, depois de tanto estudo, ele dizia: "Você e suas conversas de faculdade...". Sempre pensei: Caramba, ele é *cum laude* no campo dele, não precisa ficar ressentido. Mas meu pai tinha mesmo um grande complexo de inferioridade.

BETTY WARNER SHEINBAUM: Harry cuidava da família, sempre que alguém tinha algum problema, era a ele que recorria. Mas era também muito dominador, no estilo "Ou do meu jeito ou de jeito nenhum". Sabia o que era certo e o que era errado, e esperava que todos se mostrassem à altura do seu código moral. Jack vivia numa rebeldia constante, e tudo o que fazia era simplesmente chocante para meu pai. Ele tratava Jack como se fosse um moleque travesso, e os dois viviam se bicando. Não é que a relação entre eles tenha degringolado — ela sempre foi ruim. Meu avô, Benjamin Warner, que os irmãos haviam transferido para Beverly Hills com a minha avó, procurava manter a paz na família. A regra dele era: "Um por todos e todos por um". Mas Jack e Harry vinham de dois planetas diferentes.

Voltamos de Nova York para a Califórnia em 1936 — em larga medida para que meu pai ficasse de olho em Jack. Meu pai comprou mil acres em San Fernando Valley e construiu uma casa de fazenda. Mas, depois de alguns anos, decidiu vendê-la para o estúdio. Já estavam mesmo usando parte da propriedade como locação. Jack perguntou: "Tem como você dar um desconto?". Meu pai falou: "Claro, você pode ficar com ela por 10 mil dólares". Cerca de um ano depois, ele descobriu que Jack tinha comprado a propriedade para ele mesmo e transformara tudo num loteamento residencial. Ele não titubeou em mentir para meu pai, e imagino que ganhou muito dinheiro com isso.

Meu pai vivia bem, mas não se importava muito com sua vida social. Não gostava das festas dos artistas e nunca ligava nomes a rostos. Corre uma história de que ele foi ao Coconut Grove e viu uma adolescente muito bonita na mesa ao lado. Antes que alguém pudesse impedi-lo, meu pai foi até ela e disse: "A senhorita é realmente muito bonita. Deveria trabalhar no cinema". Então ela respondeu: "Como vai, sr. Warner? Sou Shirley Temple".

JACK WARNER JR.: Meu pai construiu a casa em Angelo Drive quando ainda estava com minha mãe. Tinha um dispositivo que sempre lamentei: um sistema de aquecimento central com respiradouros grandes. Então, se meus pais estivessem brigando no outro extremo da casa — quando ela descobria que ele não estivera no estúdio naquela noite —, eu ouvia tudo pelo respiradouro. Meu pai passava muitas noites fora. Fico até surpreso de pensar nisso sem me aborrecer. Naquela época, o casamento com um produtor de sucesso era o mais arriscado possível: as tentações eram muitas e enormes, e meu pai se expunha alegremente a elas.

Um dia, ele mandou seu massagista, Abdul, ir buscar todas as suas roupas e então sumiu da nossa vida durante um ano. Minha mãe sabia que ele mantinha casos — Ann não era a primeira —, mas não que meu pai queria o divórcio. De uma hora para outra, tivemos de arrumar as malas e ir embora. Uma das cláusulas do divórcio dos meus pais era estranha: nenhum dos dois poderia se casar outra vez pelo prazo de um ano. Logo que esse tempo passou, ele e Ann se casaram no norte do estado de Nova York. Soubemos pelos jornais e todos comentaram na cidade. Minha mãe ficou transtornada, porque ainda não tinha se acostumado à condição de divorciada. Antes era a sra. Jack Warner e morava numa mansão, de repente estava morando no Beverly Wilshire Hotel.

Eu continuava a trabalhar no estúdio durante os verões, e naquela altura não havia muito atrito com meu pai. Ele sempre dizia: "Quero que você conheça Ann". A única coisa que eu sabia é que ela havia destruído nosso lar. Demorou algum tempo até que minha mãe me deixasse conhecê-la. "Aquela mulher" e "aquela vagabunda" eram sinônimos em casa.

Então, no nosso primeiro encontro, Ann disse: "Em que dia você nasceu?". Falei a data, e ela perguntou: "A que horas?". Respondi: "Minha mãe sempre diz que foi às oito da noite". Meu pai falou: "É, foi isso mesmo, você interrompeu um filme que eu estava vendo". Ann disse na hora: "A gente nunca vai se dar bem. Meu signo não combina com o seu". Outras pessoas que a conheciam diziam que a vida dela era regrada pela astrologia. Meu pai ficou um pouco surpreso, mas o que podia dizer? Que consultasse de novo os astros?

BETTY WARNER SHEINBAUM: Meu pai tinha essa ideia fora da realidade de que os Warner sempre iriam manter a compostura e evitariam escândalos. Então, quando Jack chegou e falou: "Quero casar com essa moça. Ela é casada e temos uma filha ilegítima", e assim por diante, ele subiu pelas paredes. "De jeito nenhum. Como você se atreve a casar com uma mulher dessas?", disse. Ann não era propriamente o modelo da boa moça judaica.

GREGORY ORR: Minha avó Ann Warner tinha nascido em Ferriday, Louisiana, onde seu pai tinha um armazém e durante algum tempo foi dono de uma sala de cinema, na época do cinema mudo. Depois eles se mudaram para a Califórnia, quando Ann estava com doze anos.

Aos dezesseis, ela conheceu o primeiro marido, o ator Don Page, mais tarde Don Alvarado, que então tinha 21 anos. Ann estava terminando o segundo grau, ainda não sabia o que ia fazer, e então apareceu aquele ator jovem e bonitão, que era seu bilhete de ida para a empolgante Hollywood. Não era um par ideal. Ela precisava de alguém que lhe desse uma vida mais emocionante, e ele batalhava para avançar na carreira. Não tinham muito dinheiro e moravam numa casinha perto de Carthay Circle. Quando chegou o cinema falado, ele não se saiu bem. Minha avó e Jack Warner começaram um romance no começo dos anos 1930. Ela se divorciou de Don logo depois. Don acabou largando a carreira de ator e se tornou um ótimo assistente de direção na Warner Brothers. Todos se conheciam. Consta até que foi Jack Warner que mudou o nome de Don, dizendo que ele parecia latino e, portanto, devia ter um nome que combinasse, algo "impactante, como Rodolfo Valentino". Um dia estavam passando pela Alvarado Street, e Jack disse a ele: "Alvarado, eis um nome bom".

BARBARA WARNER HOWARD: A primeira vez que meu pai viu minha mãe, ela estava dançando tango no Coconut Grove. Era muito bonita — parecia Dolores del Rio —, com olhos azul-esverdeados deslumbrantes e muito ritmo. Adorava dançar. Tinha uma presença incrível, muito charme e humor. Mas eles só se conheceram mesmo depois disso, pois na época ela ainda estava com o primeiro marido.

Meus pais se casaram em 1936. Anos mais tarde, quando eu tinha uns 37 anos, conheci Mae Brussel, filha do rabino Magnin, que tinha sido o rabino-mor de Los Angeles. Ela disse: "Barbara, a última vez que vi você foi na festa da sua adoção aos três anos de idade. Pelo menos foi o que disseram a todo mundo. Eu falei para meu pai, em voz bastante alta, que você certamente era filha de Jack e Ann, porque era muito parecida com os dois. Ele me mandou ficar quieta".

Tentei descobrir o que tinha acontecido. Conversei com a secretária do meu pai e um primo da minha mãe, e os dois me contaram que eu tinha nascido antes que meus pais se casassem, então eles precisaram me esconder. Fui transferida para a *gatehouse* na divisa do nosso terreno, onde fiquei morando com uma grande amiga de mamãe. Então, quando estava com dois anos e meio, fui "adotada" e levada para a casa principal.

Não perguntei nada a mamãe naquela época. Mas, cerca de um ano depois, fui dormir no quarto dela quando meu pai morreu, para ela não ficar sozinha. No meio da noite, ela esqueceu que eu estava lá e apertou o botão da cama automática para levantar o encosto, então acordei. Achei que devia ser uma boa hora para perguntar sobre essa história. Ela ficou muito comovida e disse: "Ah, você devia ter perguntado antes. Você nasceu do nosso amor. Queríamos muito você".

JOY ORR: Eu era a primeira filha de Ann, e passávamos muito tempo juntas. Antes que ela conhecesse o sr. Warner, éramos só nós duas. Fazíamos piqueniques em Laguna Beach. Ela era muito jovem e gostava de aventuras. Eu era louca por ela. Mas, claro, Ann mudou. Virou uma dama do mundo.

A primeira vez que vi o sr. Warner foi quando ele e minha mãe foram me visitar na Sacred Heart Academy, em LA. Gostei dele logo de cara, apesar de seu jeito brusco. Não sabia nada sobre o sr. Warner, mas pensei: Se você fizer minha mãe feliz, eu lhe dou um beijo. Gostei dele. Parecia um urso-polar. Então, quando voltei para casa, pensei: Se eu não ficar zanzando por aí, não vou ter nenhum problema. Mas eu tinha essa loucura por ele. Costumava esperá-lo no portão. Então ele começou a me levar a partidas de tênis e polo. Mas nunca o chamei de "pai". Finalmente, quando estava para morrer, ele falou: "Sou seu pai, não sou?". E eu respondi: "Claro!". Sempre tive medo de falar isso, mas lá estava ele, quase cego. Então falei: "Te amo", e ele respondeu: "Nós te amamos, querida". Podem dizer o que quiserem, mas o sr. Warner foi um pai maravilhoso. Ele podia ter tomado distância de um monte de coisas, mas encarou.

Claro, eu sabia que Barbara não era adotada. Num domingo à tarde, minha mãe me mostrou uma foto de uma menina e perguntou: "Você gostaria de ter uma irmãzinha?". Na hora que vi a foto, percebi que era filha dela. Então falei: "Ela precisa vir já para casa. Este é o lugar dela".

A vida naquela casa às vezes parecia um conto de fadas. Éramos protegidas, não sabíamos nada sobre o mundo exterior. Lembro que olhava pela janela e via toda a paisagem até Benedict Canyon — não havia nada, só árvores ondulando ao vento. Meu quarto ficava no segundo andar, no canto, e, já crescida, eu voltava lá e ficava sentada no escuro, fazendo de conta que ninguém sabia que eu estava ali. Queria permanecer nesse lugar pelo resto da vida. Mas minha mãe dizia: "Você tem que parar com isso. Precisa crescer".

Em 1942, quando estava com dezessete anos, entrei na sala dela e do sr. Warner para pegar a seção de quadrinhos do jornal ou o que houvesse ali para ler, e então ele me estendeu um roteiro. Li e pensei: Nossa, que medíocre, mas não vou dizer nada, não quero que minha opinião abale a nossa relação. Então falei: "É bom". Ele disse que queria que eu fizesse um teste para um papel. Era *Casablanca*. Quando li pela primeira vez, o título era *Todo mundo vai ao Rick's*, e parecia meio brega. Acabou sendo uma coisa espetacular, por causa de Ingrid Bergman, imagino. Ela nunca era medíocre, em qualquer coisa que fizesse. Minha cena foi rodada em meio dia, e foi Bogart quem me dirigiu.

BARBARA WARNER HOWARD: Creio que nunca ouvi Joy comentar o que realmente sentia a respeito de alguma coisa. Em geral ela gostava de tudo, tudo era fantástico, maravilhoso: o passado dela, nossa mãe, todo mundo. Principalmente morar naquela casa. Joy sempre dizia como era feliz lá e que nunca queria ir embora. Enaltecia tudo. Fazia parte da personalidade dela — e também do seu problema.

RICHARD GULLY: Fui para Hollywood em 1936 com meu primo Lord Warwick, que tinha fechado um contrato fabuloso para trabalhar na MGM: 750 dólares por semana. Nos anos 1930, ir para Hollywood não era a coisa mais óbvia, mas acabou sendo um golpe de gênio da minha parte, porque sem dúvida tive um sucesso muito maior lá do que teria na Câmara dos Lordes. Eu era membro da nobreza; meu pai era Lord Selby e o pai dele tinha sido presidente da Câmara dos Comuns. Não fui criado para trabalhar. Sempre pensei que ia ser um membro da Câmara dos Lordes. Mas, quando tinha dezesseis anos, meu pai morreu e descobri que havia nascido fora do casamento, então não poderia herdar seu título. De repente fiquei sem título, sem dinheiro, sem nada, embora meus pais tivessem se casado um ano depois do meu nascimento. Só descobri isso lendo o necrológio dele nos jornais. E foi por isso que saí da Inglaterra e vim para os Estados Unidos. Fulk Warwick me ajudou a ir para Hollywood. Desde o dia em que cheguei, vi que tinha vindo para o lugar certo. As pessoas me perguntam: "Como um homem com sua criação é capaz de gostar de um lugar como Hollywood?". Mas, quando eu olhava o pessoal daqui, via gente de talento. Tenho certeza de que Ginger Rogers nunca foi à escola. Mas e daí?! Eu a olhava dançando de rosto colado com Fred Astaire e isso me bastava.

Antes de começar a trabalhar como chefe do protocolo de Jack Warner, os três figurões eram Jack, Darryl Zanuck e Sam

Goldwyn. Eles eram o cerne da coisa. Jack Warner superava de longe Louis B. Mayer, que não tinha prestígio social, mas dispunha de um elenco de artistas estrepitoso: Greta Garbo, Joan Crawford, Myrna Loy, todo o pessoal glamoroso. A Warner era um estúdio mais intelectual. Tínhamos roteiristas brilhantes e a maior equipe musical do mundo — Selznick teve de pegar Max Steiner emprestado de Jack Warner para a trilha de *...E o vento levou* —, mas, quanto aos artistas, não tínhamos como concorrer. Jack se virava. Pegava gente emprestada e sempre conseguia John Wayne ou Cary Grant, que não queriam ficar associados a um estúdio só. Ele recebia em casa amigos como Gary Cooper e Greer Garson, mas era raro convidar artistas da Warner Brothers. Havia muitas brigas entre eles — viviam sendo suspensos. Bette Davis, por exemplo, era uma verdadeira encrenca. Processou Jack e sempre criava problemas.

Fiquei a par das intrigas que ocorriam em Hollywood na época e das brigas pelo sucesso. Os ganhos eram imensos para quem se saísse bem. Jules Stein estava explodindo como empresário e arrebanhava grandes astros, como Bette Davis. Jack ficou furioso e excluiu a Music Corporation of America, a MCA, do grupo.

HARRY JOE "COCO" BROWN JR.: Todos os grandes protagonistas daquela geração dos anos 1930 — Louis B. Mayer, Jack Warner, Darryl Zanuck — tinham vindo do nada, com uma enorme energia, e criaram uma atividade da qual nunca se ouvira falar.

Barbara Warner era da minha idade, e vivíamos num mundo de babás e governantas. Era uma sociedade dentro da sociedade. Agora, como somos californianos de segunda geração, somos vistos com respeito, como aristocratas antigos.

Mas quando nossos pais chegaram não havia tradição. Pensando naquela geração, identifico um estilo que desapareceu: vinha acompanhado de mansões, filhos invisíveis e muito luxo. O resto do país estava na pior, mas na Hollywood pós-1930 todo mundo era rico.

Os Warner sempre foram a família mítica. De um lado havia as pessoas normais, comuns; do outro, eles. Os jardins pareciam saídos de Versalhes, a sala de projeções era extraordinária. Todos os artistas conhecidos tinham de dar o ar da graça. Depois do jantar, sempre passava um filme e todos faziam mil piadinhas se não fosse da Warner Brothers. Às vezes Jack levantava no meio da sessão e dizia: "Preciso ir deitar e agora todo mundo vai para casa". Era um tipo de poder feudal.

BARBARA WARNER HOWARD: O mordomo do meu pai se chamava Rocher. Antes, havia servido o velho Douglas Fairbanks. Era francês e ficou com meu pai dos anos 1930 até os 1960. Quando meu pai viajava, sempre levava Rocher junto, até quando ia para o sul da França, onde supostamente estaria de férias, mas ainda queria dirigir a casa de lá. Rocher era impecável, um pouco severo e bastante formal, mas eu gostava dele. Ele e minha mãe tinham um atrito permanente quanto à distribuição dos lugares à mesa. Minha mãe a queria de certa maneira, e ele sempre encontrava um jeito de mudar no último instante, quando não dava mais tempo de voltar atrás. Se ela punha rosas, ele as trocava. Ela subia para se vestir e, quando voltava, as rosas tinham sumido. Rocher não suportava rosas, achava o perfume forte demais para a mesa de jantar. Ele comandava a casa com mão de ferro. A última vez que o vi, estava aposentado, morando na Bretanha. Mostrou-me fotos do velho Douglas Fairbanks montado num elefante na Índia. Rocher era um encanto.

DA AUTOBIOGRAFIA DE LADY DIANA COOPER:

O sr. e a sra. Jack Warner nos convidaram para ficar em Los Angeles [...]. A casa era linda, a anfitriã também, e nosso Rolls-Royce tinha ao volante um Ronald Colman melhorado. Nossos aposentos, banhados de sol, dispunham de um terraço com sofás, mesas, cigarros, livros e gim. Da cama, deitada, bastava eu apertar um botão e o quarto era inundado por uma sinfonia de Beethoven ou Tchaikóvski, apresentada não pelos anúncios de chiclete Wrigley, mas vinda da quadra de tênis onde Jack Warner estava jogando [...]. O papel de parede é chinês, as camas gêmeas Chippendale ficam sob um dossel Chippendale, o tapete é branco e felpudo, todas as peças de mobília são de museu. As lâmpadas são Ming e os lençóis são bordados de uma extremidade à outra [...].

É o aniversário de cinquenta anos de Duff. Ele nunca reclama da passagem do tempo. Não consigo imaginar a razão. Ontem à noite, os Warner nos ofereceram uma festa com vários artistas. Foi uma espécie de orgia, nada mau, nós nos divertimos imensamente. Apareci com um lindo Molyneux de brocado rosa, mas o sr. David Selznick disse que meu peito ficava achatado demais e que as pessoas estavam reclamando, então me pediu para trocar de roupa. Assim, vesti a velha roupa de camponesa da Europa Central e retomei a vida de seios fartos. Hoje de manhã, acordada pela filha encantadora de Ann Warner, de cinco anos, cantando junto à nossa cama "Feliz aniversário, sr. Cooper", eu me sinto ótima. "Aqui o clima cuida da gente", como dizia George Gordon Moore enquanto emborcava outro garrafão de álcool. Almoçamos com a adorável Vivien Leigh, em seu trailer. Ontem à noite foi uma profusão de beijos, e agora tivemos uma garrafa de champanhe de aniversário e mais beijos, e voltamos para fazer as malas, pois temos de trocar esses vasos Ming e de jade, essas sucessões de Chippendale, asfódelos e ervas aromáticas, pelo deserto e pela guerra. Presenciei uma bela batalha entre a "sensatíssima" Elsa Maxwell e um agente pavoroso de Hitler, que apareceu no hotel dela para reservar um quarto e recebeu uma avalanche de insultos da mulher na frente do gerente e dos clientes. "Vou fazer com que o expulsem do estado da Califórnia", ela disse. Jamais imaginei que ouviria essa frase. E o que Elsa diz, ela cumpre.

Duff e eu concordamos que poderíamos viver na Califórnia. É como se fosse um rádio, o mundo todo contido num espaço pequeno. Você pode ligar, sintonizar e viver o dia em qualquer país, arte ou grau de inteligência ou burrice que quiser.

RICHARD GULLY: Lembro que, por volta de 1940, Jack e Ann deram um jantar fabuloso para Sir Duff Cooper. Como você sabe, ele era casado com Lady Diana Cooper, uma das maiores beldades da Inglaterra, e se tornou o embaixador britânico na França. Era um homem muito inteligente e bem-apessoado. Bem, então Jack oferece esse jantar magnífico e depois Duff Corner o leva para um canto. De repente vejo Jack me chamando com um gesto e, claro, vou até ele. Jack diz: "Richard, quero que você participe da conversa, porque Duff está aqui me contando tudo sobre Talleyrand". E, claro, Duff Cooper está com sua biografia de Talleyrand debaixo do braço. Queria que Jack Warner a comprasse e produzisse um filme. Jack nunca tinha ouvido falar de Talleyrand. É assim que a coisa funciona. Um homem famoso vem jantar e traz a ideia para um roteiro. Essa era a vida de Jack. Acontecia o tempo todo. Quer dizer, era sempre assim.

BARBARA WARNER HOWARD: Quando eu era menina, o jardim ainda tinha muita área virgem. Eram catorze acres, e o terreno não havia sido pavimentado nem delimitado de uma ponta a outra. Um dos lados do jardim descia até Angelo Drive; era íngreme, cheio de árvores e mato, e eu desaparecia lá dentro. Um pequeno trecho do jardim fora projetado em três níveis, com duas pontes unindo os três e uma cascata com bombas para fazer circular a água. Deve ter sido minha mãe que mandou fazer. Durante a guerra, criávamos galinhas numas cabaninhas, na verdade uns apartamentinhos pequenos, como um prédio de doze andares com uma galinha em cada um. Aquilo me parecia uma crueldade: a única coisa que elas podiam fazer era botar ovos. Ficavam nessas gaiolas o dia todo, todo santo dia. Certa vez soltei algumas. Meu sonho era ter uma vaca. Mas eu tinha uns patinhos, que viviam num lago abaixo da cascata, e uma coelheira. Na fonte diante da casa havia peixes dourados e bolas de cristal veneziano.

Eu costumava sair para passear com meu pai depois do jantar. Ele sempre levava uma lanterna e uma bengala grande com ponta de borracha, não porque mancasse, mas para matar caracóis. Meu pai os odiava. Uma vez, ele estava com uma espingarda, calibre 22, e atirou num coelho. Disse que ele andava comendo as alfaces e cenouras da nossa horta. Demorei um tempão para confiar nele de novo.

Durante a guerra, nosso abrigo antiaéreo ficava atrás da sala de projeção. Devia ter pelo menos uns doze beliches, pois não se podia deixar a criadagem morrer — era difícil encontrar criados durante a guerra. Meu pai era extremamente patriótico e era tenente-coronel na Força Aérea.

JACK WARNER JR.: Durante a guerra, acabei me tornando assistente fotográfico do general Bradley, no posto de tenente-coronel. Quando voltei, comandei uma unidade reservista aqui em Hollywood e fui promovido a coronel. Um dia, fui ao estúdio vestindo meu uniforme, entrei no escritório do meu pai e disse: "Ei, você era apenas tenente-coronel, tem de me bater continência". Ele respondeu: "Aqui quem faz as piadas sou eu".

BARBARA WARNER HOWARD: Tínhamos um campo de golfe em casa, e no final dele, perto de um banco pequeno, havia um memorial a um certo Doc Salomon. Ficava originalmente no estúdio, mas depois foi transferido para lá. Era uma lápide grande, colocada sobre um pedestal e com uma bela inscrição dizendo: EM MEMÓRIA DE DOC SALOMON, QUE SERVIU LEALMENTE À WARNER BROTHERS POR MUITOS ANOS E MORREU A SERVIÇO DESSA EMPRESA NA BLITZ EM LONDRES EM 5 DE JULHO DE 1944. Eu nunca soube quem ele tinha sido, mas adorava aquela placa. Meu marido, Cy, inventou uma história maravilhosa segundo a qual Doc Salomon era o contador do estúdio, que mantinha um livro correto e um caixa dois, e morreu na blitz quando tentava tirá-los do escritório. Muito depois, Jack Warner Jr. me contou a história verdadeira. Doc Salomon não era médico, mas seu pai era e fez o parto de Jack Warner Jr. O filho do doutor foi apelidado de "Doc", porque naqueles primeiros tempos eles precisavam de alguém no estúdio que entendesse de primeiros socorros, como ele. Durante a guerra, Doc Salomon ocupava um cargo no escritório da Warner em Londres. Uma noite voltou para casa e encontrou a mulher com outro homem. Como dizia Jack Jr.: "Ele se esqueceu de bater na porta". Muito transtornado, o coitado foi dormir no escritório, onde recebeu um telefonema dos Estados Unidos dizendo que precisavam de alguém para gravar o som dos bombardeiros alemães, para um filme. Então ele subiu com uma equipe inteira de som no telhado e foram todos dizimados. Um pesadelo.

Não muito depois, houve uma greve trabalhista no estúdio. O pai de Joy, Don, trabalhava na Warner naquela época e ajudou a combater os grevistas com mangueiras d'água. Enviaram um bilhete para minha família ameaçando nos matar e espalhar nossos ossos pelo campo de golfe de casa; junto veio um mapa mostrando onde enterrariam as várias partes. Depois disso, passei a olhar o campo de golfe de outra maneira, imaginando os locais exatos onde ficaria cada parte. As crianças costumam ter traços de crueldade.

RING LARDNER JR.: A Confederação dos Sindicatos Cinematográficos, ou CSU — presidida por Herbert Sorrell e rival da Aliança Internacional dos Empregados Teatrais, ou IATSE —, iniciou uma greve em 1945. Apareceu um homem chamado Roy Brewer, um líder local da IATSE, que foi quem tentou ajudar os estúdios a acabar com a greve. Brewer também foi um dos principais organizadores da Aliança Cinematográfica para a Preservação dos Ideais Americanos, e era muito fanático. Não cheguei a ter contato com ele, mas talvez tenha sido um dos responsáveis por arregimentar gente do lado liberal.

Durante a guerra, nós, comunistas, éramos contra qualquer greve, porque todos deveriam se concentrar no esforço de guerra, e assim havia um acordo antigreve. Éramos simpáticos à causa, mas não à paralisação naquele momento. Logo que a guerra acabou, nós apoiamos a greve, assim como grande parte dos liberais de Hollywood. Essa foi a questão que realmente irritou Jack Warner. Ele tinha sido um sujeito bastante liberal, apoiara Roosevelt, mas a greve foi bem feia na Warner Brothers, os seguranças do estúdio desciam o cacete nos piqueteiros. Muitos de nós fizemos piquetes em solidariedade na frente da Warner. Essa foi a grande questão em Hollywood naquele ano, e fazíamos oposição cerrada ao que Brewer representava. Aquelas greves certamente ajudaram a concretizar o Comitê de Atividades Antiamericanas da Câmara, o HUAC.

ROY BREWER: Mudei a vida de Reagan, mas não me gabo disso. Ele estava do outro lado, como democrata liberal, e ia entrar direitinho na deles. Convocaram a greve quando Reagan estava no alto escalão do sindicato e eu era líder da União Sindical. Eu fazia parte da IATSE, uma organização excelente guiada pelos princípios da antiga Federação Trabalhista Americana. Parti do princípio de que Reagan e outros mais no movimento eram pessoas honestas que estavam se iludindo. Se tinham sido seduzidos por um programa eficiente o bastante para cooptá-los — e os comunistas não os deixariam sair —, tínhamos a obrigação de ajudá-los, porque eram vítimas, como todos os outros. Veja, a grande tragédia na nossa época era que subestimávamos totalmente a força do inimigo comunista. Quero que você entenda que o verdadeiro problema era que quase ninguém entendia a verdadeira natureza do inimigo.

SETH ROSENFELD: Havia uma disputa sindical entre a Confederação dos Sindicatos Cinematográficos, o grupo em ascensão de Herbert Sorrell, e a IATSE, que era mais antiga. Reagan fazia parte de um comitê do Sindicato de Atores de Cinema que examinou a situação e decidiu se alinhar com a IATSE, já estabelecida. Para Reagan, Sorrell estava sob a influência comunista, e ele acabou concluindo que os comunistas estavam usando o que ele chamava de "disputa jurisdicional" para decidir quais sindicatos ficariam com quais territórios, tumultuando Hollywood — basicamente, como parte de um complô comunista.

HERBERT SORRELL (em *Scrapbooks About Los Angeles and the Hollywood Strike, 1945-1947*, de Herbert Knott Sorrell): Formada por um grupo de sindicatos, na maioria organizados por nós, a Confederação dos Sindicatos Cinematográficos começou com os pintores e outros que se filiaram para ter as melhorias nas condições de trabalho que conseguíramos negociar [...].

Em março de 1945, a greve começou para valer. Os produtores contrataram fura-greves. Houve muita violência, mas não o suficiente, e tentaram rodar filmes sem nossa participação. A greve prosseguia ao longo de semanas, meses, e era preciso fazer alguma coisa [...]. Decidimos que o próximo passo seria organizar piquetes num dos estúdios. Era só escolher um e ir com tudo [...]. Acabamos decidindo pela Warner Brothers.

ROY BREWER: A CSU convocou uma greve. Não era a primeira infiltração do Partido Comunista nos movimentos trabalhistas. Os comunistas estavam por trás de todos eles, e Sorrell ocupava a linha de frente. Ele dizia que não era comunista e, tecnicamente, era verdade, mas se o cara tem ou não carteirinha do Partido nem vem muito ao caso, porque os comunistas de verdade ficam escondidos. Falei para meu chefe Richard Walsh, presidente da IATSE: "Essa é uma greve comunista. A única forma de ganhar é destruir todos eles antes de ser destruído. E não adianta ir aos poucos, porque senão fazem picadinho da gente. Precisamos tomar uma posição nisso, contra os comunistas". Aluguei uma casa na frente da Warner Brothers e fiquei me comunicando com o pessoal lá dentro. Passamos com nosso pessoal pelos piquetes. Foi dureza. Os comunistas planejaram a violência. Cerca de 150 pessoas foram para o hospital num único dia. A greve não chegou a acabar, mas houve um acordo no segundo semestre de 1945. Veja bem, estudei o movimento comunista e foi assim que derrotei aquela greve.

RING LARDNER JR.: Vi piqueteiros levando porrada e jatos d'água. Era um piquete de massa, não impedia a entrada no estúdio mas tentava dissuadir o pessoal que ia trabalhar. Houve muita violência. O chefe de segurança da Warner, Blayney Matthews, era um fascista contrário aos sindicatos e se encarregava de atacar os piquetes quando não havia nenhuma razão efetiva para isso. Assim a Warner Brothers se tornou o alvo favorito de liberais e radicais.

HARRY JOE "COCO" BROWN JR.: Durante as greves, corriam histórias de que os sindicatos estavam atirando ácido nos carros dos executivos do estúdio, quando eles passavam pelos portões da Warner. Foi uma disputa muito acirrada. Era outra época, da América industrial, quando os dois lados ainda combatiam ferozmente.

JACK WARNER JR.: Meu pai compareceu para depor mais ou menos como voluntário, não foi intimado. Queria ser uma testemunha cordial. Creio que alguém chegou e disse: "Vão cair com tudo em cima da Warner Brothers por ter feito *Missão em Moscou* e *Comboio para o leste*", que eram filmes que mostravam a Rússia — nossa aliada na época — sob uma luz favorável. Então ele foi a Washington com um discurso pronto, mas ficou nervoso e desmoronou. Dava para ver o suor escorrendo por seu rosto. As câmeras e as luzes estavam concentradas nele, e meu pai sabia que estava fazendo papel de bobo. Forneceu nomes voluntariamente — e se retratou de alguns deles numa audiência posterior. Simplesmente recitava nomes a torto e a direito. Citou os Epstein, Julie e Philip; fiquei até admirado que não mencionasse Bette Davis entre os comunistas. Saímos juntos com alguns de nossos advogados, e ele me disse: "Não fiz bem, não é? Não deveria ter dado nomes. Fui um idiota". Fiquei com vontade de responder: "É, você foi um idiota", mas não falei nada. Ele caiu feito um pato.

Era muito fácil olhar para trás e dizer: "Não devíamos ter rodado aqueles filmes". Mas a Warner fez *Missão em Moscou* porque Franklin D. Roosevelt tinha chamado meu pai no Salão Oval e dito: "Nossos aliados, os russos, acham que os odiamos. Estamos fazendo o que está a nosso alcance, mas e se você rodasse um filme que mostrasse os russos de um modo que agradasse ao povo americano?". E foi isso o que fizeram. A Warner foi pioneira naquele tipo de filme corajoso, visceral. Lançaram *Confissões de um espião nazista*, que era quase prematuramente antifascista, e no fim tiveram de fechar todos os escritórios em áreas ocupadas pelo nazismo. O chefe de distribuição da Warner na Alemanha foi assassinado na rua. E isso foi antes de entrarmos em guerra. Você nunca veria Louis B. Mayer rodando *Confissões de um espião nazista*. Ele estava filmando *Grande Hotel* e frivolidades do gênero. Harry Warner era furiosamente antinazista. Seu pai havia saído com ele e Albert da Polônia/Rússia — na época os dois países estavam juntos — porque os cossacos estavam fazendo as coisas que os nazistas fizeram mais tarde. O sentimento era o mesmo.

ARTHUR MILLER: *Missão em Moscou* foi pensado para criar no povo americano uma simpatia pelos russos. Todos os meus conhecidos acharam o filme fabuloso, porque era a primeira vez que os russos apareciam sob uma luz favorável. Sem essa simpatia, claro, nunca teríamos colaborado com eles na guerra, coisa que Hitler teria adorado. Creio que o filme exerceu uma influência importante. Tenho certeza de que foi Washington que enviou instruções para rodar o filme. Normalmente, os estúdios mantinham distância de qualquer assunto polêmico desses. Era algo absolutamente inédito — Hollywood nunca tinha feito filmes assim. Foi uma coisa sem precedentes. Vivíamos na Terra do Nunca, e se você pusesse a ponta do nariz para fora era um espanto.

JACK WARNER JR.: Harry Warner era um homem honrado que fez o que pôde. Tentou convencer Roosevelt a abrir os Estados Unidos aos refugiados da Europa e conversou com ele sobre a disponibilidade do Alasca: se não pudessem entrar aqui, o Alasca estava vazio, então que deixassem os judeus se assentarem lá, afinal eles conseguiam se adaptar a qualquer clima. Não aconteceu nada. O Departamento de Estado era ocupado por um bando de gente típica da Ivy League, Princeton, Dartmouth e Yale. Não digo que fossem antissemitas, mas àquela altura não eram antinazistas.

Creio que a família se sentia bastante segura, como era usual com os judeus estabelecidos nos Estados Unidos. Mas é uma tradição judaica: você precisa estar sempre pronto para pegar os filhos e os poucos bens que tiver e sair pela porta dos fundos quando os cossacos entrarem pela porta da frente. Eles têm um histórico. Isso ocorreu muitas e muitas vezes. Meu deus, as filhas eram agarradas e violentadas, os filhos eram mandados para o Exército em batalhões de trabalho, onde todos podiam ser mortos. Não era uma coisa baseada apenas no medo, e sim na experiência.

Quando penso no depoimento do meu pai, vejo mais humilhação do que medo. Foi pavoroso o que aconteceu com as pessoas denunciadas. Não tiveram nenhuma chance de refutar. Era uma época de histeria, ninguém conseguia pensar direito.

BETTY WARNER SHEINBAUM: Não sei o papel que meu pai desempenhou nas audiências do HUAC. Jack costumava conversar com ele sobre o que lhe parecia correto fazer. Tínhamos muito medo do HUAC. Todos os nossos amigos estavam sendo acusados de escrever propaganda, de ser comunista e de dirigir células do Partido. Era um terror. Queriam censura. O que o HUAC queria, na verdade, e bastava prestar atenção para ver, era o controle sobre os meios de comunicação. Então era preciso combatê-lo. Meu pai entendia isso, mas creio que Jack não. Ele não era politizado. Acho que fazia o que julgava ser adequado politicamente. Simplesmente não entendiam o que era o HUAC. Sempre disseram que era "antissemita". Era essa a explicação para qualquer coisa que acontecesse: não era política, era antissemitismo. Provavelmente havia alguma verdade nisso.

JOY ORR: O sr. Warner estava assustado com tudo aquilo, ele não queria ter nenhuma relação com membros do Partido. O governo estava ao encalço deles e era preciso ser cuidadoso. Não sei se ele pensava que podiam ser presos ou impedidos de trabalhar. Foi um período terrível para muita gente. Só entendi a gravidade da coisa quando vi o cinejornal do sr. Warner. Estavam morrendo de medo.

BARBARA WARNER HOWARD: A família me mandou para a Europa, a fim de ganhar um pouco de cultura. Fui para um internato em Genebra chamado International School. Quando meu pai se deu conta do nome, ele me tirou de lá, porque achou que era uma escola comunista. Não era, de maneira nenhuma — só filhos de diplomatas estudavam lá —, mas meu pai tinha um medo enorme de qualquer coisa ou qualquer pessoa remotamente comunista. Era a pior coisa que podia existir. Se um cara fosse viciado em drogas, creio que ele não se incomodaria tanto. Chamava todo mundo de "comuna", "vermelho" ou "russo mal-humorado".

Continuei por mais de vinte anos na Europa e ouvi falar da lista negra, claro, mas não entendi a tragédia da coisa. A primeira vez que percebi de fato foi em Nova York, em meados dos anos 1970. Eu estava na casa do fotógrafo Milton Greene, e ele passava uns videoteipes antigos de *Life Goes to the Movies*. De repente meu pai aparece na tela, diante do Comitê de Atividades Antiamericanas da Câmara, atacando todos os supostos comunistas de

Hollywood, dizendo que ele e seus irmãos iam mandar todo mundo de volta para a Rússia e que contribuiria de bom grado para um fundo de eliminação daquela praga, para se livrar dos parasitas destruidores. Eu nunca tinha visto aquilo, e fiquei extremamente constrangida. Meu pai sentia tanta gratidão por ter se dado bem como cidadão americano que faria qualquer coisa pelo governo, inclusive o que não deveria. Tirar o sustento das pessoas daquela maneira foi a pior coisa que ele podia ter feito.

ARTHUR MILLER: Os únicos filmes com consciência social na época eram os da Warner Brothers. Eram sentimentais e inexatos, mas tinham consciência social. Foi por isso que Jack Warner teve de ser tão perverso. Ele se sentiu na defensiva e precisou vir a público denunciar todos esses esquerdistas que ia demitir na manhã seguinte. Claro que ele sabia muito bem, o tempo todo, quem eles eram. Mas estavam fazendo bons filmes para a Warner. E, enquanto dizia tais coisas, estava tentando firmar um contrato com Kazan. Na verdade, a Warner Brothers quis comprar *A morte de um caixeiro-viajante* logo que estreou.

Quando Kazan compareceu diante do comitê, foi terrível. Foi pavoroso. Fiquei profundamente abalado. Mas tive pena dele. Kazan, como muitos outros, dependia totalmente do estúdio. Creio que escrevi na minha autobiografia que lhe disseram que ele não poderia mais filmar nos Estados Unidos, a menos que fizesse o que o Comitê de Atividades Antiamericanas queria que ele fizesse, e ponto-final. Bem, era uma pressão e tanto. Significaria o fim da sua carreira no cinema. Até hoje é o melhor diretor que conheci para certos tipos de peças, de obras realistas. E isso você não tira dele. Tenho certeza de que não queria ficar na posição em que acabaram por colocá-lo, de liderança cultural. Pelo pouco que observei, ele não queria esse tipo de poder. Era provavelmente o diretor mais talentoso entre todos, e então se tornou o líder. Mas, até onde sei, nunca fez discursos. Que eu saiba, não teve nenhuma atividade política depois ou mesmo durante os anos 1930. Ele não queria poder. Mas era visto assim. Parecia não ter saída naquela época.

Depois disso, passei muito tempo sem trabalhar com ele. A peça seguinte que escrevi foi *As bruxas de Salém* — que não era uma peça que ele dirigiria bem! E então fiz *O panorama visto da ponte*, que também era sobre um delator. Marty Ritt e eu estávamos montando o elenco. Marty, que tinha sido fã de Kazan, sentia-se tremendamente traído por ele e não queria que o chamássemos de jeito nenhum. "Quem é o melhor ator que conhecemos para fazer o papel de Eddie Carbone?", perguntei. E, claro, era Lee J. Cobb, que agira exatamente como Kazan perante o Comitê de Atividades Antiamericanas. Ninguém prestou muita atenção. "Por que não oferecemos o papel a ele? Não quero ter uma lista negra", falei. E assim foi. Entramos em contato com Lee. Ele devia ter feito aquele papel, seria magnífico. Mas Lee mandou um telegrama respondendo que não podia porque a Legião Americana seria contra. As coisas chegaram a esse ponto. Seriam contrários à sua presença na minha peça.

Essa nuvem nunca desapareceu. Foi terrível. Destruiu muita gente, jamais saberemos quantas. Matou essas pessoas, mesmo que continuassem vivas. Insuflou medo nos mais variados tipos de gente. Lee Cobb era tão ameaçador para o país quanto um aspirador de pó. Era total idiotice associá-lo a qualquer conspiração. O Group Theatre provavelmente estava passando por um surto de radicalismo: todos queriam deter Hitler ou alguma coisa assim, por isso se filiavam ao Partido Comunista. Depois de seis meses sairiam, mas já tinham seu nome em alguma lista. Foi essa a dimensão da coisa. Irresponsável. Brutal e forjada, do começo ao fim.

EXTRAÍDO DO DEPOIMENTO DE JACK L. WARNER NAS AUDIÊNCIAS REFERENTES À INFILTRAÇÃO COMUNISTA NA INDÚSTRIA CINEMATOGRÁFICA, 20 DE OUTUBRO DE 1947

Os cupins ideológicos penetraram em muitas atividades, organizações e sociedades americanas. Estejam onde estiverem, vamos desencavá-los e nos livrar deles. Meus irmãos e eu de bom grado contribuiremos generosamente para um fundo de remoção da praga. Estamos dispostos a criá-lo para despachar para a Rússia as pessoas que não gostam do nosso sistema americano de governo e preferem o comunista [...]. Germes subversivos se multiplicam em cantos escuros. Vamos lançar luz neles. Acredito que esse seja o objetivo dessa audiência.

RING LARDNER JR.: Vimos Jack Warner nas audiências em 1947, quando ele falou dos "cupins" no estúdio e disse que conhecia vários deles. Foi muito enfático. Teve de justificar *Missão em Moscou*, que declarou ter sido um erro.

Nós, os dezenove intimados, assistimos a todas as audiências. Finalmente fui chamado, no último dia. Bertolt Brecht também ia depor naquele dia. Saiu-se muito bem, mas depois foi para o hotel, onde tínhamos uma sala de reuniões, e se desculpou porque, quando lhe perguntaram: "Você é ou já foi comunista?", ele respondeu que não. Sabíamos que estava louco para voltar para a Alemanha e, se fosse indiciado por desacato, teria de ficar aqui. Então o perdoamos.

Dalton Trumbo e eu resolvemos que a única coisa sensata a fazer era não responder às perguntas e tentar levar o caso ao tribunal. Pensamos que provavelmente seríamos citados por desacato, mas tínhamos uma boa chance de ganhar a causa. Já havia um número razoável de decisões do Supremo Tribunal sobre os direitos de cada um a suas convicções pessoais, e assim julgamos que o melhor seria contestar o direito do comitê em fazer a pergunta, e então ir para o tribunal. Se invocássemos a Quinta Emenda, o caso não iria a juízo e não haveria nenhuma chance de ganharmos a causa. Além disso, não queríamos invocar a Quinta Emenda porque estaríamos dizendo que ser comunista era crime. Mas, quando o caso chegou ao tribunal, a corte simplesmente decidiu não examinar a questão.

Sam Goldwyn era contra toda essa coisa de listas negras e audiências. Não foi o único. Eu tinha contrato com a 20th Century Fox, então comandada por Darryl Zanuck. Quando os grandes produtores se reuniram no Waldorf Astoria logo após as audiências e decidiram pôr dez de nós na lista negra e demitir os cinco que estavam trabalhando lá, Zanuck disse que não ia demitir ninguém, a menos que o conselho diretor insistisse. Então o conselho o obrigou. Mandou que me demitisse. Eu estava sentado numa sala com Otto Preminger quando chegou uma ligação do escritório de Zanuck, que queria "ver imediatamente o sr. Lardner". Otto retrucou indignado: "O quê? Só o sr. Lardner? E eu, não?". Ele achou que se tratava do roteiro e que Zanuck queria interferir em alguma coisa. Mas não. Apesar de tudo, de 1947 a 1950, conseguimos trabalhar clandestinamente em Hollywood. O pessoal não se preocupava. Mas, quando saímos da prisão em 1951, ninguém chegava perto de nós.

PHILIP DUNNE: Quando a lista negra começou, Ring foi o primeiro a entrar nela. Foi terrível. Ao ler a notícia no jornal da manhã, peguei o carro e disparei para o estúdio. Não sabia o que ia fazer, mas estava furioso. No portão de entrada, o guarda disse: "O sr. Zanuck quer vê-lo imediatamente e o sr. Lardner quer que ligue já para ele". Bem, eram nove da manhã, e Zanuck nunca chegava antes do meio-dia. Ele devia ter noção do tamanho do problema. Entrei e Zanuck começou a gritar: "Eu não queria fazer isso. Fui obrigado. Me mandaram fazer. O pessoal de Nova York falou que cabia a mim!". Acreditei nele. Ring me disse: "Não faça nenhuma bobagem, porque disponho de meios legais", mas não sei do que isso adiantou. George Seaton e eu tentamos ver se dava para organizar uma greve de protesto entre os roteiristas e diretores. Ninguém quis participar, inclusive gente que depois foi incluída na lista negra. Estavam assustados.

NAOMI KLEIN: Meu avô nunca se recuperou da experiência na Disney. Foi um troço arrasador. Depois de ser despedido, depois da greve, ele entrou na lista negra, voltou para Nova Jersey, onde havia crescido, e trabalhou nos estaleiros. Trabalhou em publicidade também, mas nunca mais como ator. Meu avô adorava a Disney, tinham formado uma comunidade fantástica lá. Adorava animação. Mas teve de passar o resto da vida trabalhando apenas para ganhar a vida. A greve não teve sucesso. Quando foi demitido, o melhor amigo dele, David Hilberman, se voltou a atividades ainda mais radicais. Mas, quando meu avô teve de sair de LA, ele pôs esse seu lado para escanteio e se dedicou à arte apenas como atividade paralela, fazendo esculturas durante as horas de folga. Todos temos algumas peças criadas por ele, e não têm nada a ver com a Disney: são abstratas e contestadoras. Peças enormes. São para ambientes externos e oxidam.

Uma das funções do meu avô na Disney era o trabalho de dar continuidade ao Pato Donald. Assim, quando éramos crianças, ele costumava desenhá-lo. Fazia isso em oito pinceladas. Sempre achei engraçado que uma das suas tarefas fosse garantir que o Pato Donald nunca mudasse. Ele também trabalhou em *Fantasia*, na cena da dança dos hipopótamos. *Dumbo* estava em produção quando eles entraram em greve. Foi uma relação de amor e ódio para todos nós. Cresci com as histórias do Walt Disney malvado e do que havia feito com meu avô. Mas ao mesmo tempo contava para todos os meus amigos que meu avô desenhava o Pato Donald, coisa que ele continuava fazendo para nós. Fomos à Disneylândia, mas meu avô não. Só meu pai e o irmão dele, Henry, com os respectivos filhos. Eu tinha uns seis ou sete anos. Na minha infância, uma anedota muito apreciada na família era que meu pai, que tinha uns três anos de idade durante a paralisação, sempre gritava: "Fura-greve!".

Meu avô nunca mudou de posição política. Para ele, a religião era o ópio do povo. No meu casamento, durante a cerimônia, ele não disse "Deus". Era um marxista convicto e continuou assim. Mas não era militante. Acreditava nisso, e ponto. Cresceu com isso, foi demitido por isso. Ele simplesmente acreditava. Era sua identidade e sua cultura. Nos agradecimentos do meu primeiro livro, *Sem logo*, falei que foi ele que me ensinou a sempre olhar por trás do logotipo. O fato de crescer à sombra da Disney, absolutamente fascinada e orgulhosa de que meu próprio avô tivesse trabalhado no ícone máximo para a criançada, me forneceu uma dupla percepção. Eu tinha uma ligação pessoal com os personagens que meus amigos adoravam. Mas também sabia que a Disney tinha esse lado sinistro, e que ambos podiam coexistir: podíamos querer ir à Disneylândia e adorar o Pato Donald, mas odiávamos Walt Disney. Isso influenciou a concepção do livro *Sem logo* e o modo como escrevo sobre cultura pop: crítico, mas procurando entender o fascínio da coisa.

MARSHA HUNT: O programa de rádio *Hollywood Fights Back* foi um marco histórico. Nunca, nem antes nem depois, houve manifestação tão unânime de tanta gente extremamente talentosa num meio artístico. Não só como artistas, mas como cidadãos. Nosso campo tinha sido atacado de repente, estávamos indignados. Todos os jornais, todos os noticiários estavam obcecados pela história de infiltração dos Vermelhos em Hollywood, com os filmes sendo subvertidos por mensagens comunistas codificadas.

Aquilo se alastrou como uma praga terrível, e vimos que precisávamos fazer alguma coisa.

A ideia do programa apareceu da noite para o dia e tinha de ser executada com muita rapidez. Lew Wasserman, da MCA, disse: "Escutem bem: encerramos o expediente às sete da noite e depois disso o local fica liberado para vocês. Vamos deixar as luzes acesas e a porta destrancada. Usem à vontade os telefones e as máquinas de escrever, tudo de que precisarem". Norman Corwin, Millard Lampell e meu marido, Robert Presnell Jr., redigiram o texto e fiquei encarregada de entregar os roteiros aos artistas. Fui o pombo-correio. Arrancava o papel da máquina e levava à casa de um. Cada segmento tinha no máximo um minuto e levantava uma questão específica. Queríamos o maior número de artistas se manifestando e explicando, todos igualmente indignados e protestando contra o que se passava em Washington. Eles escreveram tudo em duas noites, numa velocidade estonteante.

Foi ideia de Willie Wyler, John Hyston e Philip Dunne ir até Washington para desmentir as manchetes de todo o país e defender a indústria cinematográfica, a liberdade de expressão e o direito de reunião e defesa. Os que foram a Washington gravaram antes as falas para a emissão radiofônica, e o resto foi ao vivo. Quando estávamos no avião, o programa foi ao ar e fomos convidados a ir até a cabine do piloto; nós nos amontoamos, tantos quantos coubessem, para ouvir a nós mesmos enquanto a nação escutava o programa em terra. Foi uma das coisas mais emocionantes e vibrantes da minha vida perceber que nossa mensagem — aquelas três palavras, *Hollywood Fights Back* [Hollywood contra-ataca] — estava atingindo todo o país, de norte a sul, de leste a oeste. Foi uma sucessão magnífica dos maiores nomes do cinema repudiando a irresponsabilidade e o comportamento terrível daquela meia dúzia de parlamentares que se autodenominava Comitê de Atividades Antiamericanas da Câmara.

Bogie e Bacall estavam conosco, mas acabaram sendo um desastre. Os dois se arrependeram. Encerraram os protestos e nunca mais nos falamos. Éramos o Comitê pela Primeira Emenda, éramos uma expressão de indignação e protesto em todo o setor cinematográfico, éramos os porta-vozes que tomaram o avião e fizeram aquela radiotransmissão em apoio aos Dezenove de Hollywood. O clima mudou durante nossa estadia em Washington. Creio que os irmãos Warner falaram com o casal, porque, poucos dias depois de voltarmos, Bogie e Bacall publicaram uma declaração dizendo que a viagem tinha sido um equívoco, uma bobagem mesmo. Aquilo foi um balde de água fria. Bogie escreveu para uma revista de cinema um artigo chamado "Não sou comunista". Ninguém disse que era! Foi uma tragédia para nós, ele tinha sido o mais aguerrido durante o voo.

Eu estava lá, em minha inocência política, defendendo a liberdade de expressão, e fui incluída na lista negra. Isso acabou com minha carreira, principalmente porque me recusei a me retratar. A combinação dessas duas coisas resultou nisso. Mas, como meu marido continuou a trabalhar, creio que pela escassez de bons roteiristas, a 20th Century Fox lhe apresentou um termo de compromisso para assinar, listando os movimentos de que ele poderia ter participado. Robert, num rompante, marcou todos eles, acrescentando embaixo: "Acho que endosso todos". Então, claro, tiveram de jogar tudo isso fora, esse absurdo completo. Ele não teve medo, mas nunca, que eu saiba, foi preterido. Foi a coisa mais esquisita do mundo, mas uma grande sorte, porque mantivemos nosso ganha-pão.

ABRAHAM POLONSKY: Fiquei quase dezessete anos na lista negra, talvez mais do que qualquer um. Então entendo por que você me procurou: sou o único que sobrou.

As pessoas estão em Hollywood para ganhar dinheiro, não

para fazer obras de arte nem para expressar suas ideias. O maravilhoso dos comunistas e dos liberais foi que eles introduziram temas sociais em suas obras e tentaram trazer alguma luz para coisas que eram importantes. E grande parte delas era mesmo. Também escreviam para políticos comuns, porque você pode influenciá-los dessa forma. Claro que, como escritores, eles fugiam ao controle do Partido. Havia uma luta permanente entre eles e o pessoal de Nova York. Nova York podia dizer que o mais importante era "Continuar com a luta". E o pessoal de Hollywood pensava: "E o que temos a ver com isso?". Havia uma infinidade de problemas com um grupo que queria controlar o conteúdo intelectual e social das coisas. Os escritores não embarcavam nessa. O Partido Comunista em Hollywood tinha o pessoal mais inteligente, os melhores escritores, as pessoas mais legais. Toda semana havia festas e bailes na casa deles. Divertiam-se para valer. Mas as listas negras acabaram com isso.

O Comitê pela Primeira Emenda foi criado por John Huston, Philip Dunne e mais alguns, logo que o HUAC começou a pressionar Hollywood. Fui à casa de Ira Gershwin, e todo mundo de Hollywood estava lá. Queriam pegar um avião e ir até Washington para protestar contra o que estava acontecendo.

Ninguém da indústria cinematográfica quer que os outros fiquem buzinando no ouvido, nem os produtores, que não fizeram objeção a esse protesto. Mas, depois daquela primeira reunião em Washington, que foi um fiasco para todo mundo, Harry Truman mandou um general para cá, para falar com um monte de produtores importantes, os que eram donos dos estúdios. Ele falou: "Chamem essa cachorrada de volta. Eles são de vocês, tragam todos de volta e avisem que não queremos que o Comitê pela Primeira Emenda continue a existir". Fui à segunda reunião na casa de Ira Gershwin, não havia ninguém lá. Humphrey Bogart berrava: "Cadê todo mundo?". Ele já tinha adotado uma posição anticomunista em Chicago, e assim o anticomunismo estava no ar e fazia parte da política americana. Entre a primeira e a segunda reunião na casa de Ira Gershwin, tinha havido pressão de Washington para acabar com aquilo. As pessoas estavam sendo perseguidas. Não tinham escolha: os estúdios controlavam seus contratos.

Mais tarde, eu estava na França quando soube por um amigo, que estava morando na minha casa, que tinham ido me intimar. Minha mulher disse: "Vamos ficar na Europa. Se você voltar, vai ser incluído na lista negra". Com o meu romantismo habitual, eu disse: "Ninguém vai me dizer aonde posso ou não posso ir! Se quiser voltar para casa, eu volto. Eles que me mandem a intimação". Uma atitude idiota, mas foi o que fiz. Então voltamos para casa, consegui um serviço na 20th Century Fox e quinze dias depois recebi uma intimação.

Durante minha audiência, o congressista Velde me disse: "Você esteve na Agência de Serviços Estratégicos. Pode me fornecer os nomes das pessoas com quem trabalhou? Talvez fossem comunistas". Respondi: "Não, não posso". Ele falou: "Posso acusá-lo de desacato!". Não invoquei a Quinta Emenda nem nada, só respondi: "Não cabe a você saber o nome deles, portanto não vou fornecê-los". Aqueles caras eram agentes: dar os nomes, era como matá-los. Eles tinham estado num país estrangeiro, o que poderiam estar fazendo lá, aprendendo a tocar flauta? Mas ele continuou insistindo, e eu continuei negando. Essa idiotice continuou até que um cara da CIA foi até o presidente da comissão, falou com ele e mandaram Velde parar com as perguntas. Ele ficou furioso comigo e disse: "Você é um cidadão muito perigoso". Foi a manchete que saiu no jornal. Quando cheguei em casa, minha mulher disse: "Nunca imaginei que um cidadão muito perigoso viria me procurar".

ARTHUR MILLER: Sempre fui de esquerda, embora apenas sentimentalmente; todo mundo que eu conhecia era. Por volta de 1950, fui a duas reuniões de escritores comunistas em Nova York. Era o pessoal do Partido, vinte escritores, na maioria dramaturgos, alguns romancistas. Foi uma conversa exclusivamente literária. Eu conhecia muitos dos que estavam lá, um ou dois da época em que escrevia para a rádio, nos anos 1940. Meu envolvimento era esse. Mas claro que devia haver algum informante ali, que falou com o Comitê de Atividades Antiamericanas. Nunca fui perturbado naqueles anos todos. Só depois que me casei com Marilyn em 1956 eles se interessaram por mim, porque viram aí uma mina. Já estavam começando a enfraquecer, perdiam terreno. Não ocupavam mais a primeira página dos jornais e, comigo e com Marilyn, acharam que poderiam voltar ao primeiro plano. Só para você ver o nível: quando fui a Washington, o congressista Walter, presidente do comitê, propôs a Joe Rauh, meu advogado, cancelar a audiência se pudesse tirar uma foto com Marilyn. Era esse o grau de seriedade da coisa. Uma foto só dos dois, e toda a audiência seria cancelada. Ainda é difícil de engolir essa barbaridade. Marilyn também achou um absurdo. Ela perguntou: "Que tipo de gente é essa?". Mas Marilyn levava aquilo muito mais a sério do que nós. Achava que o governo dos Estados Unidos devia ter algum tipo de solidez em comparação a Hollywood, que não possuía nenhuma. Ela logo aprendeu o que era realmente. Tinham se eleito assim. Foi difícil convencer as pessoas; ia ser difícil me convencer.

A certa altura, um dos membros do comitê, o congressista Scherer, de fato me perguntou: "Você defende o direito de um poeta escrever um poema pedindo a destruição do governo americano?". "Defendo", respondi. "Penso que a pessoa tem o direito de escrever poemas sobre qualquer coisa." Nesse ponto, ele ergueu os braços, virou para os outros membros do comitê e disse: "O que mais precisamos perguntar a esse sujeito?". Você vê: temos todos os elementos de uma linda e maravilhosa ditadura. O que a impede é uma tradição que vem da Declaração de Direitos e da Constituição. É isso. Se esse centro não se sustentar, você terá a ditadura mais fofa possível. Muitos deles são homens de bem que não entendem a delicadeza da liberdade, a facilidade com que pode ser destruída.

As outras perguntas foram muito maçantes. Eram basicamente: "Você assinou essa petição?". Eles tinham uma pilha de petições, deviam ser umas cinquenta. Claro que eu havia assinado todas. Eu tinha escrito um musical sobre o HUAC chamado *Listen My Children*. Quando fui chamado a depor, apareceram cerca de vinte jornalistas estrangeiros na mesa da imprensa. Bem, isso nunca acontecia e os congressistas se espantaram. Eles ficaram um pouco desconcertados. Então fizeram a bobagem de começar a ler trechos do musical. A cena que escolheram era uma em que o Comitê de Atividades Antiamericanas pega um escritor, amarra seus pés e mãos, põe uma mordaça em sua boca e derrama água na cabeça dele. Então me perguntaram: "Você escreveu isso?". Respondi: "Creio que sim". Claro que o pessoal da imprensa, como I. F. Stone, estava se torcendo de rir, gargalhando, e os caras do comitê olhavam, tentando entender por que davam tanta risada. Era um troço cretino!

SETH ROSENFELD: Numa noite de 1946, quando o Medo Vermelho estava crescendo, quando o HUAC estava para cair em cima de Hollywood, bateram à porta da casa de Reagan, que dava para a Sunset Boulevard. Ele atendeu e alguns sujeitos do FBI perguntaram se podiam conversar. Reagan lhes disse que entrassem e fez café. Disseram-lhe que tinham informações de que havia comunistas infiltrados em alguns dos grupos liberais de que ele participava. E não só isso: também andavam dizendo coisas ruins sobre ele, pessoalmente. Reagan, em seu primeiro livro de memórias, *Where's the Rest of Me?*, escreveu a respeito: "Devo reconhecer que eles me abriram os olhos para muitas coisas". Em seu segundo livro de memórias, *An American Life*, ele narrou a cena com algumas diferenças: "Eles perguntaram se poderíamos nos encontrar periodicamente para conversar sobre algumas coisas que andavam acontecendo em Hollywood. Respondi que sim, claro". Os relatórios do FBI mostram que Reagan se tornou informante ativo em Hollywood, passando informações sobre seus colegas atores, às vezes quase sem prova nenhuma. Algumas dessas pessoas faziam oposição a ele no Sindicato dos Atores de Cinema e Televisão, como Karen Morley, Anne Revere e Alexander Knox. Reagan não estava apenas delatando pessoas que julgava suspeitas de comunismo: estava acusando seus adversários.

Nos anos seguintes àquela reunião em sua casa, ele se encontrou várias vezes com agentes do FBI e lhes deu informações sobre colegas que suspeitava serem membros do Partido Comunista ou participarem de alguma coisa subversiva. Num dos casos, um agente do FBI perguntou a Reagan se podia ajudá-lo a identificar um ator que estava envolvido com o Cidadãos Progressistas dos Estados Unidos, uma organização política de amplas bases que apoiava Henry Wallace para a presidência e tinha uma política não excludente, de forma que não interessava se você era democrata, republicano ou comunista. Se quisesse apoiá-los, estavam abertos. Um dos relatórios do FBI descreve que Reagan ouviu a descrição que o agente fez do ator e disse: "Acho que sei quem é". Então foi pegar um exemplar de uma revista de cinema e lhe mostrou uma foto de Richard Conte, que mais tarde virou artista de filmes noir.

BARBARA WARNER HOWARD: A greve enfim foi encerrada e o sindicato ficou muito bravo. Depois disso, tínhamos seguranças em casa. Sempre me diziam que era por isso que um deles tinha de me levar e buscar de carro na escola. Quando pequena, nunca podia sair.

Um pouco mais velha, eu ia a todas as pré-estreias com meu pai. Ocorriam sempre fora da cidade e a gente nunca podia dizer a ninguém onde seriam. Embarcávamos naqueles carros pretos e parecíamos bandidos indo assaltar um banco. Geralmente parávamos numa churrascaria para jantar, onde todos comiam a mesma coisa porque estávamos sempre atrasados — e um coquetel de camarões e um filé era o mais comum. Meu pai tomava só uma dose, acho que de Jack Daniel's. Se fosse algo realmente ultrassecreto, ele mesmo dirigia. Quando parávamos num posto de gasolina no caminho, meu pai dizia aos atendentes: "Vocês precisam ver..." e citava, claro, um filme da Warner Brothers.

Ele quase sempre levava as tomadas do dia para casa. O editor, o diretor e seu secretário estavam sempre lá. Quando eu tinha onze anos, eles estavam rodando *Cidade sem lei*, um faroeste com Errol Flynn. Vi duas noites seguidas, e na segunda noite notei que o estouro da boiada ia da esquerda para a direita, em vez de da direita para a esquerda — as cenas não casavam. Falei: "Papai, os bois estão indo pelo lado errado!". "Por favor, fique quieta, Barbara. Estamos tentando nos concentrar... Mas a menina tem razão!" Dois meses depois, fui enviada para a Suíça. Decerto já tinham pensado naquilo antes, mas minha franqueza deve ter decidido o assunto.

HARRY JOE "COCO" BROWN JR.: Ann Warner era meio misteriosa; aparecia e sumia. Parecia estar sempre ocupada com outra coisa. Ela e Jack Warner tiveram um romance tórrido que resultou em casamento. Creio que certa vez ele chegou a fechar os portões para impedir que ela entrasse, e Ann ficou batendo nas grades — como uma cena de *Dallas*.

JEAN HOWARD: Creio que fui a amiga mais íntima de Ann. Ela sem dúvida foi a minha. Quando a conheci, ela era como foi durante grande parte da vida: uma mulher miúda, de pele bonita e grandes e encantadores olhos verdes. Uma mulher simples e, na verdade, muito tímida, sobretudo quando Jack estava por perto. Creio que estava apaixonadíssima por ele quando se casaram, e foi muito feliz por uns cinco anos, sem pensar em mais ninguém. Ann era emotiva, mas, à sua maneira, muito vivaz. Não gostava de sair para almoçar. Não jogava baralho. Não gostava de sair, preferia que os outros a visitassem. Não tinha muito em comum com as outras mulheres, pois elas não tinham lido os livros de que gostava — Robinson Jeffers e outros poetas. Também lia muito sobre ocultismo, coisa que não me interessava.

No começo dos anos 1940, Jack flagrou Ann com um ator da Warner Brothers. Ela estava realmente caída por ele — era muito inteligente, ao contrário da maioria do pessoal de Hollywood naquela época. Ann tinha alugado uma casinha em Hollywood Hills, e um dia Jack entrou e lá estavam os dois. Ann se internou num hospital e me ligou, chorando. Depois, eles se reconciliaram. O ator foi banido da Warner Brothers e passou muito tempo sem trabalhar em Hollywood. Jack tinha esse poder.

Nessa época também correu pela cidade o boato de que Ann e eu estávamos romanticamente envolvidas. Nas festas, quando ela se entediava, ela vinha me procurar e nós ficávamos juntas, pois ela era mais divertida do que qualquer outra pessoa presente. Nas temporadas de verão, depois do jantar na casa dos Warner, os homens iam jogar baralho e as mulheres iam para a piscina. Sempre tocava aquela música havaiana maravilhosa, com gardênias flutuando e rum circulando. Os garotos também ficavam lá: muitos excêntricos, gays etc. Não ficávamos sem roupa, mas de maiô. Era inocente. Mas a gente se divertia mais do que a maioria das outras mulheres.

Então tudo isso explodiu com o caso de Ann com o ator, e alguns meses depois Harry Warner entrou no escritório do irmão e disse: "Olha, sei como você se sente, tendo pegado Jean e Ann juntas na cama". Jack Warner, abençoado seja, levantou e deu um soco na cara do irmão. "Seu filho da puta! Você não sabe do que está falando." Sempre havia esses números na cidade.

GORE VIDAL: Era uma situação totalmente lésbica. Ah, se era. Estava na maior moda. E eu era só um moleque que rondava. As garotas ficavam sempre num canto, cochichando. Tem uma história famosa de Salka Viertel. Ela estava indo a uma festa com Garbo e Hepburn. E então, de repente, chega Dietrich. As quatro entram juntas. Dietrich é a única de calça. Acho que foi Garbo que falou — ela sempre dizia "sra. Dietrissssh", chiando a sílaba: "Olhem aí a sra. Dietrissssh dando bandeira outra vez".

BARBARA WARNER HOWARD: No começo dos anos 1940, mamãe escreveu para Salvador Dalí em Nova York pedindo que ele pintasse um retrato dela. Ele respondeu que um retrato com detalhes no fundo sairia por 6 mil dólares; sem detalhes, 4 mil. Meu pai escolheu o de 4 mil. O quadro levou vários meses para ser pintado. Minha mãe e Dalí ficaram tão amigos que ele incluiu os detalhes mesmo assim. Creio que era um dos favoritos dele, mas eu o achei um pouco fantasmagórico. Ela estava com seu broche de esmeralda e um chapéu de plumas que pareciam cobras, como Medusa.

JEAN STEIN: Quando eu era menina, aquele retrato da sra. Warner sempre me assustava. Tinha algo de ameaçador. Quando ia brincar com Barbara, evitava olhar para ele, como se fosse uma assombração.

Retrato da sra. Jack Warner (Ann Warner), Salvador Dalí, 1944.

BARBARA WARNER HOWARD: Mamãe adorou aquele retrato, tanto que quis que Dalí pintasse meu pai. Claro que ele não teve muita paciência para posar por muito tempo e então mandou fotos para Dalí trabalhar a partir delas. Na época, tínhamos um schnauzer gigante, o Dragon, e o cachorro saiu mais natural do que meu pai. Foi provavelmente o pior quadro que ele fez na vida, forçado a mais não poder. Ele não deve ter se esforçado quase nada. Tinha uma coisa errada na mão do meu pai, pousada na cabeça do cachorro, e ele pediu para refazer. Acho que Dalí havia pintado seis dedos. No fim, acabaram doando o quadro, sabe deus onde ele está hoje.

Eu tinha seis ou sete anos na época, e era muito mais morena do que agora. Quando Dalí estava hospedado em casa, sempre que eu entrava na sala ele dizia: "Aí vem a ameixinha preta".

JEAN HOWARD: Era divertido observar Dalí, porque ele parecia uma marionete saltitante. Por alguma razão, sempre pintava ricaças. Como Mona Harrison Williams, a condessa de Bismarck: ela aparece no quadro usando roupas maravilhosas, mas descalça, como a garota simples, do interior, que tinha sido no

Retrato do coronel Jack Warner, Salvador Dalí, 1951.

passado. Gore Vidal desconfiava que ela servia de inspiração para Ann.

No retrato de Ann, a casa aparece desmoronando. Ela detestou. O estranho é que nunca percebeu que acabaria desmoronando mesmo, pois era apenas uma coisa material. Todos dissemos que o quadro era fabuloso, e ela ficou com ele porque percebeu que representava algo importante. Mas sei que, no fundo, achava que algum dia faria Dalí repintá-lo.

BARBARA WARNER HOWARD: Eu tinha uma relação muito complicada com a minha mãe. Acredito que ela me amava muito, e não é que não demonstrasse fisicamente esse afeto. Mas, quando cresci, sempre houve certa competitividade na nossa relação. Se havia algum homem presente, ela queria ser o centro

Da esquerda para a direita: Ann Warner, Lili Damita, Marlene Dietrich, Jack Warner e Errol Flynn, 1948.

das atenções. Não sei se era assim com todo mundo, mas comigo era.

ANNE TERRAIL: O que me lembro da minha avó, minhas lembranças de fato, não as coisas que ouvi, é de falar com ela ao telefone quando morava na França com minha mãe. Naquela época, um telefonema do outro lado do oceano era uma coisa e tanto — "Anoushka está ligando". Eu tinha de chamá-la de "Gaga", o que me parecia horrível. Era ridículo. Ela ia ligar às nove da noite e todo mundo ficava ali esperando. Lembro que eu achava aquilo esquisito, pois nunca tinha visto a mulher e ela me dizia tantas palavras gentis, mas sempre parecia muito distante, muito longe. Quando eu tinha uns oito ou nove anos, ela perguntou: "Você me ama?". Respondi: "Como posso amar se nunca vi você?". Não lembro o que ela respondeu, mas senti que minha mãe ficou muito contente com o que falei. Parecia muito esquisito que aquela mulher ligasse e fosse toda afetuosa — quer dizer, como é possível?

Para mim, ela era uma figura mítica, pois só fui conhecê-la aos dezesseis anos, quando fui aos Estados Unidos. Encontrei aquela mulher, a dona da voz tão presente para mim. Mesmo então, parecia uma espécie de fantasma. Foi muito estranho. Ao mesmo tempo, parecia uma mulher forte, com poder sobre minha mãe. Mas como ela podia ser tão forte se nunca se mostrava na vida real e se escondia atrás daqueles telefonemas? Quando menina, era o que sentia; não o que via, mas o que sentia.

Já meu avô, Jack Warner, era muito mais real, pois eu sempre ia passar os verões na casa dele, no sul da França. Não sei com que idade comecei a ir, talvez com quatro ou cinco anos. Quando criança, eu achava meu avô muito simpático e engraçado. Sempre fazia umas brincadeiras bobas, como pôr um garfo na boca e não tirar. Ele me deixava espalhar folhas sobre a cabeça dele durante um tempão e não falava nada. Penso que ficava feliz por ter alguém da família em outro lugar, sabe? Em todas as fotos em que apareço com ele, estou bem à vontade. Ele era divertido. Nunca conversamos de verdade porque, quando ele estava no sul da França, tinha uma vida social intensa, cercado de gente que não estava muito habituada a conviver com crianças ou coisas do gênero. Mas eu gostava dele. Me parecia simpático e afetuoso. Os irmãos Coen botaram meu avô naquele filme. Aquele era Jack Warner.

BETTY WARNER SHEINBAUM: A primeira vez que Jack demitiu Jack Jr. da Warner Brothers foi, na verdade, incitado por Ann. Ela achava que Jackie era mais leal à mãe do que a ela — e era mesmo. Também teve a ver com o fato de que a família Warner não a aceitava — ela se casou numa família que já estava decidida a não gostar dela, e ela jurou vingança. Jack Jr. foi simplesmente um pretexto. Era o ser mais gentil do mundo. Sempre queria a aprovação do pai. A certa altura, Jack Warner foi lhe pedir dinheiro, alegando que estava em dificuldades financeiras devido a seu divórcio de Irma. Jack não hesitou em lhe devolver o milhão de dólares que ficara reservado para ele. O pai pegou o dinheiro e foi embora.

JACK WARNER JR.: Quando meu pai me despediu, os seguranças que tinham ordens de me pôr para fora ficaram sem graça. Mas precisavam obedecer, por isso eu disse a eles: "Tudo bem, pessoal, vocês estão cumprindo ordens. Vou pagar um café para vocês". E fomos até a lanchonete do outro lado da rua. Depois visitei vários bons advogados e todos me disseram a mesma coisa: "Você tem aí uma boa ação, é claro, mas está disposto a gastar os próximos dez anos e todo o dinheiro que tem?". A questão era: para que eu abriria um processo? Por quê? Por mágoa? Um pai tem o direito de demitir o filho, mesmo que não tenha nenhuma razão sólida ou honesta. Você tem que recolher os cacos e ir fazer outra coisa. Então Harry foi falar com o meu pai e disse: "Ou você, ou seu filho". Meu pai respondeu: "Tudo bem, traga Jack de volta".

Eu nunca devia ter voltado, pois meu pai no fundo continuava o mesmo. Seguia casado com Ann, e era a voz dela que ele ouvia por último, todas as noites. Ela abominava a ideia de existirem dois Jack Warner no mundo. Eu dizia que meu pai merecia coisa melhor, mas não era verdade. Ele era um tremendo fracasso no que há de mais importante, um zero em relações humanas. Queria ser amado, e no entanto agia de modo grosseiro.

O interessante é que, em toda a sua vida, meu pai nunca demitiu ninguém pessoalmente. Mas ai de você se saísse da sala onde ele estava. Ninguém levantava do jantar dos executivos da Warner antes dele, pois sabiam que ele começaria a lançar farpas, fazer piadas e humilhá-los na frente dos outros. Quando Harry ia almoçar, primeiro o telefone tocava e a secretária dele dizia ao maître: "H. M. está chegando" — "M" era a inicial do segundo nome de Harry. O maître dizia ao meu pai: "Seu irmão está vindo almoçar". Meu pai se despedia e saía antes que Harry chegasse. Era assim.

Como é aquele ditado? O poder corrompe, e o poder absoluto corrompe absolutamente. Sempre penso no meu pai quando escuto isso. Ele era o cara que luta para subir até o topo da montanha e quando chega lá joga pedras para baixo, para impedir que outros também cheguem. Mas não posso dizer que fosse ignorante. A empresa não fez tudo o que fez com um idiota no comando. Aquele homem sabia sentir o pulso do público.

RICHARD GULLY: Jack não suportava ser o irmão mais novo. Queria ser o presidente da Warner Brothers e oficialmente era o vice. Quando viajava, teve um momento que ele nem sequer se registrava nos hotéis. Costumava empurrar a ficha de lado. Dizia: "Sou importante demais para assinar um registro". Mas nos primeiros tempos lembro que nunca escrevia "vice-presidente da Warner Brothers". Sempre punha "chefe da Warner Brothers".

DENNIS HOPPER: Eu era muito novo em 1955, quando a Warner Brothers fez *Juventude transviada* — tinha uns dezoito ou dezenove anos. Começamos a rodar em branco e preto, e depois de duas semanas Jack viu que James Dean tinha algo especial. Falou: "Mudem o filme e façam em cores. Esse garoto vai ser um grande astro". Ele tinha encontrado seu novo Rin Tin Tin.

Um dia, no ano seguinte, Jimmy Dean e eu estávamos saindo do refeitório na locação da Warner Brothers quando Jack Warner apareceu para apresentar o banqueiro Serge Semenenko a ele. O cara estendeu a mão para cumprimentá-lo e Jimmy pôs a sua no bolso, tirou um punhado de moedas, jogou aos pés deles e foi embora. Os outros dois ficaram totalmente abismados. Fui atrás de Jimmy feito um cachorrinho e falei: "O que foi aquilo?". Então ele me contou que Jack convencera Harry de que deviam vender o estúdio, e Semenenko havia comprado. No dia seguinte, Jack o comprou de volta. O que ele fez, na verdade, foi tirar o irmão da empresa. Jimmy Dean reagiu dessa maneira ao que Jack havia orquestrado.

BETTY WARNER SHEINBAUM: Eu sabia que meu pai e Jack andavam às turras, a tal ponto que a saída do meu pai se tornou absolutamente indispensável. Jack estava passando seis ou oito meses seguidos jogando no sul da França — não se importava com a fortuna — e aquilo deixava minha família doida. Papai sentia palpitações quando ia ao estúdio. Sua pressão subia e a gritaria era desumana. Então havia razões para vender, e o combinado era que cada irmão seguiria seu próprio caminho. Mas Jack voltou como presidente da Warner Brothers. Queria esse título e precisava se livrar do meu pai, que ficou louco da vida. Era uma tremenda traição. Dessa vez, ele não berrou nem esperneou: teve um derrame. Aquilo tinha sido demais. Hoje, esse tipo de coisa volta e meia acontece em Hollywood. Mas eles dois duraram quanto? Quarenta anos, quase?

O triste era que Jack não tinha amigos. Tinha puxa-sacos. Adorava os que viviam como reis. Mas, embora procurasse a alta sociedade, sempre parecia muito desconfortável e defensivo nesse ambiente.

JACK WARNER JR.: Eu estava de viagem marcada para o Havaí no dia seguinte ao derrame de Harry, mas cancelei porque ele podia morrer. Quando vi meu pai no estúdio no outro dia, ele perguntou: "Ei, por que você não está no Havaí?". Respondi: "Não posso ir com tio Harry tão doente". Ele me olhou e disse: "Por que não? Ele não é seu pai". O que eu podia responder?

Quando Harry morreu, no verão de 1958, enviei um telegrama urgente ao meu pai no sul da França, mas ele não respondeu. Foi um desenlace amargo para a guerra entre eles. Poucos dias depois, meu pai sofreu um grave acidente. Saiu do cassino por volta das duas da madrugada, entrou em seu Bentley e tomou o caminho para a casa em Cap d'Antibes. Na metade do percurso, deve ter adormecido, porque o carro foi para a esquerda e bateu de frente num caminhão carregado de carvão. A porta do lado dele se escancarou e ele foi atirado na estrada. Ficou em semicoma durante cinco ou seis dias. A irmã dele, Sadie, mal podia esperar para chegar e dizer: "Foi punição divina". E de fato disse. Não sei se ele a expulsou do quarto, mas nunca mais se viram. Ela morreu algum tempo depois e meu pai nem foi ao enterro.

BARBARA WARNER HOWARD: Logo depois do acidente do meu pai, todo mundo pensou que ele estivesse morrendo e foi até a França — inclusive Jack Jr., que achava que podia ser a última vez que o veria. Mas, quando Jack entrou no quarto do hospital, meu pai ficou muito incomodado e disse: "Devo estar pior do que imagino, se ele veio até aqui". Foi um choque tão grande que ele achou que precisava melhorar. Então Jack Jr. fez uma declaração a um repórter dizendo que meu pai estava à beira da morte, e aquele foi realmente o fim da relação entre os dois. Quando meu pai voltou à Califórnia, mandou despedi-lo outra vez. Jack Jr. quase nunca era bem recebido em casa.

JEAN HOWARD: Jack e Ann costumavam oferecer jantares aos domingos numa longa mesa, com umas vinte pessoas. Lembro uma vez — eu não tinha notado o menor sinal de embriaguez em Ann — que Jack, que estava na outra ponta da mesa, de repente gritou para ela: "Largue o copo!". Foi uma coisa embaraçosa. Mesmo que ela não estivesse bêbada, teria o mesmo efeito. Ann sentiu como que um tapa na cara. Muito cruel. Ela era uma mulher sensível. Jack Warner a destroçava. Vi muitas vezes aquela moça se levantar da mesa e sair correndo aos prantos. Não a censuro por nada, nem por ter amantes, pois certamente os tinha. Jack tinha suas relações sexuais onde e quando bem entendesse.

BARBARA WARNER HOWARD: Fui com meu pai ao casamento de Grace Kelly porque minha mãe não se sentia bem. Eu estava com 21 ou 22 anos, e tinha acabado de me casar. Usava um vestido Balmain feito especialmente para a ocasião — creme com grandes círculos bordados —, com um bolero e um chapéu lindo, com véu de tule. Papai estava de fraque e cartola. O jantar foi no Hôtel de Paris, e sentei ao lado de Aristóteles Onassis. Não sei se Maria

Callas estava lá, mas conversamos longamente sobre mitologia grega, e ele foi muito gentil e atencioso. Vi Ava Gardner também, pois ela e Grace eram amigas.

O rei Farouk estava lá. Ele era enorme, feio e mulherengo. Costumava jogar com meu pai, principalmente no cassino de Palm Beach, em Cannes. Os dois eram parceiros de bacará, mas não creio que fossem amigos. Meu pai adorava jogar. Era uma grande distração, e ele sempre mentia quando perdia, dizendo: "Empatei".

RICHARD GULLY: Farouk e Jack gostavam muito um do outro. Os dois eram apostadores experientes e excelentes jogadores de bacará. Não moviam um único músculo, por mais alta que fosse a aposta. Atravessavam a noite jogando, depois do jantar até o amanhecer, então nós três íamos tomar café da manhã, lá pelas

Barbara Warner com o pai, Jack Warner, no SS Liberté.

sete horas. Os dois gostavam das boas coisas da vida. Longe do estúdio, Jack era um sujeito extremamente agradável. Podia ser muito duro, mesquinho e desagradável em relação a contratos e coisas do gênero, mas socialmente tinha um charme extraordinário. Também era namorador, mas não tanto quanto Farouk. Não beliscava as moças. Farouk era bem vulgar. Mas os dois gostavam

Jack Warner (à esq.) e Richard Gully (à dir.), a caminho do casamento de Grace Kelly em Mônaco, 1956.

de uma moça bonita e tinham aquela *joie de vivre*. O que mais os aproximava era o jogo — eles iam direto para as mesas de bacará.

Quando nos conhecemos, Farouk ainda tinha boa aparência. Não era obeso nem tão nojento como viria a ficar. Era bonitão na juventude, e mesmo na meia-idade ainda era apresentável. Muito espirituoso e inteligente, tinha um intelecto analítico muito afiado. Um sujeito interessante. Quando o conhecemos, ele ainda ocupava o trono e sempre tinha algum cortesão a seu serviço. Mais tarde, depois de ser expulso do Egito, dispensou o assistente, de modo que, embora sempre tivesse motorista, de resto andava sozinho. Nem mesmo guarda-costas possuía. Era extraordinário.

Ele nunca foi a Hollywood. O único que chegou a visitar Jack foi o xá do Irã, que Ann apreciava muito. Na verdade, recebemos a rainha Nazli do Egito, mãe de Farouk. Era uma mulher muito bonita. Quando ele foi para o exílio, ela veio para Hollywood e chegou a ter uma casa em Beverly Hills durante algum tempo. Mas ele nunca veio. A amizade entre os dois era estritamente baseada na jogatina. Creio que Ann Warner nunca o viu. Ela não jogava nem ia ao cassino. Não queria incentivar Jack. Mas não podia impedi-lo. Não havia como impedir Jack Warner de jogar. Jack Warner, Charlie Feldman e Zanuck eram jogadores inveterados. Os três ficaram muito próximos quando estavam na Europa.

PATRICK FOULK: Conheci Ann Warner em Nova York, quando estava de licença da Força Aérea, por meio de uma amiga casada com um diretor. Logo que a vi, falei: "Não acredito". Ela era assim. A gente se entendeu bem desde o primeiro momento, e depois disso nunca procuramos muito outros casos. Conheço gente à beça, mas nunca vi ninguém como ela. Era a própria Miss Mercúrio: pura energia. Alguns achavam que seu magnetismo era afetação, mas não era. Todos que a conheciam admitiam que ela era especial. Mesmo Elsa Maxwell me disse: "Conheço todos, e não há ninguém como Ann".

Nossa relação foi muito estranha. Quase ninguém sabia dela, só Jack. E mantivemos assim. Ele entendia — tolerava porque não queria perdê-la. Aliás, duas vezes ele me propôs que escrevesse um roteiro. Claro que eu não quis trabalhar para ele. Mesmo assim, tínhamos uma espécie de respeito mútuo, porque eu não tiraria dele nada daquele seu nhe-nhe-nhem da Warner. Quando o conheci, Jack fazia qualquer coisa para dominar Ann. Tinha ciúme e, no fundo, adoração por ela. Era a única pessoa em quem ele confiava.

RICHARD GULLY: Em 1958, Jack e Ann já haviam se distanciado. Ela não tinha o menor interesse por jogo e odiava ouvir partidas de beisebol durante o jantar. Naquela altura, nós três jantávamos juntos umas cinco noites por semana, mas não era fácil. Eu servia de amortecedor, de árbitro. Tinha sido uma grande história de amor durante anos, e então Ann se afastou.

Não que ela não gostasse de gente — conversava horas a fio pelo telefone. No fundo era vaidade. Quando você é uma grande beldade e de repente começa a engordar... Ela também estava entediada. Ann dizia: "Dei grandes festas durante vinte anos, agora chega". Ela não nasceu para ser da realeza. E ser a sra. Jack Warner era aquilo. Sua casa era o Palácio de Buckingham e ela era a rainha. Mas não tinha nascido para isso e certamente não sentia nenhuma vontade de aprender. Os membros da família real são treinados todos os dias da vida deles, pois é uma posição muito difícil. Além disso, o mundo mudara, e a sra. Warner foi realmente uma das primeiras pessoas a enxergar isso.

JACK WARNER JR.: Ela nunca descia. Ninguém nunca via Ann. Era estranho: um grupo grande de pessoas podia estar em casa comendo hambúrgueres, e Rocher, o mordomo, trazendo as bebidas, e nós jogando tênis. Meu pai ficava ali fora, olhando para as cortinas do segundo andar da casa, já fechadas, porque ela estava lá. Era esquisito. Uma vez, subi por aquela grande entrada circular de carros e olhei acima da porta de entrada para uma janelinha que dava para o toucador dela. A janela se abriu e Ann olhou para fora, então me viu e fechou depressa a janela. Só isso. Foi tudo o que vi.

BETTY WARNER SHEINBAUM: Jack era um homem fraco, aquilo era o pior. Não creio que detestasse o filho, mas nunca se comportou como pai. Mandava Jack Jr. calar a boca, sumir dali ou parar de escrever, coisas que realmente magoavam. Durante a vida toda, Jack Jr. tentou mostrar que queria ficar bem com o pai. Mas não conseguia. De vez em quando, saíam juntos de carro — ele comenta isso como se fosse o ápice da relação dos dois.

JACK WARNER JR.: Eu era o único filho homem de Jack. E ele me deu seu nome. Mas nunca senti que era o herdeiro legítimo. Ao crescer, queria ser como meu pai: se ele comandava um estúdio, eu também queria comandar um estúdio. O filho de um cirurgião quer ser cirurgião. É normal. Só que, para nós, não era. Esse vírus se insinuou e influenciou os irmãos, as irmãs e a mim. Odeio mortalmente apontar Ann como a grande vilã de tudo, mas o que aconteceu foi em grande parte porque ele queria paz a qualquer preço. Uma vez meu pai me disse: "Olha, me desculpe, mas quando chego em casa preciso de paz". Sempre que Ann ia para o sul da França, eu aparecia muitas vezes lá, mas, logo que ela voltava, meu pai mandava me avisar para ficar longe.

Quando Albert Warner morreu, fui a Nova York para o enterro. Meu pai entrou na sinagoga e sentou na primeira fila. Havia um lugar vago ao seu lado e pensei comigo mesmo: "Você tem de ir até lá". Então fui e sentei. Ele fez uma espécie de sinal de reconhecimento. Depois do enterro, meu pai saiu e entrou num carro. Ninguém me disse nada, então fui e sentei ao lado dele no carro. Imaginei: nada vai vir espontaneamente, você tem de ir atrás e agarrar. Achava que meu problema era não ter agido assim antes, temendo bater contra uma parede. Ele me perguntou: "Quer beber alguma coisa?". Eu respondi: "Cairia bem". Meu pai tinha dois andares no Hotel Sherry-Netherland, com uma vista maravilhosa. Ficamos os dois ali sentados, olhando o Central Park. Era inverno e nevava. Tomamos Chivas Regal e ficamos sentados ali, conversando sobre tudo. Ele foi muito afetuoso e amigável. Perguntou: "Como você vai voltar para casa? Saio amanhã de manhã pela TWA". Falei: "Vou trocar meu voo". Peguei o assento ao lado dele e voltamos juntos. Eu havia lhe mandado cartas, dizendo: "Vamos resolver isso", mas era um trabalho hercúleo. No avião, meu pai me disse: "Você vai parar de me escrever aquelas malditas cartas?". Quanto mais a gente se aproximava de Los Angeles, mais frieza fui sentindo nele. Então falei: "Estou com meu carro aqui. Levo você para casa". Ele respondeu: "Esqueça. Não, não e não. Tenho um carro do estúdio". Chegamos ao aeroporto e ele me deu tchau. Saí do terminal e olhei para trás. Ele saiu sozinho, entrou no carro e foi embora. Ann estava em casa, claro.

RICHARD GULLY: Jack era um homem com grande gosto pela vida e não ficaria sozinho. Em 1958, começou a ver aquela inglesa e a ficar na suíte dela no Beverly Carlton, em vez de ir para casa. A sra. Warner se hospedava no apartamento deles no Sherry-Netherland em Nova York. Era evidente que ela sabia que o marido tinha uma amante e estava esperando para ver até onde o caso avançaria.

Então, num fim de semana, Jack fez a encenação de sempre — "Ah, querida, sinto tanta saudade. Volte logo" —, esperando que ela não voltasse. E a sra. Warner respondeu: "Ah, não posso, preciso pegar um vestido novo aqui. Só vou poder voltar na terça-feira". Mas então ela voltou dois dias antes, deliberadamente, no meio da noite, e não havia ninguém em casa. Quando cheguei no estúdio na segunda-feira de manhã, minha secretária falou: "Uma mulher ligou à sua procura, e acho que era a sra. Warner". Então liguei depressa para Jack no Beverly Carlton e disse: "Finja que você está no dentista ou algo assim. Não fale com ela até eu chegar no estúdio, então venha ao meu escritório".

Jack só chegou ao estúdio às onze da manhã. Quando entrei, o gerente me estendeu um envelope recheado de dinheiro e disse: "Dê à moça, coloque-a num avião e mande-a para fora do país o mais rápido possível". Ela começou a discutir e levei um dia inteiro para conseguir tirá-la da cidade. Enquanto isso, a sra. Warner estava roxa de ódio, porque eu não atendia seus telefonemas. Ela não tinha a menor intenção de se divorciar de Jack, então achava mais fácil me considerar o responsável pela amante, o que era totalmente injusto. Mesmo assim, ela pediu minha cabeça e fui demitido.

Passei dez dias pensando em suicídio, não sabia o que fazer. Não tinha emprego e ninguém me ajudaria, ao preço de se indispor com Jack Warner. Achei que tinha chegado ao fundo do poço.

JACKIE PARK: Cresci na Filadélfia, sem saber quem era meu pai. Minha mãe costumava ter vários namorados e me abandonou em uma instituição de caridade católica. Sofri abuso sexual, mas tive uma boa educação. Todos nós recebemos diferentes papéis quando entramos no mundo, e o importante é aceitar isso.

Aos dezesseis anos, um senhor simpático gostou de mim, mas, quando descobriu minha idade, ficou com medo. Então me mandou para Hollywood com um pouco de dinheiro e uma carta de apresentação para o diretor Edmund Goulding. Meu nome verdadeiro é Mary Scarborough, mas, quando conheci Edmund, ele disse: "Você vai se chamar Jacqueline Park, por causa de Park Avenue". Fiquei num clube de atrizes, o Hollywood Studio Club. Marilyn Monroe morou lá algum tempo, e Kim Novak e um monte de outras estrelas também. Tive um caso com Ronald Reagan por três meses e ele nunca me convidou para sair de verdade, porque estava apaixonado por Jane Wyman. Saí algum tempo com Cary Grant. No nosso primeiro encontro, ele estava vestido de mulher. Usava uma blusa de seda, calças de veludo e sapatos de lamê dourado. A gente tinha casos, entende? E aí encontrava outra pessoa. Era como assistir a um filme.

Quando Jack Warner apareceu, em 1960, eu estava saindo com outras pessoas e me divertindo muito, e ele falou: "Quero que você fique só comigo". Falei que tentaria, e ele disse: "Não brinque com o amor". Eu tinha as minhas contas pagas e Jack não exigia nada demais. Mas nunca queria que eu me expressasse. Quando quis fazer um curso de arte, ele falou: "É perda de tempo. Vá trabalhar na Cruz Vermelha". Jack montou um apartamento para mim nas Sunset Towers e me dava uma mesada semanal de 350 dólares. Era tão mesquinho que sempre fazia questão de contar as notas e conferir se não estavam grudadas.

Mas havia uma faceta sua que surgia quando ele não se sentia ameaçado por nada. Ele sempre quis ser cantor, e uma vez estávamos num restaurante no Valley quando Stanley Holloway, de *My Fair Lady*, entrou e Jack começou a cantar "Get Me to the Church on Time". O volume da voz foi aumentando cada vez mais até que Stanley chegou e disse: "Jack, você nunca vai conseguir". Às vezes ele se soltava, mas não era muito frequente.

Fui com ele à apresentação especial de *My Fair Lady* em Londres. Não precisamos passar pela alfândega — o FBI nos fez entrar direto, pois Hoover era amigo dele. Como o meu bisavô era da aristocracia, Jack começou a me apresentar como Lady Scarborough. Ele dizia: "Esta é Lady Scarborough, que tem um coração de ouro e é um pedaço de mulher". No dia seguinte, todos os lordes e ladies estavam atrás de mim para o chá.

Frank Sinatra me disse um dia: "Se esse velho esquisitão te der algum problema, me ligue". A certa altura liguei umas duas vezes, mas eram uns caras com sotaque engraçado que atendiam: "O que 'cê quer?". E aí eu dizia: "Disquei o número errado". Então, quando sequestraram Frank Sinatra Jr., Jack ligou para Frank e disse: "Olha, se você precisar de 1 milhão de dólares, Jackie me leva até o estúdio e pego no cofre". Ele se virou para mim e perguntou: "Cabe 1 milhão no seu carro?". Respondi: "Que tamanho tem 1 milhão?".

Os Kennedy costumavam ligar para Jack e, em vez de se identificar — caso houvesse um jornalista por ali —, diziam: "Código K". Uma noite, em agosto de 1962, o telefone tocou e Jack e eu atendemos ao mesmo tempo. Só ouvi: "Código K, Marilyn morreu". Então Jack entrou e perguntou: "Você atendeu o telefone?". Respondi: "Não". No dia seguinte, o caso saiu na primeira página de todos os jornais.

Uma vez Jack me ligou e disse: "Sabe, estou cansado de todos os restaurantes que frequento. Quero ir a um lugar onde não me conheçam". Então eu o levei ao Barney's Beanery e o apresentei como George Anderson. Barney me deu aquele olhar de sei-bem--quem-ele-é. Jantamos e a carne estava horrível. Então Jack me ligou no dia seguinte e disse: "Gostei do Barney's, mas você não poderia comprar os filés e levar para mim?". Então comprei alface, tomate e carne e disse: "Barney, é só preparar". Voltamos lá muitas vezes, e Jack adorava. Dizia: "Avise ao Barney que estamos indo". Barney respondia: "Olha, aqui não é o Chasen's, não precisa fazer reserva". Uma vez, chegou um cara e disse: "Sei quem você é: Jack Warner". Ele respondeu: "Não sou, não. Sou George Anderson. Sou parecido com Jack Warner, mas não queria ser aquele filho da puta". Era assim que a gente se divertia. Ele sabia viver quando não era tomado pelos seus demônios.

Quando eles surgiam, a única coisa que ele queria era humilhar a gente. Nunca pedi nada porque sabia que não conseguiria. Veja, Jack Warner podia me controlar, mas não era tão bem-sucedido com a sra. Warner. Creio que havia muito sentimento de culpa envolvido. Ele tinha medo de perder metade do estúdio se tentasse o divórcio. A Warner Brothers era a vida dele — sua única identidade. Jack venderia a alma para manter o estúdio.

Quando nos tornamos amantes, descobri que ele estava mal — precisava de injeções para recuperar a potência. Então usei o método de sugestão por hipnose, dizendo: "Você consegue ficar duro. Você consegue ficar duro", e fazendo muito carinho. Aí, acabamos tendo uma ótima vida sexual. Ele me contou que fazia treze anos que não tinha relações sexuais com a sra. Warner. Na verdade, ela não o suportava. Era um casamento de fachada, mas funcionava. Ela foi sua amante por três anos, então sabia bem como era a coisa.

Ele me ligava e dizia: "Estou jantando aqui embaixo, a cadela velha está lá em cima". Mas também andava com fotos da sra. Warner, e todas as garotas com quem saía eram parecidas com ela. Era como uma droga e ele era viciado.

Jack desmanchou comigo em 1965 ou 1966. Então fiquei realmente mal. Andava bebendo e uma noite recebi um telefonema da sra. Warner. "Jack me contou tudo", ela disse. "Você sabe que não nos divorciaríamos por uma bobagem dessas, isso de você ser amante dele. Mas preciso pensar na reputação do meu marido. Se tem algum plano..." Então lhe enviei flores, dizendo:

"Para a sra. Jack Warner, a mulher mais compreensiva que conheço". Jack me mandou um recado dizendo que eu devia deixar a Califórnia. Um amigo dele me disse: "Se você não quer terminar como a Monroe, melhor ir embora". Jack nunca mais me viu. Os 5 mil dólares que me deu não duraram muito. Gastei tudo me mudando de hotel para hotel, e por duas vezes fiquei na rua.

ANNE TERRAIL: A primeira vez que vi minha avó foi quando minha mãe voltou para a Califórnia, porque meu avô estava doente. Eu devia ter quinze ou dezesseis anos, estudava na França e sonhava fazer teatro. Ou seja, era um mundo totalmente diferente, outro ambiente. Eu estava longe, a léguas de distância de tudo aquilo. Era muito antiamericana, usava um boné militar e dizia coisas como "A China é o máximo!". Tinha todas aquelas teorias sobre como a vida devia ser, claro, naquela idade. Aí fui de carro com minha mãe até a casa dos meus avós. Provavelmente ela estava muito tensa, e eu também. Sabia que meu avô estava doente e fazia muitos anos que não o via. Entramos. As fontes jorram. A porta abre, rangendo, *nheeec*, e surge essa mulher que nunca vi na vida, ao lado do meu avô, que não me vê. Parece um filme. Ela está atrás dele. E eu só "Aah". Então digo: "Olá, vovô", e ele não me vê. Avanço para dar um beijo nele. Anoushka está atrás dele, é a primeira vez que vejo minha avó. Ela vestia um penhoar florido, de uma espécie de musseline, com babados. Estava de chinelos, maquiada, com sombra azul nos olhos e batom vermelho. Meu deus! E o cheiro dela. Sempre usou esse perfume, Princess Marcella Borghese. Tenho um frasco em casa, em Paris. Peguei quando ela morreu. Lembro que, de vez em quando, apertava o vaporizador, *pssss, pssss*. Era muito forte. Meu deus! Fico contente por não ser filha deles. Bem, em todo caso foi a primeira vez que vi Anoushka. Lembro que ela ficava cuidando dele. Me lembro dessa coisa do poder, ela basicamente controlava tudo.

Claro, você poderia dizer que ela era uma santa. Sabe, quando uma pessoa tem poder sobre uma outra pessoa, todo mundo diz: "Ah, ela é tão boa, está cuidando dele". Na verdade, isso é matar a outra pessoa. É sempre uma coisa meio suspeita.

Sempre me pergunto se meu avô me reconheceu. Quando tento lembrar do momento em que o cumprimentei, não tenho certeza... Acho que ele me reconheceu, mas não de imediato. Não sei. Mas entramos na casa. Não lembro o resto, só que abriram a porta e ficaram ali de pé. Em vez de deixar a gente entrar, como normalmente se faz, ela encenou tudo aquilo, para disfarçar o que se passava por trás.

Era um mundo realmente estranho para mim: aquela casa e aquela porta imensa, minha avó fazendo uma encenação hollywoodiana, um verdadeiro espetáculo. Tentava dar algum sentido à sua vida. Para mim, ela não teve a vida que gostaria de ter tido; provavelmente achava que seria diferente. É a impressão que tenho. Talvez seja apenas uma projeção. Não foi ela que me falou. É difícil entender o que ela inventou, o que ouvi, o que ela disse, o que senti. É uma confusão. Tive fortes atritos com minha avó.

JEAN HOWARD: A última vez que vi Jack e Ann foi no Natal de 1973. Ele estava completamente senil e entrou empurrado numa cadeira de rodas. Ann o vestira para o Natal com um pijama vermelho. Ela disse: "Esta é Jean". Mas ele nem me viu. Jack não tinha ideia de quem ele era ou onde estava. Foi mais simpático do que nunca, abanando os braços em volta de si. E Ann estava muito meiga com ele. Deu-lhe um abraço e um beijo quando o tiraram da sala. Jack não fazia ideia de quem ela era.

JACKIE PARK: A sra. Warner foi uma mulher perfeita até o fim. Cuidou de Jack. Pelo que me disseram, quem ia vê-lo tinha de pôr luvas e máscara. Seus últimos anos não foram muito bons. Uma vez um amigo meu foi visitá-lo. Jack segurou sua mão e disse: "Me ajude".

LOUIS ROSNER: Em 1973, fui chamado para ver o sr. Warner no Cedars-Sinai Medical Center. Eu tinha um consultório particular como neurologista em Beverly Hills, mas Jack Warner fora encaminhado à Scripps Clinic e não haviam conseguido reverter o dano do derrame. O prejuízo consistia basicamente na perda de reconhecimento visual, condição conhecida como cegueira cortical — a pessoa enxerga, mas não entende o que vê.

No quarto do hospital, fui recebido pela sra. Warner. Poucas semanas depois, ela já conhecia todos os termos. Assimilava tudo o que a gente lhe dizia. Era ela quem controlava a rispidez do marido. Quando ele praguejava, ela dizia: "Jack, querido, você nunca falou assim. Não faça isso na frente do médico". Tinha uma cultura e sofisticação que complementavam o dinamismo dele.

Ela passou a se interessar por todas as religiões, como é que elas poderiam ajudar a curá-lo. Um dia ela me chamou e disse: "Encontrei nosso salvador". Durante algum tempo, tinha sido eu, mas como não curei nada não era mais. Tratava-se de um curandeiro tibetano. Ela também recorreu ao budismo e ao hinduísmo, e por fim disse: "Sra. Warner, sempre me pergunto qual é sua religião. A senhora não é judia?". Ela respondeu: "Querido, sou qualquer coisa que você queira".

A sra. Warner tinha essas tiradas. Dizia: "Dê um beijo meu à sua mulher". Eu perguntava: "Onde?". Ela respondia: "Nos lugares de sempre". Minha mulher, Larraine, ligava para ela contando que tinha saído para fazer alguma coisa e se vangloriava: "Todo mundo ficou me olhando. Eu devia estar com uma aparência ótima". Para fazê-la descer das nuvens, a sra. Warner dizia: "Querida, as pessoas também ficam olhando uma cobra".

LARRAINE ROSNER: Passei um período difícil com Louis em 1978 e Ann me deixou ficar na sua casa enquanto ela estava no hospital com Jack. Estava falando comigo ao telefone no momento em que ele agonizava. Jack estava inconsciente, e uma equipe tentava revivê-lo, sem sucesso. Ann dizia sem parar: "O pezinho dele se mexe rápido. Tão rápido". Jack estava com algum tipo de espasmo, e como Ann estava na porta do quarto, era só isso que ela conseguia ver. Quando ele morreu, Ann me pediu para avisar todo mundo na casa. Embora ele estivesse doente fazia muitos anos, foi um choque tremendo quando souberam.

O funeral foi muito doloroso para Ann. Lembro de seu nervosismo por ter de sair de casa depois de todos aqueles anos. Haveria muita gente, e ela estaria à vista de todos. Nixon ligou duas vezes para ela, de San Clemente, e disse: "Você precisa ir". Ann sempre dizia: "Foi ele que me ajudou a sair de casa".

JACK WARNER JR.: Ann optou por um funeral discreto, apenas com as enfermeiras e algumas outras pessoas. Então devem ter lhe dito: "Se você não convidar o filho dele, poderá ser processada". De repente o telefone tocou e um homem do escritório do meu pai falou: "Você pode comparecer ao enterro depois de amanhã?". Respondi: "Claro". Peguei minha mulher e minhas duas filhas e fomos à sinagoga do rabino Magnin no Wilshire Boulevard. Foi um momento estranho. Não via Ann desde o acidente de carro do meu pai. Ela engordara uma barbaridade. Só usava túnicas soltas e compridas, nada de vestidos. Subiu a escada com as duas filhas, e as pessoas se juntaram a seu redor. Fui direto até ela e disse: "Lamento muito o que aconteceu". Ela não falou nada, só me olhou, então me afastei para deixá-la passar.

BARBARA WARNER HOWARD: Sempre me disseram que Jack Jr. era um sujeito terrível e que só estava atrás do dinheiro. E isso, coitado, não era a verdade. Ele queria amor. Minha mãe pensou que ele fosse entrar com uma ação depois que meu pai morreu, mas claro que ele não fez isso. Recebeu uma pequena herança em dinheiro e aceitou. A única expressão que posso empregar para descrever os sentimentos dela em relação a Jack Jr. é "medo irracional". Ela passou todos aqueles anos se torturando, e foi muito triste para ambos. Lembro que nos vimos no funeral e nos reconhecemos sem precisar falar. Minha mãe mandou cobrir o caixão de cravos vermelhos, que meu pai adorava. Todo dia de manhã, ao sair para o estúdio, ele pegava um cravo de um vaso na entrada da casa e punha na lapela.

ANNE TERRAIL: Não fui ao funeral porque já tinha voltado para a França. Quando minha mãe foi para LA, eu a segui para estudar no California Institute of Arts. Toda vez que eu ia visitar minha avó, ela estava sentada no mesmo lugar, numa poltrona que ficava numa espécie de saleta no andar de cima, ao lado do quarto. Ela ficava lá o tempo todo. Eu a cumprimentava: "Olá, Anoushka", e sentia seu perfume. Minha avó usava uma daquelas túnicas e parecia muito gorda. Tenho a impressão de que, na verdade, não estava tão imensa. Sempre com aquela sombra azul nos olhos e uma maquiagem muito pesada no rosto. Meu deus, me desculpe, Anoushka.

Mas eu gostava de ficar com ela, para mim era uma coisa especial. Eu tinha essa avó que era muito diferente, chamada Ann, que me contava histórias que ninguém mais contaria — ela nunca contaria por iniciativa própria, mas eu perguntava. Ela falava sobre o marido, Jack. Dizia: "Quando eu o conheci, era apenas um judeuzinho e eu o transformei no que foi. Mudei suas roupas. Mudei sua maneira de se vestir. Graças a mim...". Eu tentava estabelecer conexões com meu passado. Sempre me interessei pelas coisas da família. Sentia um enorme prazer em ir lá. Sentia como se fosse uma espécie de traquinagem, talvez para ela fosse assim também. Lembro que minha avó tinha um amigo que a acompanhava, um escritor, e ela queria se exibir na frente dele, talvez por ter esta neta francesa. Eu estava numa fase judaica, quer dizer, estava realmente procurando minhas raízes judaicas, e ela me perguntou: "Qual é seu autor preferido?". Acho que pensou que eu fosse citar algum escritor francês, mas eu falei: "Isaac Bashevis Singer". E ela disse: "Ah, é mesmo?".

Na verdade, Barbara, minha mãe, só me contou que eu era judia quando eu tinha uns onze anos. Já era bem crescidinha. Lembro que estávamos jogando baralho quando ela disse: "Ah, por falar nisso, já que você é judia...". Eu falei: "Sou o quê?". Ela pensava que eu sabia. De repente senti um grande orgulho, mas fiquei com muito medo. Pensei: E se Hitler voltar? Eu era só uma menina. Não lembro ter perguntado mais nada. Certamente eu já ouvira falar dos maus-tratos aos judeus. Tudo aquilo de serem vítimas, de Hitler. Sabe, todas essas coisas que você ouve quando é criança. Ao mesmo tempo, pensei: Isso é especial. Pelo menos minha mãe está me dando alguma coisa dela. Achei ótimo. Senti que tínhamos um vínculo. Creio que, para minha mãe, não era muito importante. Lembro que fiquei orgulhosa daquilo. De ser diferente.

Quando minha avó era mais jovem, ela devia ter um lado sensível e gostava de poesia e toda aquela esfera de coisas. Provavelmente também queria subir na vida, ficar rica. Agora, por que motivo, eu não entendo. Não sei quanto ela era pobre quando pequena. Acho que não muito. Tenho essa impressão. Mas talvez não fosse feliz com Jack, porque ele não tinha nada de poético... Quem se importa com esse troço de poesia?, ele decerto pensava. Talvez ela não tenha sido feliz e por isso abraçou todas aquelas coisas místicas. Sabe, ela sempre falava de astrologia. Fez meu mapa astral quando nasci — sei disso porque minha mãe me deu o mapa. Não é muito interessante. Minha avó não fez ela mesma. Mandou fazer. Na verdade, não é muito preciso.

O jeito como ela entrou na astrologia era um pouco, tipo: e agora, o que vai acontecer? Ela tentou inventar algo para si. Até onde entendo, fechou-se cada vez mais. Aos quarenta anos, raramente saía do quarto e descia até a sala. Quarenta anos não é muito. É bem esquisito, isso. Provavelmente ela era infeliz. Às vezes me pergunto se não bebia um pouco só para se sentir melhor. Minha avó tinha intuições. Agora, até que ponto eram reais, isso eu não sei. Quando a vi, desejei de verdade que ela fosse minha avó. Eu perguntava coisas como: "Onde você conheceu meu avô?". Ela não dizia quase nada, mas eu olhava no fundo dos seus olhos e dizia: "É isso o que quero de você". Ela gostava de mim por isso, acho.

No começo, eu era meio exótica, porque vinha da França e ela não precisava se exibir muito para mim. E eu não lhe pedia nada. Nem aceitaria. Uma vez perguntei: "Posso ficar com esse pequeno retrato da sua mãe? Adoraria ter uma cópia dele". Ela respondeu: "Ah, sim, claro". Mas nunca peguei. Só depois que ela se foi. Está em Paris. Ela me falou que eu era parecida com minha bisavó, que se chamava Sarah. Morreu quando minha avó estava com doze anos. Então, pelo visto, a mãe não pôde cuidar dela. Eu sempre tentava estabelecer algum tipo de ligação com o passado da família, para além da imagem hollywoodiana. Era difícil. Acho que jamais consegui de verdade.

Minha avó ergueu barreiras para se proteger e não mostrar quem era realmente, porque era a única maneira de ascender naquele mundo a que decidiu pertencer ao casar com meu avô Jack. Provavelmente não era talhada para aquele ambiente, visto que nele ela não sabia lidar com sua própria sensibilidade e com toda aquela fama ao redor. Era também uma mulher de grande poder. Queria poder, e não se pode ter tudo. Acho que ela se ferrou.

Desculpe falar assim. Ela queria ter poder e conseguiu, mas isso destruiu alguma coisa em seu íntimo. É triste, o caso dela. É uma pessoa que eu gostaria de ter conhecido melhor, como alguém real, minha avó — sem mentiras, sem histórias inventadas. Realmente gostaria de ter conhecido essa pessoa tão interessante.

A relação dela com minha mãe deve ter sido horrível. Minha mãe não gostava dela, acho. E a recíproca era verdadeira. Certamente foi duro para minha mãe aceitar que eu me relacionasse com minha avó. Tenho certeza. Minha mãe negava, mas eu sei. É normal. Muitas vezes é assim, passa pelas gerações. Dava para sentir que as duas não tinham muito a dizer uma à outra. Provavelmente nunca tiveram. E isso me parecia estranho. Nunca entendi por que minha mãe era tão gentil com ela, empregando palavras meigas com uma mulher da qual não gostava. Sempre estranhei. Não entendia a razão. Mas imagino que assim ela estava se protegendo, porque tinha muito medo e se sentia ameaçada.

Anoushka era movida pelo poder e deve ter sido uma mãe terrível, terrível mesmo. Devia ser realmente péssimo ser filha dela. Para Jack também. Sei que minha mãe tinha um relacionamento muito melhor com o pai, ou pelo menos era o que parecia. Minha impressão era de que ela não tinha nenhum apoio familiar. Meu avô devia ser extremamente encantador. Mas quem se importa se a pessoa é charmosa se ela não está mais aqui? Acho que ele não queria problemas. É a impressão que eu tenho. Foram três gerações. Agora, estou tentando. Alguém precisa dar uma basta, do contrário pode continuar assim por mais dez gerações.

Minha avó se emocionou muito quando fui a Ferriday. Ficou bastante surpresa, acho. Eu tinha perguntado de onde ela era exatamente, e ela disse que, quando menina, seu pai tinha uma sala de cinema. Perguntei pela cidade: "Tem um cinema antigo por aqui?". As pessoas me disseram que havia um só, então tirei fotos. É um povoado velho. Não tem nada... O rio Mississippi passa logo depois do cinema. Não tenho certeza se era mesmo aquele local. Essa é a questão, não tenho certeza. Nem se ela me disse a verdade. Esse era sempre o problema com ela: a gente não sabia, às vezes tinha a impressão de que ela dizia a verdade, e às vezes não.

Uma vez ela permitiu que eu levasse meus amigos até a casa dela. Em geral ela dizia: "Não, hoje não. Estou doente". Eu estava num motel em Santa Monica com meu então namorado James e dois amigos franceses, então liguei e perguntei: "Posso dar um pulo aí?". Ela disse: "Venha". Pensei: Uau. Então pegamos o carro e fomos. Ela não viu meus amigos, claro. Eles ficaram no andar de baixo. Percorremos a casa inteira. Ann mandou nos servir uma garrafa de um excelente vinho francês com biscoitos e coisinhas assim. Não sei por quê. Foi realmente bizarro. Chegou até a me dar dinheiro, cem dólares, para irmos jantar. Não é incrível? Não acreditei. Realmente não acreditei. Acho que ela pensou que eu ia me casar, porque falei que estava com meu namorado. Lembro que ela disse: "Qual deles é ele?". Tinha espiado os rapazes, é claro. Quando vi, meus amigos tinham entrado na piscina, coisa que eu mesma nunca havia me atrevido a fazer. Aquela piscina. A criada desceu com roupões. Ela estava contente por ter gente nadando. Meus amigos estavam empolgadíssimos. Eram atores e tiraram fotos das estatuetas do Oscar. E lá estavam eles na piscina gritando: "Ei, Lauren! Ei, Humphrey!". Foi muito divertido.

Nunca entrei nos aposentos íntimos da minha avó quando ela estava viva, tipo banheiro e closet. Tinha um vestiário, e todos os sapatos estavam guardados por época. Havia alguns de salto alto, outros de salto baixo, chinelos e pantufas. Não sei quantos eram, talvez uns sessenta pares. Pena, se eu não morasse tão longe, teria levado todos.

GORE VIDAL: A história de Doris Stein sobre a última vez que viu Ann Warner é magnífica. Doris estava dirigindo seu carro e passou pela casa de Ann, como já tinha feito algumas vezes. Doris disse: "Os portões viviam sempre fechados. Não havia como entrar em contato com Ann". Mas, naquele dia, eles estavam abertos. "Parei e entrei", Doris disse.

"E lá estava Ann, gordona, olhando. Num carrinho de golfe. E só. Passeava por ali num carrinho de golfe. Quando passou por mim, ela disse: 'Oi, Doris'. Respondi: 'Oi, Ann'. Ela seguiu em frente. Me virei e fui embora", Doris disse. Só deu uma passada.

PATRICK FOULK: Estive lá algumas vezes antes de Jack ser hospitalizado. Naquela época, ele não era mais o idiota que tinha sido quando estava no poder. Odiava a ideia de morrer. Então nós nos aproximamos um pouco mais. Aí, depois que Jack se foi, Ann ficou com um casarão e um batalhão de gente, mas era muito solitária. Continuei a ir lá, e ela propôs que eu morasse na casa. Foi o que fiz pelos doze anos seguintes.

Certa vez Cary Grant ligou e disse: "Annie, vamos embora dessa maldita cidade. Vamos para algum lugar onde você fique à vontade e se divirta um pouco". Isso foi cerca de um ano antes que ele morresse. Mas Ann tinha muita consciência de seu papel como a sra. Warner. Era capaz de passar a noite acordada e dormir de dia. Havia dias em que eu nem a via, mas sempre falávamos por telefone. Às vezes eu dormia no andar de cima, no quarto de Jack, só para ficar por perto. Podia acontecer um terremoto ou um temporal, então conversávamos e nós dois nos sentíamos melhor.

Ela era incrivelmente corajosa, mas precisava de uma espécie de segurança. No último ano, ou nos dois últimos, quando ela estava com diabete, as enfermeiras ficavam lá 24 horas por dia, aplicando insulina. Mas seu quarto não parecia o quarto de doente: todo mundo era muito animado, e Ann também.

JAN IVAL: Trabalhei como mordomo e motorista da sra. Warner durante doze anos. Eu tinha uma casinha nos fundos, com as janelas dando para o monte, podíamos ver cervos e coiotes. Venho de uma família espanhola muito ilustre no Chile, bem mais ilustre que os Warner. Ela adorava isso. Contava casos de sua juventude numa fazenda do Sul, mas acho que era invenção dela. Pintava sua vida como uma cena de *...E o vento levou*. Tinha uma personalidade explosiva.

Saíamos para jantar quase todas as noites. Uma vez estávamos indo a um lugarzinho sobre o qual ela lera nos jornais: ficava bem afastado da cidade, e ela quis parar e pedir informações. Falei: "Não estamos perdidos e não vou parar". Então ela abriu a porta do carro e tentou saltar. Tive de agarrá-la pelo braço e puxá-la para dentro.

No começo, a sra. Warner tinha medo de que as pessoas vissem como ela estava. Então percebeu que ninguém a reconhecia e não ligou mais. Às vezes, se fôssemos a um restaurante elegante ou a algum lugar onde ela não queria se identificar, eu fazia a reserva em meu nome e ela me passava o dinheiro por baixo da mesa para pagar a conta.

Uma vez, estávamos na Third Street e a sra. Warner viu um homem com chapéu de cozinheiro. Ela disse: "Olhe! Deve ter algum restaurante aqui por perto". Então fizemos o retorno e havia mesmo um lugarzinho na rua transversal. Era meio escuro e simples, mas muito asseado. Todas as mesas estavam ocupadas, mas havia um balcão no fundo, com um expositor com asas de frango e purê de batata. A sra. Warner disse ao homem atrás do balcão que queria asinhas. Ele respondeu: "Primeiro você tem de pagar". Então fui até o caixa e a mulher disse: "Mostre seu cartão da Assistência Social". Era um restaurante para pessoas de baixa renda. Então fui até a sra. Warner e a arrastei para fora dali. Ela disse: "Mas a comida era bonita e as pessoas pareciam estar gostando".

E eu falei: "Aqui é um restaurante popular, onde a senhora precisa apresentar seu cartão da Assistência Social. Não me parece muito correto que a sra. Jack Warner coma aqui". Ela disse: "Quero as minhas asinhas de frango". Então eu a conduzi até o carro, voltei ao restaurante, apresentei meu cartão, paguei um dólar e dei as asinhas para ela.

A última vez que a levei ao hospital, passamos por uma pequena lanchonete. A sra. Warner disse: "Vamos entrar". Pediu uma porção de feijão com chili, que estava muito apimentado. Havia uma jarrinha de creme para o café, e ela despejou por cima do feijão. Então me disse: "Talvez seja minha última refeição". Ela mantinha o senso de humor, mesmo sabendo que não ia viver muito mais.

LOUIS ROSNER: A sra. Warner estava na UTI do Cedars-Sinai, com uma doença pulmonar rara, e a certa altura a pergunta era: "Ainda temos esperança?". Eu queria continuar a lutar por ela, mas sua filha Barbara tinha assinado uma ordem para não ressuscitá-la. Protestei com o médico encarregado, o dr. Mills. Ele achava que seria uma tortura desnecessária enfiar tubos pela garganta dela e pôr todas aquelas coisas nas veias enquanto a sra. Warner respirava artificialmente.

JACK WARNER JR.: Quando Ann morreu, em março de 1990, saiu um necrológio no *Los Angeles Times*. Quem o redigiu não a conhecia, e publicaram o retrato de alguma outra senhora. Não sei quem era. Então liguei para a editora da seção e perguntei: "Quem é a mulher que vocês puseram no texto sobre Ann Warner?". Ela falou: "Não sei". "Então é melhor verificar, porque com certeza não é ela." A única coisa que a editora disse foi: "Ah, meu deus".

BARBARA WARNER HOWARD: Uns dois meses depois, fui visitar o túmulo de mamãe para ver como estava. Quando estava saindo do cemitério judaico, vi uma capela particular com uma enorme bandeira nazista. Achei que estava sonhando. De repente me assustei, porque o cemitério estava totalmente deserto. Então contornei a capela e, do outro lado, havia uma equipe de filmagem e mesas de piquenique. Rodavam um filme e haviam alugado o local. Voltei ao escritório central e acho que nunca fiquei tão furiosa. Falei: "Não me interessa quanto estão pagando, vocês não podem deixar que profanem um cemitério judaico hasteando uma bandeira nazista!". Ao mesmo tempo, foi cômico. Melhor do que um filme de Mel Brooks.

III. JANE GARLAND

Pacific Coast Highway, 22 368, Malibu

ED MOSES: Em 1957, eu fazia pós-graduação na Universidade da Califórnia em Los Angeles, a UCLA, e precisava de um bico para viver, assim fui ao escritório de empregos para estudantes. Eles tinham aquelas fichas para a gente consultar e escolher alguma coisa. Eu sempre ia direto para a seção médica, para a parte dos malucos, tentando encontrar alguma coisa diferente. Eu me interessava por qualquer coisa mais esotérica.

Havia um trabalho que parecia interessante. A pessoa devia procurar um certo dr. Judd Marmor no pavilhão de neuropsiquiatria na UCLA e apresentar suas credenciais e habilitações. Eu não sabia nada a respeito dele. Combinei um horário e ele explicou a situação. Uma mulher havia entrado e saído de várias instituições mentais, mas não era uma situação de crise, e agora era hora de ela deixar a ala neuropsiquiátrica. Ele descreveu o caso numa linguagem muito velada. Não me deu quase nenhuma informação. Eu receberia dois dólares por hora, algo assim, o que era um bom valor se comparado a qualquer outro serviço que se podia conseguir naquela época. O dr. Marmor disse: "Essa moça tem sérias perturbações. Você acha que dá conta de levá-la para jantar fora e ficar na casa da família dela em Malibu durante a noite e nos fins de semana?". Naquela época, eles estavam fazendo experiências com esquizofrênicos na Inglaterra — em vez de trancafiá-los numa cela, deixavam-nos sair para ter contato social, ir dançar e interagir com o chamado "mundo real". A teoria era que, se eles fossem apresentados a uma estrutura familiar "normal" ou "natural" por pessoas pagas para essa função, que não criassem muito alarde e só fizessem o que os pacientes queriam fazer, aos poucos iam se recuperar e voltar à nossa realidade.

Quando estive na Marinha durante a Segunda Guerra Mundial, fiz treinamento como técnico cirúrgico no Hospital Naval de San Diego. Uma parte dele consistia em passar por várias áreas médicas — psiquiatria, urologia, cirurgia geral, cirurgia craniana. Trabalhei em quatro ou cinco cirurgias intercranianas com uma serra de Gigli, abrindo orifícios na cabeça. Eu me achava o máximo. Podia operar com qualquer cara desses e eu saberia o que eles estavam fazendo antes que eles mesmos soubessem. Trabalhei algum tempo na ala de meningite espinhal e em todas as outras. Tinha alguma experiência nas alas psiquiátricas. Achava que conhecia muito bem os outros — quem melhor para cuidar dos doidos e malucos que davam medo em todo mundo menos em mim? Era nisso que eu pensava. E meu chapa Walter Hopps também. Às vezes ele se apresentava como Chico. Só doidos como nós saberiam lidar com doidos de verdade. Falei: "Ah, claro, é bem a minha praia". Judd Marmor sabia reconhecer um trouxa à primeira vista.

CRAIG KAUFFMAN: Conheci Ed Moses na faculdade, e um bando de outros artistas. Walter e Billy Al Benston, John Altoon, Bob Irwin e assim por diante. John Mason e esse povo todo. Depois Ken Price. Éramos os caras da faculdade — a garotada da escola de arte. Você deve saber que Walter fazia colagens fotográficas. A gente ia para aquelas áreas detonadas e ele tirava umas fotos. Naquele tempo devia ter uns cinquenta bares na rua 5. Bares, putas, coisa e tal. Tinha umas apresentações tipo pornô leve na Main Street. A gente foi a algumas. As garotas não tiravam toda a roupa. A gente via os peitos, se tanto. Walter tirava algumas fotos dessas garotas e punha em algumas colagens.

ED MOSES: Conheci Walter por meio de Craig Kauffman, que estudava pintura na UCLA na mesma época em que eu estava lá. Foi no começo dos anos 1950. Craig me levou ao Syndell Studio, aquela galeria pequena que Walter e Jim Newman tinham aberto com um cara chamado Ben Bartosh. E tinha aquela garota superbonita que trabalhava lá. Anos depois, ela pirou: se matou e foi dureza para todos nós. Craig e eu ficamos com ela; naqueles tempos, a gente repassava todo mundo — éramos muito generosos —, mas Jane Garland nunca. Era pirada demais.

JIM NEWMAN: Eu conhecia Walter como Chico. A gente ficava no mesmo dormitório em Stanford. Walter era magro e alto, talvez mais de 1,80 metro, e usava óculos de armação escura. Andava muito ereto, devagar, mas com leveza. Empregava expressões e palavras cuidadosamente escolhidas — na verdade, sua fala era impecável. Ele fazia você se sentir a pessoa mais importante no pedaço.

WALTER HOPPS: Uma vez conheci uma garota chamada Dominique. Ela criava umas roupas de tricô bem estilosas para a Jax de Beverly Hills — você lembra desse lugar? Passou a fazer isso para clientes como a sra. Lennie Hayton e Eva Maire Saint, as roupas caíam muito bem nelas. Dominique era muito boa na-

Ed Moses.

quilo, e inventou todo um estilo de blusas de tricô. Na época beat, algumas mulheres usavam camiseta masculina cavada, sem sutiã nem nada por baixo, o que era o maior barato para a gente. Era um show gratuito, sabe como é. Dominique foi uma garota muito dinâmica naqueles anos. Ela estava com um cara chamado Bob Jones, que era um bom enxadrista amador e um dia me serviu de conselheiro nas partidas que eu jogava com Marcel Duchamp.

Bem, seja como for, Bob Jones também fazia pós em psicologia na UCLA, coisa que eu nem sabia. Ele era namorado de Dominique, mas estava sempre longe, sempre ocupado com o xadrez ou com os estudos, e eu só sabia como as coisas estavam pelas notícias que Dominique me dava de vez em quando, quando dizia que Bob estava com um trabalho esquisito e tinha de se ausentar mais do que o normal. Um artista amigo meu, Ed Moses, que estava na faculdade na mesma época, começou a me falar desse trabalho incrível que ele tinha arrumado. Descobri então que era o mesmo de Bob.

Ed Moses era, de alguma maneira, o intermediário para recrutar a moçada para trabalhar como assistente psiquiátrico com uma paciente muito estranha em circunstâncias altamente incomuns. Ed e Bob não podiam dar muitos detalhes — referiam-se a ela apenas como "o caso". Mesmo assim, o que fiquei sabendo me deixou muito interessado.

Para os estudantes daquela época, o pagamento era incrível. Acho que dois ou três dólares por hora. Ed falou que eu devia procurar o psiquiatra encarregado do caso. Disse que estavam precisando de rapazes, e não era necessário ter prática como assistente psiquiátrico nem como atendente hospitalar. Eu seria examinado por um médico na unidade psiquiátrica da UCLA, para ver se servia para a função, e depois receberia mais detalhes. O psiquiatra era Judd Marmor. Depois vim a ouvir muitas coisas sobre ele. Fiquei sabendo que era tido como o mais brilhante da sua geração, e uma das suas principais propostas era retirar a homossexualidade da lista de patologias.

Liguei para o dr. Marmor, marquei um horário e num final de tarde apareci na casa dele em Bel Air. Um rapaz, seu filho, me deixou entrar. O dr. Marmor apareceu e se desculpou porque estava ao telefone. Fizemos a entrevista e ele explicou as circunstâncias do caso e o que se podia esperar. Então me fez falar um pouco sobre mim mesmo. Como eu já conhecia psiquiatras em termos pessoais e profissionais, percebi que estava sendo cuidadosamente examinado.

Walter Hopps.

Meus pais eram médicos. E durante algum tempo, quando eu era criança, minha mãe esteve muito doente. Meu pai me falou que ela ia morrer e me levou para vê-la no quarto. Lembro que ela estava inconsciente ou dormindo, e gravei bem a brancura de tudo aquilo. A terrível lição que aprendi foi que meu pai tinha esse tipo de controle sobre a vida ou a morte de todos nós. E isso parecia lhe dar poderes que ultrapassavam o poder de pai, de ser maior e mais velho — todas essas coisas que as crianças pensam. Médicos podem nos curar e nos devolver a saúde, mas desde cedo tive uma ideia muito clara de que ele estava, ou parecia estar, encarregado da morte.

Então o dr. Marmor explicou um pouco mais sobre o caso. Era uma moça de vinte e tantos anos que tinha uma forma incomum de esquizofrenia. Normalmente, era o tipo de pessoa que seria internada, e de fato ela já tinha ficado na clínica de Menninger em maio de 1955. Mas um dos aspectos da sua síndrome específica era, por razões que ele não explicou, que as enfermeiras ou qualquer pessoa de aparência institucional agravavam muito seu estado. Ele disse que, com essa paciente, havia o risco de… Bem, digamos assim: com atendentes que se comportavam como era praxe num ambiente institucional, ela entrava num estado de involução. Ele também disse que a moça era filha de uma família muito rica. Era uma verdadeira história de Hollywood. William Garland, construtor de estradas de ferro e dono de imóveis em LA, conheceu uma jovem chamada Grace, que eu soube que tinha sido Miss Cleveland em 1912. Parece que a moça tinha aspirações hollywoodianas. Supostamente chegara à Costa Oeste trazida por Sam Goldwyn. Garland se casou com ela e tiveram uma filha chamada Jane.

ED MOSES: Grace Garland era muito atraente, até onde sei. Ela queria ser artista de cinema, rica e famosa. Aquelas garotas que apareciam na Costa Oeste sonhavam em ser tão famosas como Lana Turner ou Ava Gardner, a mais fabulosa de todas. Grace talvez até tenha feito um teste, pois tinha sido Miss Cleveland. É difícil saber se era feliz. Os caras que essas mulheres encontram são difíceis, e ela provavelmente era uma neurótica de carteirinha.

WALTER HOPPS: Grace, a mãe, que era viúva quando conheci os Garland, tinha recursos para bancar algo muito incomum. Era uma experiência, pelo que me explicou o dr. Marmor, que consistia em tentar construir uma versão ou um simulacro do que seria a vida para uma pessoa da idade e na posição de Jane, se não estivesse tão seriamente doente. Fomos avisados de que as reações dela a mulheres, principalmente jovens, eram tão fortes que ela só podia ter a companhia de homens. Eles recebiam orientação sobre a conduta que deviam adotar e como garantir a segurança dela. Durante a conversa, o dr. Marmor explicou que podia acontecer de tudo — ela era muito inteligente, mas muito doida, e apresentava um comportamento infantil. A mãe morava com ela, mas vivia apavorada. E não foi difícil entender por quê.

No fim, o dr. Marmor considerou que eu estava apto e combinamos os detalhes. A última questão era ver como Jane me receberia. Ela podia me rejeitar e, nesse caso, seria inviável prosseguir. Isso se saberia bem depressa.

Vi que tinham montado um programa de atendimento 24 horas na casa, dividido em quatro turnos com cinco ou seis rapazes, eu era um deles. Precisava haver gente de reserva para quando alguém faltava e para os fins de semana. Sempre precisava ter pelo menos um atendente psiquiátrico na casa com ela. Além de recebermos uma soma razoável por hora, Jane devia levar uma vida no estilo compatível com seus recursos. Quando saíamos com ela, todas as despesas eram cobertas pela sra. Gardner. Além disso, os atendentes, no final do turno, deviam recolher qualquer texto ou desenho que Jane tivesse feito e redigir breves relatórios sobre seu comportamento. Faríamos reuniões semanais com um dos dois psiquiatras encarregados do caso. Vim a perceber que, de certa forma, nós também recebíamos um atendimento, como se estivéssemos consultando um psiquiatra. Nos melhores hospitais de doenças mentais, era praxe que todos os atendentes, enfermeiras e médicos passassem por sessões pessoais para avaliar sua saúde mental. Essa situação de tensão mental e emocional tão incomum afeta as pessoas que estão ali para ajudar. Era de fato uma experiência extraordinária.

Ah, a parte importante que esqueci: o dr. Marmor me explicou que eu devia prestar atenção nos relacionamentos que a paciente desenvolvia com os atendentes. Com cada rapaz que estava lá, havia uma possibilidade diferente de fantasia na vida mentalmente perturbada que ela levava. Teria eu escrúpulos quanto a isso? Estaria disposto a experimentar? A certa altura, ele me disse que meu próprio comportamento, meus costumes, minha ética e meus padrões morais deveriam me orientar durante o trabalho. Em outros termos, o dr. Marmor estava me perguntando se, embora tivéssemos nosso trabalho a fazer, poderíamos pensar na moça da mesma forma como pensávamos em qualquer outra garota que conhecíamos. Estaríamos por conta própria, desde que as regras fossem seguidas. Ele falou com muita clareza que, estando lá, teríamos de fazer nossas próprias escolhas e ao mesmo tempo seguir o que ela dizia.

Creio que o dr. Marmor não estava preocupado que algum de nós tomasse qualquer iniciativa. Claro que ele alertou sobre o que, na área, chamam de "instrumentos cortantes", isto é, objetos perigosos: facas, tesouras, picadores de gelo, cacos de vidro. Qualquer coisa com a qual ela pudesse se ferir devia ficar trancada. Na verdade, esses "instrumentos cortantes" apareciam rotineiramente, mas de uma maneira que não assustaria ninguém, a menos que fosse um cara nervoso. Tenho certeza de que alguns se assustaram. Os termos do serviço me interessaram, fiquei fascinado pelas descobertas que teria à minha frente.

Naquela época, Ed Kienholz e eu tínhamos aberto a Ferus Gallery e era basicamente ele que tocava o negócio. Volta e meia eu largava os estudos para ganhar alguma grana. Não me preocupava muito com o tipo de trabalho que teria de fazer, então peguei esse serviço para me sustentar. Assim começou um ano extraordinário na minha vida.

ED MOSES: Quando conheci Jane Garland, ela ainda estava confinada no último andar da ala psiquiátrica da UCLA. Eu ia pegá-la lá pelas onze e meia da manhã, almoçávamos e voltávamos por volta das quatro. Eles a traziam, ela me via chegando e dizia "Oi", com o cabelo enrolado e meio espetado. Acho que era morena, talvez um pouco ruiva. Imagino que não tinha mais que 24 ou 25 anos. Possuía um vocabulário básico e usava muita linguagem corporal. Variava a maneira de andar: podia dar passinhos rápidos e minúsculos, andar na ponta dos pés, inclinar-se um pouco para a frente ou se encolher. Não era feia, de jeito nenhum, mas não se cuidava. Tinha muitos poros em volta do nariz. A pele era áspera, avermelhada e um pouco manchada, mas ficaria boa com um pouco de cuidado. O nariz não era perfeito, mas todo o resto era bonito. Tinha os tornozelos um pouco grossos, mas era alta, forte e robusta. Não gostava de tomar banho. A mãe a levava a um salão onde a depilavam. Ela voltava com as pernas cheias de pontinhos vermelhos bem pequenos.

Depois, Jane obteve permissão para passar os fins de semana na casa da mãe em Malibu. Ficava bem na Pacific Coast Highway. A cada quinze dias eu pernoitava lá na sexta e no sábado e voltava para casa no domingo. No começo era divertido. Às vezes íamos a algum lugar para dançar. Às vezes íamos ao cinema. Às vezes eu a levava para ver alguns amigos meus, que eu já tinha prevenido, claro. Craig Kaufmann era totalmente fascinado por Jane, totalmente fascinado. Eu combinava com diversos caras diferentes, para variar um pouco. Não queria ficar com toda a carga do serviço e queria ver o que acontecia com os outros. Eu dizia explicitamente do que se tratava, mas ficava um pouco envergonhado. Esses caras não entendiam como eu podia fazer uma coisa daquelas. Diziam: "Cara, você toma conta dessa garota!". Walter, claro, adorava.

WALTER HOPPS: É estranho, mas a lembrança do meu primeiro contato com a casa é muito vaga. É como tentar lembrar o primeiro contato que você teve com um primo da sua idade. A amizade ou algum relacionamento podem estar bem gravados na memória, mas o primeiro encontro é difícil lembrar. Então, mesmo naquelas circunstâncias, o ambiente, a mãe, a garota ficam muito apagados pelo que veio depois. Não lembro ter sentido nenhum nervosismo especial quando fui até lá. Estava realmente curioso. Lembro da longa estrada litorânea de Santa Monica até a Malibu Colony. Era um fim de semana, sem dúvida. Era uma casa de praia grande, ao estilo mediterrâneo californiano, que ficava naquele setor que se estreita na Pacific Coast Highway e dá de frente para o oceano. Azulejos espanhóis, paredes caiadas, buganvílias subindo nos muros. Entradas em arco, portas de madeira maciça, armações de ferro batido. Nos jardins, uma sensação imediata de quietude. Sempre é assim durante o dia nas casas de praia daquela área, um silêncio muito profundo entre o som das ondas se quebrando. Outra característica que qualquer californiano que passa algum tempo na beira do Pacífico percebe é que a luz é diferente. Os olhos sentem a pressão. Nunca experimentei isso na outra costa.

A casa tinha uma configuração curiosa — eram pelo menos três andares, que eram desemparelhados e se afunilavam: um avançava para a praia e os mais altos para a estrada. À esquerda, ficava um pátio pequeno com buganvílias e uma área ao ar livre com forno a lenha, onde dava para comer mas que não era usada. No térreo, tinha uma sala de estar com janelões com vista para o mar. Havia também uma espécie de saleta de leitura com biblioteca e uma sala de estar mais interna com um pianinho de cauda. Também uma sala de jantar. A casa estava cheia de coisas do final dos anos 1920, então tinha aquele ar de antigamente, com grandes vasos de folhagens nos cantos, peças estranhas de ferro batido e o que mais você imaginasse. Ao percorrer a casa, podia-se encontrar todos aqueles objetos de colecionador das lojas da Melrose Avenue. Não estou falando de antiguidades nem de objetos de decoração extravagantes, mas a casa tinha um ar retrô e haviam investido ali dinheiro suficiente para mobiliá-la e deixá-la bem equipada. Bem, dá para dizer que era pouco iluminada, mas entrava sol e algumas janelas davam para o oceano. A atmosfera era sombria, não tanto a aparência. A família era muito católica — contruíram uma capela esquisita na casa, às vezes eu via Jane ajoelhada, rezando.

A mãe levava a vida dela no último andar. Tinha sua própria sala de estar, dormitório e banheiro. Havia algumas janelas com vista para o mar. Quando se recolhia à noite, trancava-se como num cofre, e eu ficava sozinho na casa com Jane. Dormíamos no segundo andar. O quarto de Jane tinha uma cama de casal macia, armários transbordando de coisas e um banheiro que a empregada tinha um trabalhão para deixar em ordem.

ED MOSES: Havia uma torrezinha no alto da casa, como um castelo espanhol. Era um lugar de ricaços, mas era muito simples e antiquado, e a sra. Garland tentava alegrar aquele ambiente meio espanholesco de Beverly Hills com montes de frufrus e todos aqueles detalhes e miudezas com que as pessoas decoravam esses lugares. Tinham um quadro horroroso na sala de estar, acima da lareira, de uma mãe com a filhinha no colo, aquela coisa sentimental e piegas da mamãe-ama-filhinha-e-filhinha-ama-mamãe. Walter e eu abominávamos aquela pintura à la Gainsborough, um troço oitocentista.

Havia uma lojinha no Wilshire Boulevard chamada Taffy's — você conheceu? Tinha todos esses tecidos esquisitos, a loja em si parecia uma almofadinha de pó de arroz. A sra. Garland decorou o quarto de Jane com essas coisas. Era cor-de-rosa listrado. Não

A casa Garland em Malibu.

tinha a cara de Jane. Não tinha nada pessoal, nenhuma boneca ou roupa velha, nada do gênero — era vazio, muito árido. Parecia um quarto de hotel, pelo que me lembro.

A sra. Garland tinha um auxiliar que a levava para passear numa perua, provavelmente um Pontiac ou Oldsmobile, algo assim. Para sair com Jane, eu tinha de usar meu próprio carro, um calhambeque. Tive muitos carros ao longo do tempo. Uma vez tive um Chrysler conversível antigo, depois um Ford 1936, depois um Chevy 1941. Talvez na época fosse o Chevy.

WALTER HOPPS: Grace Garland era do tipo glamoroso e basicamente não sabia fazer nada; deixava Jane aos cuidados do caseiro e da cozinheira. Não cozinhava nada — acho que nem sabia ferver a água para o café. A cozinheira e o caseiro, que eram um casal, passavam lá boa parte do tempo, e creio que tinham um quarto em algum lugar do térreo. Às vezes pernoitavam, mas acho que preferiam sair sempre que podiam. Faziam as compras e a comida, e nós é que levávamos Jane para seus compromissos, sobretudo as consultas médicas, e os passeios. Ela ia ao psiquiatra umas duas vezes por semana. Às vezes os médicos é que iam até a casa.

Devíamos sair com Jane como se ela fosse uma de nós — éramos rapazes da idade dela, então não haveria nada de estranho nisso. Santo deus, a gente levava Jane ao boliche, era uma doideira. Aconteciam umas maluquices. A primeira vez que fomos, nem nos preocupamos em marcar os pontos nem nada, era só rolar a bola. Jane ficava olhando e de vez em quando ia jogar também. Ela não lançava a bola na pista. Segurava, girava o braço, soltava a bola no alto e ela descia quebrando as coisas. Paf! O gerente ficava furioso. Logo aprendi que, quando as coisas saíam assim do controle, era só pôr na mão do coitado a nota de vinte dólares que a mãe dava para o dito "passeio" e sair de lá. "O que foi isso? Ela é louca?", perguntavam. A gente respondia: "Olha, ela não está muito bem hoje. Toma aqui, desculpe pelo incômodo". E pronto. A gente ia almoçar ou jantar, hambúrguer ou qualquer coisa, e de repente ela pegava o prato cheio de comida na mão direita e atirava com toda a força no chão. Eu pensava: "Ah, deus, vamos embora. Vamos tentar em outro lugar".

Era uma situação fora do comum. Dava para ver que Jane tinha sido uma moça muito atraente, mas estava muito gorda. De vez em quando entrava escondida na cozinha e comia uma baguete inteira de pão ou uma torta. Deviam trancar a geladeira. Trancar a cozinha toda. Mas estavam tentando fazer com que ela levasse uma vida normal em casa. Ela era flácida e disforme. Fisicamente estava um caco, e parecia mais velha do que era. Quem a visse na rua diria: "Jesus, que quarentona mais disforme". Era como se ela tivesse levado uma vida muito difícil. Tinha olhos grandes e bem castanhos. Acho que o cabelo também era castanho, mas ela andava com aquela juba desgrenhada tingida de louro, um louro metálico, oxigenado. Devia ter pelo menos 1,70 metro de altura — era grandona. Tentava se arrumar, de um jeito meio excêntrico, mas tentava, vivia tentando. Tipo, estava com um vestido de verão e aí calçava uns sapatos pretos de salto alto que eram apertados demais — por alguma razão misteriosa, Jane adorava usar salto alto. Não parecia atraente no sentido normal — parecia Anna Magnani sem o estilo. Alguém certa vez disse que Magnani parecia um saco de batatas. Tinha sempre algo fora dos eixos com Jane. Você percebia quando ela estava agitada. Ficava dando palmadas nas pernas, não muito fortes, mas meio batendo em si mesma ou se agredindo de alguma maneira. Às vezes, quando não estava muito bem e ia se maquiar, o batom borrava. A coitadinha começava a chorar, e a gente dizia para ela lavar o rosto e tentar outra vez. Procurávamos ser simpáticos e solidários. Uma das mulheres que trabalhava lá tinha a duvidosa honra de ajudá-la a tomar banho. Era dureza. A higiene pessoal dela não era maravilhosa, mas isso não me incomodava muito. Você acabava se acostumando.

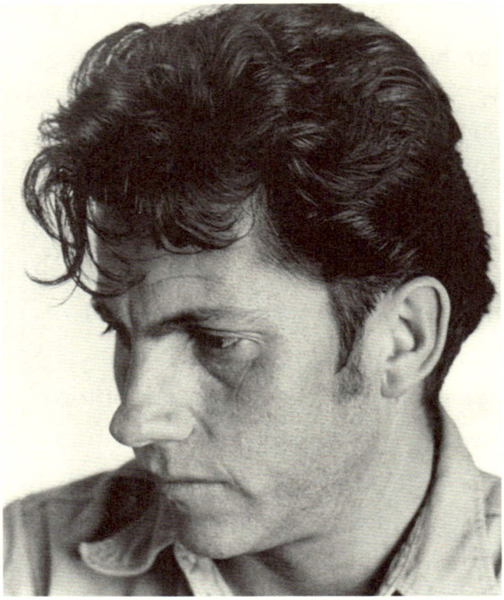

Ed Moses.

ED MOSES: Achei que eu estava preparado, mas Jane fazia coisas cada vez mais absurdas e tudo foi ficando mais difícil. Ela gostava de flertar e era toda sedutora. Levava isso muito a sério e, se eu a rejeitava, ficava nervosa.

Um dia, ela pegou uma tesoura e cortou todo o cabelo. A mãe encomendou uma peruca, um aplique que ela podia prender atrás, num pequeno rabo de cavalo. Algum tempo depois, ela ficou fula comigo — foi ao banheiro feminino e voltou com um sorriso idiota na cara. Tinha prendido o aplique no alto da testa, balançando na frente dos olhos, e parecia muito orgulhosa disso. Outra vez ela saiu do banheiro com uma boca pintada na testa, com batom. Eu não ia entrar na brincadeira. Jane era obcecada por sexo. E obcecada por mim. Quando ficava brava comigo, atirava sorvete em desconhecidos. Aí ela olhava para o outro lado e abria uma espécie de sorriso. Se nem assim eu desse bola, ela plantava bananeira no restaurante com seu vestidinho curto de verão sem nada por baixo. Então voltava a ficar de pé, olhava para mim e dizia: "Que tal?". O gerente e os garçons passavam e ela estava de ponta-cabeça sem calcinha, fazendo um movimento de tesoura para manter o equilíbrio. Os garçons não falavam nada. Eu dizia: "Uau! Impressionante, Jane! Você fica de ponta-cabeça sem calcinha!". Ela dava um sorriso meio malicioso. Era como se estivesse tirando um sarro. Jane dava esses sorrisos enigmáticos incríveis. Tinha uma alegria toda própria.

Walter sempre foi muito discreto, mas curioso sobre toda a coisa Garland, enquanto eu ficava pulando feito gato, por todo lado. Quando Jane conheceu Walter, a primeira coisa que ela perguntou foi: "Você é macho ou também precisa de alguém para cuidar de você?". Claro que isso só atiçou o interesse dele. Walter era de fato fascinado por ela. Ele mesmo estava a meio passo de pirar. Ou menos. Jane era mesmo interessante para quem, como a gente, gostava do irracional e não dava muita importância à racionalidade e às atitudes convencionais. Todo mundo quer ser sensato, mas Walter não estava nessa, nem eu. Ele tinha verdadeira adoração por outras zonas, então Jane era simplesmente perfeita. Ele era muito coerente e muito atencioso com ela. Tinha uma vontade genuína de estabelecer contato.

WALTER HOPPS: Grande parte do comportamento habitual de Jane era infantil. Não do tipo gugu-dadá, mas o misto de espontaneidade e inocência de uma criança de nove anos. Não consigo imitar o jeito como ela falava. Era uma espécie de fluxo de consciência vindo de algum lugar, então ela caía nesses momentos de grande clareza e parecia totalmente normal e lúcida.

Jane entrava e saía desses estados. Às vezes desenhávamos juntos, só para que ela se envolvesse com alguma coisa, para não ficar no sofá se embalando, para que saísse daquilo. Vez ou outra ela entrava num tipo de mundo quase autista, mas desenhar ajudava. Fazíamos umas coisas doidas juntos. Eu dizia: "Vamos desenhar monstros" ou qualquer outra coisa, como se falasse com uma criança. O que eu fazia com ela era transformar a arte num troço realmente assustador. Era esse o exercício. Queria ver como seriam os demônios que ela desenharia. Em geral, ela só fazia números. Era uma aritmética estranha, umas sequências numéricas malucas, repetindo sem parar. Por vezes — é de dar dó — ela fazia uma espécie de desenho infantil de uma mulher deitada, morta, assassinada. Ela pegava esses desenhos e escondia nos vasos da casa. Acho que tenho um guardado em algum lugar. Certa ocasião ela pegou alguns dos meus e os escondeu sem que eu soubesse. Um dia Ed Moses encontrou um maço deles e disse: "Você acredita no que ela fez aqui? Veja só!" e "Cara, que coisas mais terríveis e esquisitas!". Não tive coragem de dizer que eram meus. Entreguei alguns desenhos dela aos psiquiatras, que queriam ver o que Jane fazia. Em geral, era uma coisa muito triste, como se ela estivesse trancada em algum lugar, lá dentro de si, e não conseguisse sair.

De vez em quando, Ed e eu víamos TV com Jane. Ela gostava de Elvis Presley no *Ed Sullivan Show* e coisas do gênero. Às vezes punha uns discos para tocar e tínhamos de dançar com ela. Para Jane, dançar era qualquer coisa desde ficar girando no mesmo lugar ou inventar versões bizarras de twist, até andar dura como um robô pela sala. O que desse na telha, entende? Com um pouco de imaginação, dava para entrar na dela. Em casa era desenhar, dançar, ouvir música, ver televisão. Também tentávamos levá-la à praia, para sentar na areia e tomar um pouco de sol, porque ela andava muito pálida. Não devíamos entrar no mar porque nenhum de nós saberia lidar com a situação se ela tivesse algum problema lá. Acho que ela tampouco queria. Talvez tivesse medo. Andava um pouco na beira d'água, mas geralmente estendíamos um pano, deitávamos na areia com roupa e tudo, comíamos algum salgadinho ou algo assim.

Ed, eu e um dos outros caras, não lembro quem, levamos Jane à Disneylândia. Moses tinha um pouco de maconha e fizemos uns baseados. Foi a única vez que estive lá, e não preciso voltar nunca mais. Para mim, foi a maneira certa de visitar o lugar. Chapado, na companhia de uma esquizofrênica encantadora, que estava adorando tudo aquilo — essa é a única maneira de aproveitar a Disneylândia. A coisa toda encantou Jane: as pessoas, o ar livre, topar com Mickey, Pateta, Pato Donald, todos aqueles lugares e atrações estranhas. Com seu jeito infantil, ela gostou muito — não me lembro suas atrações preferidas, mas sei quais a assustaram. Tinha uma sala grande e escura em formato hexagonal, aparelhada de um equipamento de projeção muito sofisticado. A gente sentava em bancos no centro da sala, enquanto projetavam seis filmes diferentes, um em cada parede, ao mesmo tempo, de modo que você tinha um Carlitos aqui, W. C. Fields ou qualquer outra coisa ali, e ficava olhando de um para outro. Claro que adorei essa montagem. Para mim, foi a coisa mais interessante em toda a Disney. Era louco ter seis filmes passando ao mesmo tempo. Não deu para ficar o quanto eu queria, porque aquilo incomodava Jane. Ela ficava se levantando e queria ir embora. "Não me ouviu batendo os pés?"

CRAIG KAUFFMAN: Nós três fomos com ela à Disneylândia. Acho que tenho umas fotos nossas lá na cadeia. Sabe, uma daquelas fotos falsas de prisão. Tínhamos nos enchido de martínis, visitamos as atrações e aquelas coisas. Mas eu, na verdade, não gostei, porque era... às vezes era deprimente demais. Tipo, ela arrancava o vestido e entrava correndo na multidão, coisas assim. Mas Jane adorava Walter e adorava Ed. Era como se Walter fosse o pai e Ed, o namorado. Quando saía comigo, ela sempre dizia a todos que estava tomando conta de mim. Eu era meio doidão naquela época. Sabe, eu gostava dela de verdade. Mas, pense bem, estou dirigindo, então ela acende um cigarro e aumenta o volume de uma música do Elvis. Põe o rádio no máximo, certo? Bem, eu me atrapalho fácil. Walter não parecia se incomodar muito. Não sei por onde andam aquelas fotos agora. Adoraria ter uma delas. Talvez estejam com Ed Moses.

ED MOSES: Uns dois meses depois que comecei aquele trabalho, peguei Jane e ela estava descalça, então fomos até uma loja de calçados na rua 3 em Santa Monica. No começo, os vendedores vieram atender como se ela fosse uma pessoa normal, mas recuaram quando se inteiraram da situação. Procurei ajudá-los como podia, falando com Jane de uma maneira que mostrava indiretamente que eles estavam lidando com uma pessoa com problemas mentais. De início eles não entenderam, então tive de me esforçar e aos poucos foram percebendo. Jane nunca usava calcinha, e ficava lá sentada com as pernas abertas, o cara agachado ali, ela balançando os pés para a frente e para trás. Havia uma energia que ela precisava gastar de alguma maneira, então fazia esses movimentos estranhos. Vi umas botinhas e apontei. Ela só acenou de leve com a cabeça e se virou. Tinha achado bem bonitas. Eram muito macias, vermelho-escuras. Iam até o tornozelo e faziam uma curva na ponta, como se fossem de um elfo. Com um daqueles chapéus com pluma do lado, ia ficar uma Robin Hood. Não sei por que eu queria transformá-la nisso — era uma ideia meio esquisita. Retrospectivamente, nem sei por que escolhi aquelas botas para ela, só achei que era uma boa ideia, que poderiam animá-la um pouco. Toda vez que eu estava na casa, ela calçava aquelas botas. Ia se deitar com elas. Usou até se desfazerem, porque eu tinha comprado para ela. Dá até dor no coração quando você vem a conhecer uma pessoa que por fora parece uma tonta, mas você entende o que se passa dentro dela.

Jane nunca era perigosa para os outros, só para si mesma. E era bem perigosa. O que dava medo era que ela se esgueirava no meio da noite. Eu tinha um sono muito leve. Acordava com qualquer barulhinho — por causa dela. Eu ficava num quarto pequeno bem no alto da casa, e o quarto dela era logo abaixo. Mas Jane subia no meio da noite e ficava em pé me olhando — se apoiando ora num pé, ora no outro. Aparecia de camisola ou coisa assim. Não vinha nua. Não creio que se orgulhasse do corpo, e não estava se exibindo. Eu notava a presença dela, olhava para cima e ela estava me encarando. Eu dizia: "Ah, oi, Jane. Está procurando alguma coisa para comer? Quer um copo de água? Posso levar você para o quarto?".

Jane tinha pulado para fora do território onde costumamos nos mover. Possuía uma linguagem própria: uma mistura de ligações irracionais entre palavras e imagens, mas depois de um tempo você entendia. Era como ouvir alguém falando espanhol e de vez em quando sai alguma palavra que você reconhece. Ah, tá, entendi. Eu lembrava do escultor John Chamberlain, que gostava dos sons e da aparência das palavras, sem se importar com o sentido delas. Era uma coisa parecida — juntar palavras pelo som que elas formam. Mas talvez elas já estivessem juntas na imaginação dela. De vez em quando, Jane dizia aquelas coisas incrivelmente sucintas que iam direto ao ponto, e o resto do tempo era aquele palavrório meio inconsciente, aquela bizarra falação à toa. Havia algumas coisas que Jane dizia quando as coisas desandavam e ela estava à beira de se descontrolar. Uma das frases famosas era "Tem um rato no refrigerador". Significava que ia acontecer alguma merda, alguma merda grande. Não sei se algum dia ela realmente encontrou um rato, se pôs no refrigerador ou sei lá o quê, mas Jane dizia isso e eu pensava: Cacete, o que vai vir agora?

WALTER HOPPS: Eu estava estudando, então ia à casa Garland principalmente nos fins de semana e no turno da noite. Chegava às dez ou onze. Foi assim também quando já trabalhava na unidade médica da UCLA. Era um inferno. Cara, você fica tipo ligadão, porque precisa estar no serviço às onze da noite e se manter acordado até as sete da manhã. Às vezes era dureza, fazer o plantão da noite, sair e ir direto para a faculdade. Eu até dormia nos Garland, mas, deus do céu, ela levantava à noite e andava pela casa. Eu ficava deitado, cochilando, mas não pelado nem debaixo dos lençóis. Ficava de calça, camisa, os sapatos ao lado, pronto para levantar. Mas aí, de repente, eu abria os olhos e o rosto dela estava a dez centímetros do meu, me encarando, e eu tinha de levá-la de volta para a cama.

Um dia, de manhã cedinho, tendo certeza de que Jane ainda dormia, peguei o sedã Edsel novo de Grace Garland e guiei pela Pacific Coast Highway só para descarregar um pouco a tensão. Acelerei o filho da mãe até chegar ao limite do velocímetro: 180 quilômetros por hora. Conferi os pneus, estavam bons. Quando saía com Jane, eu sempre verificava se tudo estava nos trinques no carro, parando no primeiro posto por onde passava, para que nada desse errado.

ED MOSES: Fazia uns três meses que eu fazia essas visitas às Garland, na base de dois dias por semana, quando resolveram que eu estava indo tão bem que queriam que eu passasse para três ou quatro dias. Estavam procurando mais uma pessoa, e mencionei Craig Kauffman e outro cara, Allen Lynch. Os dois andavam insinuando que não se importariam em ter um bico como o meu, gostavam da ideia. Sugeri que se candidatassem. Craig durou duas visitas. Allen, uma — Jane descartou Allen depois de um encontro só. Simplesmente não gostou dele. Foi a mesma coisa com Craig. Na verdade, ele saiu com ela duas ou três vezes. Ele sempre se dispunha porque sempre queria uns trocos a mais. Mas Jane falou: "Craig é mais louco do que eu". Em certo sentido, era verdade. Mas ele era outro tipo de louco.

CRAIG KAUFFMAN: Jane foi um troço engraçado. A gente foi pobre por um bom tempo. Quer dizer, a gente pegava uma grana com os nossos pais, mas para fazer qualquer coisa a mais, era preciso descolar um dinheirinho extra. Então, quando ainda estávamos na faculdade, Jim Newman me envolveu nessa coisa com Jane, e também o Ed Moses. E a gente ficava... sei lá, umas doze horas, e aí ia embora, e depois mais doze horas. Não aguentei muito. Era dureza. Ela era jovem, mais ou menos atraente, e flertava com todo mundo quando saíamos, principalmente motoqueiros. Estava sempre com aqueles vestidos de alta-costura que a mãe comprava. Sua mãe tinha sido miss quando jovem e depois casou com um magnata do cinema. E era daquelas belezas fenecendo, sabe como é? Uma vez fui lá, tinha uns atores velhos do tempo do cinema mudo e estavam jogando bridge. Foi arrepiante. Arrepiante mesmo. É, acho que numa daquelas noites Buster Keaton estava lá, jogando bridge ou algo assim.

Eu ia até a mansão na praia em Malibu, pegava Jane e saía com ela. A gente almoçava em todos aqueles restaurantes, comia toda aquela comida, bebia aqueles martínis e tal. Ela se lambuzava e às vezes dava uma cambalhota. Fazia molecagens. Tipo quebrava coisas e tal. Nunca vi nada muito grave. Mas Ed e Walter viram. Ela dizia: "Tem um camundongo na geladeira! Tem um camundongo na geladeira!". E aí você sabia que ia acontecer alguma coisa de ruim. Não fiquei muito tempo. Achava deprimente, sabe?

Mas Ed e Walter pareciam lidar bem com a coisa. Walter era como um médico. Ele era do tipo bem analítico, entende? Ele me contou que, quando trepava com alguma garota, estava fazendo uma experiência consigo mesmo. Sentia o próprio pulso. Enquanto trepava. Não sei se era verdade, mas foi o que ele me disse. Entende o que quero dizer, sobre esse lado do Walter? Aquele controle, aquela qualidade analítica, levemente zen.

ED MOSES: Walter não aguentava muita pressão. Saía do ambiente ou subia para o quarto dele. Certo dia, Craig e eu fomos pegar Walter em casa para o café da manhã ou o almoço. Ele tinha um baú pequeno no quarto e tirou dali os sapatos, e vimos que lá

Craig Kauffman, 1958.

dentro também estava uma caixa com os anúncios de uma exposição que Craig e Wallace Berman tinham feito. Os anúncios mediam de dez a doze centímetros de altura por oito de largura, e traziam a imagem de um belo livrinho. Walter deveria ter enviado todos eles pelo correio, mas não foi isso que fez. Craig o agarrou pelo pescoço, pronto para esganá-lo. Eles levaram uma semana trampando naquilo, e Walter simplesmente não fez sua parte.

WALTER HOPPS: Eu gostava muito de Jane. Em algum lugar dentro dela existia uma pessoa boa, que já tinha sido muito atraente. Acho que Ed também gostava dela, em certo sentido, e levava tudo numa boa. Mas Ed se interessava por histórias dramáticas. Mentiu a idade para se alistar na Marinha, sabe? E até ganhou uma medalha. Estava em alguma cabeça de ponte no Pacífico Sul e chegaram à costa naquelas barcaças de desembarque militar, com os japoneses atirando e retalhando todo mundo. Ed topou com um médico que estava morto e ao lado dele tinha um cara com a parte de baixo do corpo esfrangalhada. Os intestinos saíam para fora e Ed ficou tentando desesperadamente enfiar tudo de volta. Claro que você fica traumatizado quando os outros estão sendo estraçalhados e você não — é muito duro para a psique. Você se pergunta por que não morreu também. Ed meio que surtou — talvez tenha se machucado um pouco — e foi mandado de volta com os feridos. Quando acordou, estava no hospital em San Diego com um trauma profundo. Mas sobreviveu.

Ed passou mais tempo do que eu com as Garland e conseguiu desencavar algumas histórias. Todos nós achávamos que a mãe era uma megera. Quando ela se ausentou, no passado, deixou Jane aos cuidados de algumas atendentes, e uma delas era muito cruel. E acho que foi por causa dela, entre outras coisas, que os médicos nos disseram que Jane tinha problemas com mulheres. Isso foi antes da nossa época, antes que a gente frequentasse a casa — Jane nunca me falou dessa mulher. Ed de alguma maneira conseguiu arrancar a informação, e tenho certeza de que Jane não mentiu.

ED MOSES: Por um tempo eu não sabia qual era o lance de Jane. Ela era muito esperta, mas muito brava. Sempre fazia algum comentário engraçado e indireto. Só depois que vim a conhecê-la melhor é que consegui entender. Não sabia se sua insanidade era genuína, causada por uma situação de vida muito difícil, ou se algum fator genético tinha provocado aquele comportamento esquizofrênico. Será que ela possuía um tremendo bloqueio interno ou havia passado por algum grande problema e seu grau de resistência era muito baixo? Ou talvez o problema fosse tão grande que qualquer um surtaria. Lembro que, quando estava no serviço militar, vi uns caras que não encaravam a pressão que outros aguentavam. Trauma de guerra. Ela não me parecia uma esquizofrênica pura e simples. Era mais como uma pessoa mortalmente ferida. Ouvi uma história que me deu o que pensar.

Por algum tempo a mãe esteve ausente da vida de Jane, que deve ter exigido alguma independência. Grace Garland deixou a filha na casa da fazenda com Helen, uma treinadora de cavalos que tinha ido para lá para cuidar de Jane e dos animais enquanto a sra. Garland estava fora, tocando a própria vida. Ela ainda tinha dinheiro, saía com os amigos, exibia seus diamantes, esse tipo de coisa. Simplesmente largou Jane lá nas montanhas, e ela ficou com a tratadora.

A mulher realmente dominou Jane e queria que ela assinasse documentos para ela, ações e coisas assim no seu nome. Mas Jane não estava engolindo aquilo nem fazendo o que supostamente devia fazer, então a mulher ficou fula da vida. Essa tratadora lésbica amarrava e surrava Jane. E então ateou fogo no estábulo. Foi uma espécie de holocausto com os cavalos. Parece que ela queimou Jane, ou fez alguma coisa horrenda com ela e a mãe descobriu. A mulher foi despedida e tentou abrir um processo, e a mãe de Jane tentou colocar a fulana na cadeia. Estou conjecturando, porque só ouvi alguns fragmentos, nunca tive o quadro completo. A mãe de Jane me contava um pouco de vez em quando, pois antes queria ganhar minha confiança. Jane também falava a res-

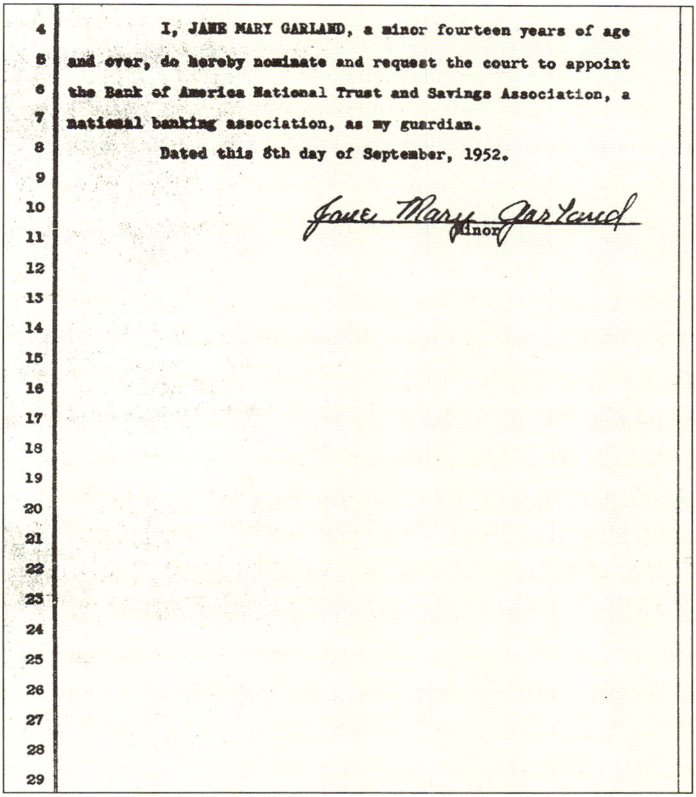

I, JANE MARY GARLAND, a minor fourteen years of age and over, do hereby nominate and request the court to appoint the Bank of America National Trust and Savings Association, a national banking association, as my guardian.

Dated this 8th day of September, 1952.

Jane Mary Garland
Minor

"Quanto à matéria do patrimônio e guarda de Jane Mary Garland, menor", Tribunal Superior da Califórnia, 8 de setembro de 1952.*

* No documento, está escrito: "Eu, JANE MARY GARLAND, uma menor de catorze anos de idade, venho por meio desta nomear e pedir que a Corte aponte o Bank of America National Trust and Savings Association, uma associação bancária, meu guardião. Datado em 8 de setembro de 1952".

peito, daquele seu jeito confuso, e eu também soube de alguma coisa pelo psiquiatra que era o assistente de Judd Marmor.

EXCERTO DA "PETIÇÃO PARA DESIGNAÇÃO DE GUARDA DE PESSOA E PATRIMÔNIO E PARA ORDEM JUDICIAL DE SUSTENTO", TRIBUNAL SUPERIOR DA CALIFÓRNIA, 18 DE JUNHO DE 1954:

GRACE GARLAND declara que:

Jane Mary Garland é incapaz por sofrer um tipo de reação esquizofrênica mista e não conseguir cuidar adequadamente de seus bens ou de si mesma. Por essa razão, está sujeita a ser ludibriada e coagida por pessoas insidiosas e ardilosas, e é necessário que seja indicado um guardião da sua pessoa e de seu patrimônio.

ED MOSES: Sei que havia muito ressentimento e muitos problemas, mas nunca prestei muita atenção. Agora, olhando para trás, eu me pergunto por que não fiquei mais atento. Acho que não queria pensar naquilo, só isso. Ah, essas coisas, quando acontecem, são tão pavorosas, e ali estava Jane totalmente detonada. Foi quando ela deu entrada no hospital da UCLA. Nunca conseguiu se recuperar — não enquanto estive lá. A mãe odiava aquela mulher, a treinadora. Segundo ela, antes Jane estava bem. Mas é o que ela diria mesmo, pois não ia admitir nada que pudesse indicar algum tipo de perturbação latente. Punha a culpa toda na outra mulher — achava que ela é que havia enlouquecido Jane. Todos nós temos potencial para surtar, é só alimentar a coisa. É uma questão de sobrecarga, e o resultado varia de pessoa para pessoa. Vai saber. Talvez Jane fosse uma menina normal, antes.

DEBORAH JOWITT: Vou contar uma história para você. Desde a metade até o final do terceiro ano na escola primária, eu passava cinco dias por semana no internato do colégio católico de

Marymount, em Los Angeles. O dormitório em que eu ficava tinha apenas dois quartos pegados, com um banheiro em comum. Os quartos ficavam no segundo andar, com portas de vidro de duas folhas, muito bonitas, com vista para o gramado. Os quartos eram simples, duas camas de solteiro com cabeceira de ferro. Cada cama tinha uma cadeira ao lado, e à noite a gente punha a calcinha e as meias sujas nela, em cruz.

Eu dividia o quarto com uma menina da minha idade chamada Leilani Owens, filha de Harry Owens, o *bandleader*. Ele compôs "Sweet Leilani, Heavenly Flower", uma música com uma melodia pseudo-havaiana. Leilani era uma menina gordinha e confiante. Eu não gostava muito dela. No outro quarto ficavam duas meninas um pouco mais velhas. Uma se chamava Myra e a outra era Jane Garland.

As freiras nos davam banho juntas, em mim e na minha colega de quarto. A gente entrava no nosso banheirinho e elas diziam para sentar numa banheira com água quente ou morna. Madame Brenda, que devia ser do turno da noite, aparecia e esfregava a gente com uma escovinha, com muita força. Ela era mirrada e tinha cara de fuinha, com o rosto vermelho, traços miúdos bem marcados e olhos pretos mordazes. Tinha um nariz fino e comprido. Não era má, mas esfregava a gente com força. Não lembro a frequência dos banhos, mas certamente não eram diários. Mas lembro nitidamente que não eram individuais. Não sei se Jane e Myra, sendo mais velhas, também tomavam banho juntas.

As freiras eram bondosas e o hábito delas era um espanto. Usavam uma touca justa na cabeça e por cima dela um troço triangular branco, duro, pontudo, que elas prendiam por baixo do queixo. Por cima de tudo vinha um véu preto, que não cobria o rosto, mas descia até a altura do queixo. O hábito era preto com gola branca. Pareciam uns melros esvoaçando e correndo de um lado a outro, sempre muito rápido, com o hábito flutuando atrás, enquanto os véus pretos de um tecido leve, quase como chiffon, ondulavam.

Jane era maior do que eu e bastante desenvolvida — quer dizer, tinha peitos, ou quase, e era levemente rechonchuda. Seu rosto era redondo e seu cabelo era ruivo bem escuro. A pele era avermelhada e manchada, como se tivesse rosácea. Não era acne, mas parecia áspera. Tinha traços muito bonitos, uma boca pequena e os olhos grandes. Eu não conheci Jane muito bem, mas a lembrança que tenho não é de alguém com problemas.

Minha mãe ia me buscar nas tardes de sexta. Eu passava o fim de semana em casa e voltava no domingo, no começo da noite. Lembro que, uma vez, eu estava entediada em casa e pedi para

Jane Garland.

me levarem antes para a escola. As poucas internas ali, inclusive Jane, estavam brincando entre as oliveiras. Tenho a impressão de que ela não ia para casa nos fins de semana. Nunca vi ninguém ir buscá-la.

Lembro dela por causa de uma coisa esquisita e muito humilhante que aconteceu comigo, mas que não deixou Jane minimamente desconcertada. Nossos quartos eram idênticos, com o banheiro no meio. Muitas vezes eu levantava à noite para ir ao banheiro, e era tudo muito escuro. Certa manhã eu acordei e, para meu imenso susto e horror, me vi na cama de Jane. Com certeza eu tinha saído do banheiro pelo lado errado e fui para a cama dela, pensando que fosse a minha. Jane parecia levemente divertida com a cena, embora um pouco espantada. Foi simpática e não falou nada, só me olhou, com um ar de sono e de quem acha graça, tipo: "O que está havendo?". E eu fiquei, tipo: "Ai, meu deus, o que estou fazendo aqui? Melhor voltar para minha cama". Levantei rápido e fui para o quarto. As freiras descobriram e chamaram minha mãe — se foi para perguntar se eu tinha sonambulismo ou tendências lésbicas, não sei. Mas Jane não se abalou nem um pouco. Ela parecia normal. Não era muito exuberante nem especialmente simpática, mas fazia tudo o que fazíamos.

LYLA HOYT: Meu marido, Warren, que era meio-irmão de Jane — ele nasceu quando Grace Garland tinha apenas dezenove anos —, sempre disse que Jane levava uma vida plenamente normal até conhecer um pessoal envolvido numa espécie de culto. Ela começou a usar drogas com umas pessoas bem estranhas — ou talvez fossem seus fornecedores — no haras onde ficava seu cavalo.

Não sei bem quem eram aquelas pessoas. Eram várias mulheres muito bem escoladas em criar sentimento de culpa em garotas adolescentes. Prefiro não dizer mais nada a respeito. Sempre tivemos a impressão de que usavam alucinógenos. Quando Jane estava sob a influência dessas drogas, faziam com ela coisas que lhe criavam uma enorme culpa. Usavam-na porque ela recebia uma renda considerável do banco, cerca de oitocentos ou novecentos dólares por mês — o que daria hoje de 6,5 mil a 7,5 mil dólares —, antes de passar a ter controle direto sobre sua fortuna. Tinha um carro novo e muito dinheiro durante aquele período. Depois que destruíram qualquer sombra de esperança de Jane vir a ser uma pessoa normal, largaram-na nos degraus do St. John's Hospital em Santa Monica. Destruíram sua personalidade. Não sei descrever de outra maneira. Creio que foi físico e creio que foi sexual. Elas eram assim. Grace e Warren, mãe e irmão de Jane, nunca puderam ter contato com ela, durante todo o período que ela passou com aquelas mulheres. Quando finalmente descobriram seu paradeiro, foi como eu disse. Essas mulheres deixaram Jane sem falar coisa com coisa, e creio que quase num estado catatônico. Logo que ela fez 21 anos, elas tentaram se apoderar de centenas de milhares de dólares da sua fortuna. Levaram uma vida de altíssimo padrão até encontrar a próxima vítima.

O delegado de Malibu disse a meu marido que seria muito difícil conseguir uma testemunha contra aquele grupo, porque havia outras garotas que participavam dele e as famílias não queriam que o envolvimento delas viesse à tona.

Grace Garland era de Cleveland. Era vizinha ou morava no mesmo bairro da família Hoyt e cresceu com Warren Hoyt, que foi seu primeiro marido. Os dois ficaram casados durante uns dezenove ou vinte anos, não sei, é tudo um pouco obscuro. Ele não era rico, mas tinha conhecimentos na área de conservação de madeira. Ia a todas as minas e avaliava que tipo de madeira devia ser usado como sustentação. Levava uma vida confortável, mas não tinha fortuna própria.

Então a mãe de Grace morreu e ela ficou tão abalada que não

conseguia cuidar de si nem do filho, também chamado Warren. A irmã de Grace, que chamava Jane, era casada e naquela época morava em Los Angeles. Jane foi lá e levou os dois para morar num apartamento na área de Los Angeles. O marido de Grace foi depois. E lá ela melhorou, ficou bem e conheceu Bill Garland, não sei como nem quando. Bem, existem algumas dúvidas sobre a data exata em que ela se divorciou de Warren Hoyt e casou com Bill Garland. Ninguém sabe direito por que ela resolveu casar antes de sair o divórcio, mas creio que foi porque meu sogro não estava disposto a renunciar à mulher e ao filho. À mulher, principalmente.

Quando Bill Garland descobriu que Grace não estava divorciada de Warren Hoyt, ele pediu a anulação judicial do casamento. Então ela se divorciou de Hoyt, liberando o caminho para eles dois — Garland e Grace — se casarem outra vez, dali a um mês. Aí, em 1933, eles construíram aquela casa em Malibu. Tinham muito orgulho dela, pois era uma daquelas construções com alicerce em pilares muito fundos, capaz de enfrentar qualquer tempestade vinda do oceano.

ALZOA GARLAND OTTO: Meus pais, William Joseph Garland e Alzoa Garland, a primeira mulher dele, se divorciaram quando eu tinha uns dez anos, talvez um pouco menos, e foi muito difícil para mim, eu adorava meu pai. Ele era encantador, mas tinha um gênio muito forte. Meus pais brigavam direto. Ficaram uns dez anos casados, e minha mãe o atormentava. Meu pai era violento, fisicamente violento. Uma vez ele deu um chute nela, e estava de sapatos de golfe. Acho muito errado chutar os outros de sapato de golfe. Mas isso é só um exemplo. Estavam sempre em guerra. Não sei a razão. Há casais que são assim.

Achei magnífica a ideia do meu pai de construir aquela casa em Malibu. Era um bom lugar para um homem morar. Creio que ele começou a construir quando estava se divorciando da minha mãe, pois precisava de um lugar onde viver. Nossa babá nos levou lá algumas vezes e nadamos no mar. A casa ficava no alto, dava para o mar. Tinha uma luz enorme no alto para que os amigos soubessem onde ficava, uma luz dessas que orientam os navios.

Depois do divórcio, não vi meu pai muitas vezes ao longo do meu crescimento. Nosso motorista levou meu irmão mais novo e eu umas duas vezes à casa dele, e meu pai foi uma vez à escola para me ver. Foi isso. Ele tinha a vida dele e minha mãe tinha a dela.

Foi um tremendo escândalo quando Grace se casou com meu pai, William Garland. Ouvi as fofocas que chegavam às crianças. Ouvi que meu pai deixou o ex-marido dela morar no andar de baixo, enquanto papai e ela moravam no apartamento de cima. Vi Grace uma vez. Eu era pequena, tinha dez anos, e acho que foi na praia. Ela abraçou e beijou meu pai, e eu pensei: Ah, sua fingida.

LYLA HOYT: Bill Garland morreu em 1940, com apenas 48 ou 49 anos, de uma infecção renal que desencadeou uma uremia. Isso foi antes da penicilina. Ele era maravilhoso com Grace. Era generoso e os dois tinham intensas atividades sociais e políticas. Qualquer uma de nós gostaria de ter a vida que ela teve com Bill.

ALZOA GARLAND OTTO: As mulheres precisam cuidar do marido. Acho que foi por isso que meu pai morreu tão cedo. Estávamos no Havaí quando aconteceu. Eu tinha uns quinze anos. Fiquei triste com a notícia, mas, sabe como é, quando a criança passa muitos anos sem ver o pai, ela não sente uma ligação profunda. Minha mãe só falou: “O pai de vocês morreu”.

ED MOSES: A mãe de Jane era uma mulher odiosa. Durona e oportunista. Uma mercenária. Não tinha valores, nenhuma inteligência, só repetia clichês reacionários sobre as minorias e os bons tempos de outrora. Um de seus heróis era o general MacArthur, e ela conservava uma foto dele emoldurada em cima do piano, na sala de estar. William Garland tinha deixado vários bens para ela e Jane, inclusive uma fazenda enorme em algum lugar de Thousand Oaks, uma bela área. Ao que parece, quando começou ele estava no setor ferroviário e depois diversificou com imóveis. Creio que atuava no setor madeireiro também. Nunca se fazia menção a ele. Era como se não tivesse existido, como se Jane fosse uma espécie de encarnação indireta da loucura enviada para aquela família.

LYLA HOYT: O diretor de cinema Gregory La Cava morava algumas casas adiante dos Garland. Depois da morte de Bill Garland, talvez uns cinco meses depois, Grace se casou com Greg, e ele se mudou para a casa dela. La Cava, segundo meu marido, podia seduzir qualquer mulher e convencê-la a fazer qualquer coisa. Grace parecia nem se dar conta da própria existência quando estava com ele, tamanha era a habilidade do sujeito em hipnotizar as pessoas ao redor para fazer tudo o que ele quisesse.

Greg gostaria de ter Grace como figurante em alguns filmes seus, mas acho que ela nunca chegou a atuar. Jane apareceu num dos últimos filmes dele, *Uma dama astuciosa*. Tinha uns nove anos na época.

UMA DAMA ASTUCIOSA, ROTEIRO DE EUGENE THACKREY, FRANK COCKRELL E OTHO LOVERING; PRODUZIDO E DIRIGIDO POR GREGORY LA CAVA; APRESENTADO PELA UNIVERSAL PICTURES.

Jane Palmer … Irene Dunne
Dr. Enright … Patric Knowles
Stanley … Ralph Bellamy
Sr. Billingsley … Eugene Pallette

Dr. Bremster ... Samuel S. Hinds
Cactus Kate ... Queenie Vassar
Strawberry ... Jane Garland
Ground-Hog ... Edward McWade
Faro Bill ... Robert Homans

LYLA HOYT: W. C. Fields era um dos amigos de Greg La Cava — tinham feito *Os três compadres* e *Leão sem juba*. Fields frequentava bastante a casa de Grace Garland em Malibu, e meu marido me contou que teve de cuidar dele. Quando Fields adoeceu, ele saiu de sua casa em Hollywood e foi se hospedar com Grace e Greg por vários dias. Segundo meu marido, ele levou uma garrafa enorme de brandy, porque os médicos haviam lhe dito para tomar uma única dose por dia. Guardamos várias cartas que W. C. Field escreveu para Grace. Numa delas, ele perguntava: "Por que você se casou com aquele italiano maluco?", ou algo assim. Eles não ficaram muito tempo juntos.

EXCERTO DO ACORDO DE DIVISÃO DE BENS ENTRE GREGORY LA CAVA E GRACE GARLAND, DATADO DE 2 DE MAIO DE 1944. ANEXO A, "LISTA PARCIAL DOS OBJETOS E BENS PESSOAIS" DE LA CAVA:

Ferramentas, serras etc.
Carrinho de mão
Mesa de bilhar, tacos, bolas etc. (jogo completo)
Câmera, projetor e tela de cinema
Holofote
Pintura a óleo na sala de estar (presente de Queenie Vassar)
Mesa de pingue-pongue (presente de Bill Fields)
Grelha e equipamento para churrasco
Várias roupas e objetos pessoais
Valise
Caixas de vinho e várias garrafas de bebida

Freezer horizontal
Vitrola portátil (presente)
Faqueiro com cabo de osso da Lombardia
Jogos (dominós etc., presentes dados por atores)
Saco e luvas de boxe
Bicicleta (Ginger Rogers)
Baixela de prata (com monograma)
Pratos dourados (Fields)
Chaves diversas
Mesa, bancos e armário da churrasqueira
Colt automática e munição (variada)
Aspirador de pó Electrolux
1 geladeira (do bar)
Balanças
Escrivaninha
Torradeira elétrica
Panela elétrica

ED MOSES: Depois do divórcio de Grace Garland e Gregory La Cava, ela se casou com aquele Curly Lambeau, que era um treinador de futebol americano de algum lugar de Wisconsin. Vi um retrato dele na casa de Malibu — ombros largos, provavelmente grandão. Típico embusteiro.

Logo que eles ficaram juntos, começaram a detonar a fortuna de Jane. Quando eu frequentava a casa, a mãe era a clássica sexagenária de cabelo vermelho tingido e rosto começando a se desintegrar, como acontece com todo mundo. Ainda estava relativamente em forma, mas tinha barriga. Uma das pernas era mais curta que a outra, não sei por quê, mas ela mancava. Talvez tivesse fraturado o quadril. E Curly tinha quebrado a perna em cinco lugares! Quando se divorciaram, houve um acordo na separação e ele levou por fora muitos bens. Não sei o que ele fez, mas ela era doida por Curly, um grande filho da puta. Creio que ele pegou metade do dinheiro e garfou todos os terrenos em que conseguiu botar a mão — o que quer que ela tivesse. Deixou Grace na pendura.

LYLA HOYT: Qual é o rolo com Curly? A primeira vez que Grace viu Curly foi no Roosevelt Hotel em Hollywood. Ela mantinha um quarto permanente no hotel, para quando ia à cidade. Se fosse fazer compras, sair à noite ou algo assim, pernoitava por lá. Até onde sei, foi onde ela o conheceu. Ele levava jeito com as mulheres. Depois que se casaram, Curly se mudou para Malibu. Mas ter uma mulher bonita e encantadora não bastava. Ele tinha uma amante em todos os lugares onde os Green Bay Packers jogavam, e isso Grace não podia tolerar. Creio que no acordo do divórcio ela teve de abrir mão de grande parte de sua fortuna. Os dois tinham comprado em conjunto muitas áreas desocupadas. Sabe o lago Sherwood, em Thousand Oaks? Pois é. Eles montaram um aviário lá. Para vender ovos! Veja como ele convencia Grace a fazer o que ele queria. Quando se divorciaram, dividiram a fazenda ao meio, e ele ficou com a metade na frente do lago, com as construções. Tenho certeza de que foi bem lucrativo.

ED MOSES: Ainda sobrou muito dinheiro, mas foi mal gerido. A maior parte estava atrelada a fundos, e era essa a grana que os psiquiatras e todo aquele povo estavam sangrando. Naquele momento, Grace Garland tinha um monte de imóveis, mas pouco dinheiro. Ela era uma espécie de administradora, mas só conseguia tirar o bastante para atender Jane e um mínimo para tocar a casa. Dava para me pagar, dava para pagar Walter, e sobrava um pouco para manter a casa em condições mínimas. E tinha um limite autorizado no banco para atender Jane. Grace não podia mais sair por aí comprando casacos de pele e se divertir com os amigos como bem entendesse. Creio que era este o problema: só havia sobrado o dinheiro de Jane — a mãe ficava louca da vida, porque ela não podia ter acesso a toda aquela fortuna.

WALTER HOPPS: Grace sempre tratou Jane de um jeito fofo e, no fundo, condescendente. Simplesmente não entendia a filha. Mesmo pirada, Jane era claramente muito inteligente, a pobrezinha, e isso dificultava as coisas para os dois lados. Creio que Moses acertou: havia fundos para cuidar da filha, mas a mãe vivia na maior pendura. E, meu deus, Grace exalava uma vulnerabilidade física — era uma mulher miúda, franzina, muito menos dotada fisicamente do que Jane. Uma mulher bonita que vivia sob muita tensão, tentando segurar as pontas. Na juventude, devia ter sido uma versão de Gene Tierney. Parecia assustada. Magra, atraente, tentando segurar a onda. Era triste. Ela havia se retirado e apenas tocava o barco.

ED MOSES: Jane odiava a mãe. Não confiava nela, tratava Grace mal, falava barbaridades e não lhe dava a menor atenção. Tinha se afastado dela e pronto. Quando Jane surtava e dizia: "Tenho vontade de matar você", Grace ficava com medo e fugia da casa. Não acredito que Jane quisesse mesmo matar a mãe, só dizia isso porque estava furiosa, mas não seria capaz de fazer alguma coisa.

Um dia, a mãe organizou nossa ida até a fazenda Garland, para ver os cavalos. Jane levou algumas cenouras para os animais. Estava dando uma cenoura para uma égua chamada Sweet Marie quando de repente ela disse: "Ei, isso aí não é cenoura". Assim, como se não fosse nada. E aí soltou o maior grito — a égua tinha mordido o polegar dela, fundo. Jane tentou tirar a mão, mas não se empenhou muito, então eu gritei e soquei a cabeça da égua até ela soltar. A égua pensou que o dedo fosse uma cenoura e estava tentando dar conta do petisco. Não entendo nada de cavalos, tenho medo deles, mas bati na cabeça da égua como vi Gregory Peck fazer em *Duelo ao sol*, com Jennifer Jones. É um filme incrível, fantástico. Bem, então tirei o polegar de Jane dali, ele estava pendurado por uns poucos ligamentos. Estava em frangalhos. A égua mordeu, a pele rasgou e a carne sangrava loucamente. Uau!

Jane tinha levado na esportiva, o que é interessante — "Isso aí não é uma cenoura". Amarrei uns lenços no dedo dela e fomos ao hospital da UCLA. Ela teve sorte de não perder o dedo. Sua reação àquela coisa pavorosa que tinha acontecido foi mínima. Ela não soltou um pio. Nada.

Naquela época, Jane andava me agarrando entre as coxas e eu pensava: "Porra, o que eu faço agora? Não podemos ser só amigos?". Não. Ela era pirada. Estava obcecada e me seguia por todo lado, aprontando o tempo todo — brincando com o próprio corpo enquanto andávamos de carro. Jane tinha fantasias sexuais, estava sempre se insinuando. Pegava minha mão quando eu estava dirigindo e punha na perna dela, passava nos joelhos e esfregava para cima e para baixo. Mas não era uma coisa esporádica, era compulsiva. Doida. Definitivamente doida.

WALTER HOPPS: Quando alguém caía fora, eles experimentavam outra pessoa. Um coitado foi até a casa Garland se sentindo o máximo. Sabe como é? Estava muito seguro de si, e Jane sacou isso na hora. De repente, ela gritou: "Os ratos! Os ratos! Os ratos vêm vindo! Vão nos pegar!". Ela pulou para o banco do piano com seus malditos sapatos de salto, então subiu na tampa fechada do piano, ergueu a saia e ficou meio que dançando enquanto gritava: "Os ratos! Os ratos!". O pobre sujeito deu um pulo e falou: "Eu pego! Eu pego! Vou tocar todos pra fora!". Jane parou de repente e disse algo como: "Seu idiota! Não tem nenhum rato!". O cara travou. Pensei: Danou-se. Você não pode entrar no jogo dela.

Quando ela chegava com alguma ideia maluca como "A gente não pode sentar muito perto daquelas janelas, ou as ondas vêm pegar a gente", você tinha de dizer: "Não vão. As ondas vão ficar lá onde elas estão". Não se pode entrar nesse tipo de jogo, nas alucinações. É preciso tranquilizar a pessoa. A questão toda é que você tem de representar a realidade da melhor maneira possível. Então esse episódio com o cara foi relatado às instâncias e nunca mais voltamos a vê-lo. Acho até que fui eu que contei, porque Jane simplesmente não ia se dar bem com ele. Falei com o médico dela. Judd Marmor ficava supervisionando tudo.

Eu gostava de Jane. Gostava mesmo. Creio que o relacionamento que tive com ela foi como o de um primo ou algo assim. A paixão dela era Ed Moses. Ele era o que se costumava chamar de "bom de papo". Bonito à sua maneira. Tinha sempre um sorriso diabólico no rosto. Na época, ainda não era grisalho, seu cabelo era ondulado e escuro, quase preto. Às vezes tinha o cacoete de espichar o lábio inferior. Usava sempre uma roupa esportiva, moderna — como a maioria dos caras do sul da Califórnia.

ED MOSES: Jane era meio vidrada em mim, mas tenho certeza de que era vidrada em Walter também, pois era disso que precisava. Tinha uma coisa física muito forte nela que me deixava absolutamente aterrorizado.

E então Judd Marmor abandonou o barco. De repente percebeu que era uma coisa que não dava muito certo. Ele disse: "Vou passar esse caso para outra pessoa. Ando com minha agenda lotada e não posso dar o tipo de atenção que o caso exige. Ela é esquizofrênica, e os esquizofrênicos são muito difíceis". Judd não conseguia lidar com Jane. Falava com ela e não conectavam. Ele era aquele tipo de racionalista que realmente não sabia como lidar com uma pessoa insana. Uma ou outra vez eu acompanhava as sessões. O tema era algum trauma, então ele dizia para eu aparecer para depois conversarmos a respeito. Eu ficava de lado e ele falava com Jane como se fosse uma menininha. Ela detestava Marmor — ah, não gostava nada dele. Acho que Judd se esforçou bastante, mas não era o psiquiatra adequado para a condição dela. Creio que ele entendeu isso e caiu fora. Meu psicólogo, Milton Wexler, sabia como lidar com esquizofrênicos, porque não tinha medo deles. Wexler sempre dizia que são os mais difíceis, mas sentia uma espécie de compaixão por eles, e por isso se saía melhor do que muitos. Ele dizia que só podia trabalhar com uma pessoa se gostasse realmente dela. Acho que teria dado certo com Jane.

Mais tarde, nos anos 1970, de vez em quando eu encontrava Marmor. Uma vez perguntei: "Judd, não se lembra de mim?". Ele respondeu: "Lembro, mas prefiro não falar a respeito". Tentei conversar sobre Jane, mas ele não se dispôs e disse que nunca conversava sobre seus pacientes. Deu a entender que não era legal da minha parte ficar perguntando e quis ir embora. Falei: "Ei, não faça isso, vamos conversar". E continuei: "Já faz um tempão, qual é o problema? Está preocupado com sua reputação a essa altura da vida?". Que nada, ele não queria ser acuado. Falou que era uma situação muito trágica e penosa, e que era muito difícil para ele, porque não pôde fazer nada.

Eu achava que Jane não fosse resistir muito. Sempre pensei que ia se matar ou acabar numa situação em que a matariam. Ela era infeliz, mas ainda tinha alguma vontade de viver. Você tinha que lidar com seus próprios demônios além dos dela. Tipo: "Vamos pular juntos desse precipício?".

Finalmente chegou o dia em que tomei a decisão. Chega. Não dou conta, é demais para mim. Estive várias vezes a ponto de erguer a saia dela e fazer o que ela me pedia. Você não pode avançar nesse território — pode criar uma explosão que não vai conseguir enfrentar. Não era por aí — você é o enfermeiro, não trepa com a paciente. Mas, ao mesmo tempo, o médico dizia: "O que você fizer está bom". Não Judd Marmor, mas o cara que ele tinha recomendado. Judd sempre foi muito correto e rigoroso, mas esse outro era o fim da picada. Estava disposto a compactuar. Acho que esse médico era venal, dizia tanta bobagem que eu tinha vontade de responder: "Ei, não sou muito entendido, mas sei que isso aí é besteira". Nunca falei nada. Ele estava na casa dos cinquenta ou no final dos quarenta, era um pouco gordo, tinha o rosto redondo, bigode e um jeito meloso. Levemente untuoso. Falei que estava ficando pesado demais para mim, e foi aí que ele me propôs casar com Jane. Disse: "Ia ser muito lucrativo para você, e seus filhos estariam providos pelo resto da vida". *Nossos filhos?* Eu disse: "O quê?!". Ele achava que era só casar com ela e tudo ficaria beleza. A sra. Garland estava lá também, no consultório dele, em algum lugar de Westwood. Ela não abriu a boca, pelo que me lembro, mas estava cem por cento de acordo. Acho que pensou que podia fazer uma espécie de aliança comigo. Falei: "Bem, é uma sugestão muito interessante, duvido que eu aceite, mas vou pensar no assunto". Claro que não ia topar, mas estava tentando me safar daquela enrascada. Nunca falei disso com Walter, acho. Não acredito que tenham feito a mesma proposta a ele. Era uma gente assustadora. Quando há milhões de dólares envolvidos, as pessoas fazem coisas estranhas. Queriam manter Jane fora do hospital porque ela era muito infeliz lá dentro, e estavam preocupados que, se pirasse demais, não teriam como arrancar nenhuma grana da situação. Estavam procurando desesperadamente uma maneira, mas precisavam de alguém que topasse entrar na deles.

Todos éramos convidados para passar os fins de semanas na casa. A ideia era que um de nós fosse trouxa o bastante para engravidar Jane. Não tenho certeza, mas desconfio disso pela cena que era armada. A mãe se recolhia cedo e deixava você sozinho com Jane, então ela começava com suas esquisitices. E só piorava.

Eu ficava nervoso. Sabia que iam me foder por algum lado, só não sabia qual, e se ia ser uma coisa psíquica ou física! E, sendo o moralista barato que sou, eu simplesmente — bem, não é que eu seja um modelo de virtude nem nada, mas fico incomodado. Umas coisas simplesmente não são minha praia. Sou mais da paz. Mas era um trabalho bom, pagava o triplo do que qualquer outro que conseguiria encontrar. Em certo sentido, acabei dependendo dele. Foi uma aventura divertida, mas ficou pesado demais. Virou uma espécie de assombração, de bicho-papão.

Naquele que seria meu último dia, Jane estava no alto da escada que levava à sala de estar. Havia uns três patamares. Ela usava um vestidinho de algodão e mantinha as mãos nas costas. Seus pés estavam afastados, e ela balançava de um lado para o outro. Com um sorrisinho no rosto, ela me olha e diz: "Tem um rato no refrigerador". Vejo gotas de sangue pingando entre os pés dela. *Ping, ping, ping, ping.* Uma poça pequena começou a se formar, e claro que pensei no pior: Cacete. Ela enfiou alguma coisa na vagina — nem em sonhos eu poderia imaginar o que estivesse ocorrendo. Não podia ser só a menstruação, porque ela falou que tinha ratos no refrigerador, certo? Ela continua com as duas mãos nas costas e eu pergunto: "O que você tem na mão, Jane?". Ela estende a esquerda e põe para trás outra vez. Então eu digo: "Vamos ver a outra mão". Ela estende de novo a mesma mão. "Vamos ver o que tem na outra, Jane." Ela sorriu e estendeu a mão. Um picador de gelo atravessava seu pulso, saindo do outro lado.

WALTER HOPPS: Não sei como foi, mas Ed tinha quebrado o braço. Jane notava tudo nele. Apesar das nossas precauções para manter qualquer objeto perigoso longe, de alguma maneira ela havia guardado um picador de gelo e imagino que o tenha usado para perfurar o pulso. Que confusão... Eles a encontraram assim e tiveram de levá-la ao hospital. Jane acabou com um braço enfaixado, numa tipoia, igual a Ed.

ED MOSES: Achei que meu limite tinha chegado quando ela enfiou o picador de gelo em si mesma. Sabe, talvez eu estivesse virando uma extensão dela — creio que Jane tinha potencial para fazer algo terrível. Chamamos o médico e então puxei o carro. Fazia uns oito meses ou mais que estava envolvido naquilo. Era barra pesada, pensei que fossem me matar. Um dia alguém me entrevistou e disse: "Você parece não ter medo de nada". Respondi: "Bem, você está certo e não está. Não tenho medo de nada, mas tudo me apavora". O pavor era minha companhia constante. E Jane ativou aquilo — quando menino eu costumava sonhar basicamente que minha mãe estava tentando me estrangular ou me matar. Na vida real, ela me estrangulava, me espancava doidamente e essas coisas todas. Todos nós temos histórias assim.

Todo Natal, minha mãe fazia a maior questão da árvore. Era cheia de penduricalhos e de luzinhas. Linda. Ela punha um troço com algodão na base. Fazia questão de escolher a árvore, discutia o preço com os vendedores, tentava convencê-los. Falava feito menininha sempre que queria alguma coisa. Eu ficava muito sem graça quando ela falava assim, tentando negociar o preço, e depois ficando fula quando não davam desconto.

Num Natal, quando eu tinha uns oito anos, eu estava em cima da escadinha pondo a estrela no topo da árvore. Estava bem no alto e escorreguei. Lembro que minha mãe tinha falado: "Não suba, não faça isso, seu burro, você vai cair em cima da árvore". "Não, não vou, eu consigo." "Não suba." Então subi, escorreguei e caí bem em cima da árvore. Minha mãe guardava as bolas de Natal dentro de umas caixas, ano após ano, e tudo começou a estalar e quebrar, e as luzinhas entraram em curto-circuito. Parecia um raio atravessando a casa. Foi um daqueles momentos. Ela ficou furiosa. Gritava e berrava sem parar. Disse que montava a árvore todo ano por minha causa, para me deixar feliz, aí eu chego e estrago tudo. "Você acabou com o Natal", ela falou. Tentei ajudar a erguer a árvore, mas ela me encheu de tapas. Foi um desastre completo.

Tenho notado que as pessoas ficam muito deprimidas no Natal, meus amigos e todo mundo que conheço. Acham uma coisa ruim. Perguntei ao meu psicanalista, Milton Wexler: "O que você pensa disso?". Ele falou que acontece porque as pessoas têm expectativas sobre a família, os presentes, os brinquedos, a reunião dos parentes, todos amando uns aos outros. Mas que essa é uma ocasião cheia de decepções, com as pessoas discutindo, presentes que não são o que você queria — o que nem deveria vir ao caso, pois o que todo mundo realmente quer é amor e atenção. Mas, quando isso é substituído por presentes, você fica insatisfeito. Sei que, quando abria meus presentes quando era criança, demonstrava entusiasmo, embora não sentisse nenhum. Eu sabia o que era cada um deles, porque já tinha sacudido os embrulhos e adivinhado o que continham, mas tinha de fingir surpresa quando abria cada um: um canivete, um pião, um ioiô. Uma vez ganhei uma bicicleta. E patins. Coisas assim. Nada de ursinhos, jogos, livros. Nunca me deram livros quando criança. Nunca lia.

A vida da minha mãe nunca deu muito certo, e aí ela teve de botar a culpa em alguém, e eu era a causa de tudo. A única forma de conseguir a pensão do meu pai era se eu morasse com ela. Durante minha criação, apareciam todos aqueles caras — e nenhum deles queria uma mulher com moleque pequeno. Eu podia ser hermafrodita. Havia esse medo quando eu era novo, porque me desenvolvi tão devagar que só vim a ter barba aos vinte ou 21 anos. Queria ser caminhoneiro. Aprontava muito, ficava sempre provocando briga.

Bem, em todo caso, tinha algo muito sinistro na situação de Jane que me deixava totalmente apavorado. Eu não dava conta. Mas, para Walter, era um prato cheio. Ele achou aquele episódio interessante. Creio que continuou depois que saí. Sei que insistiram muito para outro cara casar com ela. Ele quase surtou quando Jane botou fogo em metade da casa.

WALTER HOPPS: Acho que acabava de fazer um ano que eu estava trabalhando na casa. O Natal era muito importante para a sra. Garland. Ela montou uma árvore toda decorada, e deu presentinhos para todos nós que trabalhávamos lá. Sei lá, uma gravata ou algo assim. Ela deu roupas e lingeries chiques para Jane, mas que não serviam. Escolheu coisas para a pessoa que ela gostaria que a filha fosse. Ah, era muito cruel. Um pesadelo. Então Jane, parecendo uma menininha, levanta cedo na manhã de Natal, lá pelas seis, desce e abre seus presentes na maior expectativa. Meu sono sempre era leve naquela casa, e tive uma sensação estranha ou ouvi alguma coisa, então desci para ver o que estava acontecendo. A partir daí foi uma loucura, um verdadeiro inferno. Jane estava com uma das suas camisolas brancas volumosas que iam até o chão, e dava para ver que tinha chorado. De alguma maneira conseguiu pôr fogo na árvore de Natal e a fumaça estava se alastrando pela casa. Peguei Jane e saí para o pátio. Lá havia um forno a lenha e uns pedaços de tronco cortado, que nunca vi usarem. Outro cara já estava ali, e vimos a fumaça subindo para o segundo andar, que tinha essas janelas de vitral. Ele começou a atirar aqueles pedaços de lenha lá no alto, para quebrar as janelas e deixar a fumaça sair. Aí um daqueles malditos troncos rebateu na janela, caiu e machucou o braço dele, então agora o cara estava ferido. Jane entrou num estado terrível, como nunca tínhamos visto, gritando, fora de si. Foi uma tragédia aquela manhã, vou te contar. A sra. Garland estava presa no quarto, aterrorizada. Saiu, chocada e alucinada. Foi um pesadelo. Chamei os bombeiros, liguei para o médico de Jane e ele disse: "Leve-a para o hospital".

Os bombeiros e os policiais chegaram ao mesmo tempo. Ajudei Jane a entrar no banco de trás de uma viatura. Ela estava absolutamente quieta. Abracei-a com toda a força e fomos juntos para o Cedars-Sinai Hospital. Depois tomei um táxi e voltei para Malibu para pegar meu carro, então fui para casa, em Sawtelle, em Los Angeles. Deitei totalmente vestido — sapato, meia, calça, paletó — e me enfiei debaixo das cobertas, cobrindo a cabeça, feito uma múmia. Estava exausto. Nunca vou me esquecer daquele dia.

A última vez que vi Jane foi quando a deixei aos cuidados dos médicos no hospital. Nunca mais ouvi falar dela, só sei que tinha voltado para a ala de psiquiatria do hospital da UCLA. Não sei o que aconteceu com a mãe. Não sei o que aconteceu com nenhum deles.

ED MOSES: Não faço ideia do que aconteceu com Jane. Mas um dia, dez ou quinze anos depois que abandonei o serviço, tive a impressão de ver Jane atravessando a rua 3 em Santa Monica. Juro por deus, lá estava ela com o mesmo par de botas vermelhas que eu tinha comprado sei lá quantos anos antes. Não parecia devastada, tampouco parecia muito bem. Creio que estava com um cara. Achei que era ela — talvez eu quisesse que fosse. Estava com aquelas botinhas, mas andava normalmente. Não com seu andar típico arrastado. Parecia normal ao atravessar a rua. Não lembro se estava falando. Só passou. Eu estava indo na outra direção, virei para olhar e ela continuou andando. A cabeça tinha o mesmo formato, mas o cabelo estava mais comprido. Ela andava normal, mas não podia estar bem se ainda usava aquelas botas vermelhas. Fui na direção deles para dar uma olhada mais de perto, mas entraram num prédio. Pensei: Bem, espero que seja ela, e fui embora. Fiquei com medo — não queria gerar nenhuma lembrança, principalmente se ela estava com um cara, não queria que ficasse perturbada. Acho que era ela — tinha o jeito. Sabe quando você nota o jeito de uma pessoa, mesmo que ela esteja disfarçada? Sempre quis ter um vernissage na galeria onde todo mundo estivesse com um saco na cabeça, só com a abertura para os olhos, e aí não daria para reconhecer ninguém pela cara. A pessoa, ao andar, tem um jeito, uma presença que você consegue identificar. Num quadro, a presença não é o que ele significa, nem o que parece, nem a cor, nem nada disso. A presença ocorre entre o objeto no quadro e a pessoa olhando, e há uma espécie de campo energético que vai e vem. Alguns pegam isso, outros não. Você vê um Rembrandt e simplesmente ressoa, entende? Vibra com esse tipo de energia. Senti a presença de Jane naquele dia em Santa Monica, digamos. Julguei que fosse ela.

Uma das coisas mais interessantes que Carlos Castañeda escreveu nos seus livros era sobre fantasmas. Ele dizia que algumas pessoas têm corpos, corpos que andam, mas não são pessoas de verdade. E havia uma coisa assim em Jane. Quando minha mãe morreu, o corpo continuou, mas a pessoa que eu conhecia não estava mais lá. Ela era cada vez mais uma criancinha, mas que tinha perdido seu espírito. A pessoa que vi andando na rua tinha essa mesma característica. Era apenas uma leve sombra da lembrança daquela pessoa de antes.

IV. JENNIFER JONES

Tower Grove Road, 1400, Beverly Hills
Pacific Coast Highway, 22 400, Malibu
Pacific Coast Highway, 22 368, Malibu

BOB WALKER: Tenho lembranças muito boas da infância. Apesar de tudo o que aconteceu, não vejo como poderia ter sido melhor. Sou assim. Sei que sou a soma de tudo o que aconteceu ao longo dos anos, mas não fico preso a nada daquilo. Me sinto um sujeito privilegiado. Não penso muito no passado, nem em mim mesmo, a não ser com a sensação de ser uma coisa plantada e enraizada na terra e no céu.

Gostaria que meu irmão, Michael, estivesse aqui para você conhecê-lo. Era uma figura muito interessante. Ele era problemático por nós dois. A vida toda, carregou os aspectos negativos de nossa mãe, enquanto eu fiquei só com os momentos bonitos. Michael e nossa meia-irmã, Mary Jennifer, provavelmente tinham mais problemas do que eu — e a maneira como eles processavam tudo isso era diferente da minha. Dei sorte, só isso, em ter sido agraciado com a capacidade de dar cabo dos problemas. Não carrego eles todos comigo. Conhece aquela história dos dois monges? Dois monges tinham feito o mais solene juramento de não tocar em mulheres, não podem nem olhar para elas ou ter qualquer pensamento a respeito. São absolutamente castos. Mas eles chegam à beira de um rio e encontram uma moça com um cântaro de água ou algum tipo de carga tentando atravessar. Então um deles vê sua dificuldade e prontamente ergue a moça nos braços e os dois passam para a outra margem. O outro monge fica chocadíssimo, mas por fim atravessa a duras penas o rio e alcança o colega. Ele diz: "Tom", ou qualquer outro nome, "o que aconteceu? Você sabe muito bem que juramos nunca tocar, muito menos olhar e jamais falar com uma mulher, como você fez uma coisa dessas?". E Tom diz: "Do que você está falando? Eu deixei a moça lá atrás faz uma hora. É você que continua a carregá-la. Que continua pensando nela". Tom viu uma pessoa que precisava de ajuda, partiu em seu socorro e não pensou mais no assunto. Seguiu em frente e pôde continuar sua vida. Sou como Tom. Então, quando acontece alguma coisa ruim, nunca levo isso comigo. Como água respingando num fogão elétrico, aquilo se transforma imediatamente em vapor. Continuo alegremente. Mas, como certa vez disse Ram Dass, se você acha que é iluminado, vá passar um fim de semana com seus pais.

Sempre lembro da época em que morava em Trancas Canyon, nos anos 1970, com Ellie, minha mulher naquela época. Vivíamos no mato, perto de um riacho, totalmente nus, como selvagens. Quando conheci Ellie em Nova York, ela fumava um Salem mentolado atrás do outro, usava casacos de peles e salto alto e se entupia de benzedrina. Bem, ela ficou morando no mato comigo, comendo cobra e arroz selvagem. Eu tinha uma barraca, mas Ellie e meu filho mais novo, Charlie, que estava com dois anos, costumavam dormir ao relento. Eu tinha mais dois filhos, David, com oito, e Michelle, com nove. De manhã, eu dava banho nas crianças no riacho e então elas iam para a escola como se tivessem acabado de chegar de Malibu Colony.

Lembro que minha mãe, Jennifer Jones, e seu terceiro marido, Norton Simon, foram conhecer nosso acampamento e ver como ia nossa vida. Não sei como conseguiram chegar lá. Era uma hora de percurso no cânion por uma estrada de terra muito ruim, quase intransitável, com fendas e muitos pontos de alagamento. Era preciso ter tração nas quatro rodas para ir até lá. E aí você tinha de subir pelo riacho. Dava um certo trabalho, entende? Norton estava vestido nos trinques e mamãe estava com o seu vestidinho Halston impecável, lenço Hermès e sapatos Gucci. Nunca vou esquecer a cena, mamãe de pé num daqueles rochedos maravilhosos, a cabeça e os ombros acima de todos nós, a luz dourada do sol nos montes, as árvores murmurando ao vento. Ela olha para baixo e me diz: "Então, Robert, quanto tempo você vai ficar morando aqui nesta terra de índio?". Respondo: "Talvez para sempre, mãe. Talvez para sempre".

Mamãe era lá de Oklahoma. Seu marido anterior, David Selznick, tinha mudado o nome dela para Jennifer Jones assim que eles se conheceram, porque o verdadeiro nome dela, Phylis Isley, não ia pegar. Naqueles tempos acho que Jennifer não era um nome tão comum, então sugeria uma mulher misteriosa e exótica, enquanto Jones representava a garota simples criada em Tulsa. Jennifer Jones. É um ótimo nome, de fato. Mas o pai dela continuou a chamá-la de Phylis. Depois que mamãe começou a subir na vida, ela passou a ter um pouco de vergonha dos pais, pois achava que eles eram muito banais. Eram de Tulsa, Oklahoma, caramba! Uma cidadezinha sulista, com um dos piores conflitos raciais da história se desenrolando logo depois que mamãe nasceu. Meus avós faziam espetáculos itinerantes. Eram gente simples, só isso. E ela os amava.

O pai de mamãe, Phil, começou como dono de circo ambulante. Com números de variedades, mas não exatamente — eram mais teatros de revista, com strip-tease e scripts cômicos. Depois manteve salas de cinema aqui e ali, e um comércio em Dallas, que comprava filmes e vendia aos cinemas. Era um batalhador que se tornou dono de teatro independente e uma espécie de promotor de espetáculos. Vovô Isley era um cara cheio de iniciativa. Quando veio para LA, andava por aqui o tempo todo naqueles carrões, Packards dos anos 1940, Chryslers ou Cadillacs. Mas não dirigia. Eles tinham um motorista negro chamado Chester Hill. Ele era pau pra toda obra desde 1937. Usava uniforme: terno preto e quepe de motorista. Teve uma grande influência na minha vida. Aprendi a andar com ele, em 1941, e passávamos boa parte do tempo juntos. Dizem que eu andava arrastado como Chester. Eu amava aquele cara. Foi um dos meus mentores. Sempre me sentia mais à vontade com a ajuda dele.

Minha mãe largou a faculdade e trocou Tulsa por Nova York, onde conheceu meu pai, Robert Walker, que vinha de uma família mórmon de Ogden, em Utah. Não era uma família amorosa, meu pai não se dava com a mãe dele. Mais tarde, encontrei uma entrevista que ele concedeu à colunista Hedda Hoppe, e na conversa ele admitia que sempre se tinha se sentido deslocado. Quando menino, parecia um varapau de tão magro e achava que os colegas de escola faziam pouco dele. Um dia, não aguentou mais e deu uma surtada, sem motivo. Saiu correndo pelo pátio de recreio, chutando os outros meninos. Tinha apenas seis anos, mas foi expulso. Ele contou a Hedda Hopper: "Desde a infância, me vi frente a frente com muros mentais. Os desajustes daquela idade aumentaram e se estenderam a tudo. Eu estava sempre procurando um subterfúgio para escapar da vida". Papai começou a fugir da escola aos dez anos. Deve ter sido um cara difícil, endemoninhado. Só vim a saber disso mais tarde.

Logo que pôde, ele se mudou para Nova York, onde conheceu minha mãe na Academia Americana de Artes Dramáticas. No dia do casamento, ele estava tão atrapalhado que esqueceu de beijar a noiva. Deviam ter dezoito ou dezenove anos. Aí foram para Hollywood, procurando trabalho. Depois voltaram para Nova York, e mamãe me deu à luz aos 21 anos, quando moravam em Jamaica, Long Island. Onze meses depois ela teve meu irmão, Michael.

Acho que chamam isso de "gêmeos irlandeses".* Naquela época, em 1941, meus pais moravam num apartamentinho infestado de ratos em Greenwich Village, e nossa banheira era a pia da cozinha. Não tinham um centavo. O primeiro trabalho de papai em Nova York foi como leitor de roteiros. Foi meu avô Isley que conseguiu. Mas como papai era muito orgulhoso e provavelmente se sentiria ofendido se soubesse disso, arranjaram um jeito para que ele pensasse que havia descolado o serviço por conta própria. E vovô também ajudou mamãe. Como tinha um teatro, ele conhecia muita gente e conseguia as coisas nos bastidores. Tinha muita influência. Assim, mamãe sempre teve um anjo da guarda. Papai costumava carregar suas sacolas e coisa e tal, pois mamãe não se virava bem sozinha. Acho que nunca aprendeu a acender o fogão ou pôr água para ferver. Não é exagero. Ela sempre foi muito protegida. O pai era doido por ela. E ela sempre fazia com que os homens sentissem que precisavam cuidar dela.

Quando moravam em Nova York, minha mãe assinou um contrato com o lendário produtor David Selznick. Voltamos para a Califórnia, passando de um apartamentinho minúsculo em Nova York direto para Bel Air, naquela casinha linda em Perugia Way, saindo da Bellagio Road. Nós quatro moramos lá por alguns anos. Papai conseguiu uma série de filmes, de comédia e de guerra. E então mamãe fez teste e obteve seu primeiro papel em *A canção de Bernadette*. Era um filme da Fox, e David Selznick sabia que ela deslancharia, por isso se dispôs a emprestá-la para o estú-

* "*Irish twins*": expressão que se usava um tanto pejorativamente para designar filhos nascidos em rápida sucessão, com menos de um ano de diferença.

dio. A intuição dele foi certeira, pois mamãe ganhou o Oscar de Melhor Atriz em 1944. Nessa época ela estava com papai nas filmagem do filme de David Selznick *Desde que partiste.*

No primeiro dia de filmagem, ela avisou meu pai que o casamento tinha acabado. No dia seguinte, eles precisavam rodar uma cena de amor, como se tivessem acabado de se apaixonar. Tenho a impressão de que o casamento deles já havia perdido a magia, mas conseguiram atuar. Acho que foi a primeira cena de amor que ambos fizeram no cinema. Não acredito que ela tenha deixado papai por David Selznick. Ela o deixou pura e simplesmente, então calhou que Selznick estivesse ali. Não demorou muito e os dois se apaixonaram, embora, até onde eu saiba, ela só tenha ido morar com ele depois de se casarem, o que ocorreu em 1949.

Identificar talentos — era esse o lance de David. Ele era incrivelmente bom nisso. Via alguém e sabia na hora se tinha talento ou não. Todas aquelas mulheres pelas quais ele podia se apaixonar andavam por ali, sabe? Ingrid Bergman, Dorothy McGuire. Mas ele se apaixonou por Jennifer. Mantinha uma espécie de relação de Pigmalião com ela. Foi ele que mudou o nome dela e conseguiu *A canção de Bernadette*, *Duelo ao sol*, *O retrato de Jennie* e muitos outros filmes. Ele orquestrava a coisa toda.

MENSAGEM DE DAVID O. SELZNICK PARA KATHARINE BROWN, 19 DE AGOSTO DE 1941:

Para: srta. Katharine Brown

Com cópia para: sr. D. T. O'Shea

[...] Hoje conversei sobre o assunto [o filme *Claudia*] com Phylis Walker — uma atriz que, aliás, me entusiasma muito, caso você ainda não saiba [...]. Falei para Walker que não ia lhe dar uma grande oportunidade e transformá-la numa estrela só para descobrir mais tarde que teríamos problemas com a família dela, na

Costa Leste. Ela me garantiu que não seria o caso e que está disposta a se mudar para cá com o marido e os dois filhos em caráter permanente, até porque gostam da Califórnia.

Aliás, como é o marido? Gostaria que o entrevistasse. E gostaria que você e Dan discutissem por carta, com cópia para mim, se devemos contratá-lo ou não como medida de precaução, seja agora ou quando decidirmos dar *Claudia* para ela, se vier a ser rodado. Talvez seja melhor agora, se pudermos fazer um contrato inicial curto, para não ficar parecendo que o compramos depois só porque demos *Claudia* a ela. Temos de poupar o orgulho dele. Mas, se for bom ator, não seria uma maravilha que ele se revelasse assim, por si mesmo?

MENSAGEM DE DAVID O. SELZNICK PARA WHITNEY BOLTON, SEU DIRETOR DE DIVULGAÇÃO E PUBLICIDADE, 10 DE SETEMBRO DE 1941:

Para: sr. Bolton

Gostaria de arranjar outro nome para Phylis Walker. Conversei com ela e ela não se opõe a uma mudança. Normalmente não creio que os nomes sejam muito importantes, mas acredito que Phylis Walker seja especialmente inexpressivo [...]. Não quero nada muito extravagante, e gostaria de ficar pelo menos com um primeiro nome que não seja usado por mais umas dez garotas em Hollywood. Agradeço sugestões.

MENSAGEM DE DAVID O. SELZNICK PARA KATHARINE BROWN E WHITNEY BOLTON.

Para: srta. Brown, sr. Bolton, 8 de janeiro de 1842

Onde está, afinal, o novo nome para Phylis Walker? Pessoalmente, gostaria de ficar com Jennifer e conseguir um sobrenome de uma sílaba que guarde algum ritmo e seja fácil de lembrar. Creio que o melhor sobrenome curto em filmes criado nos últimos tempos é o de Veronica Lake.

BOB WALKER: Já mais velha, mamãe dizia a mim e a meu irmão, Michael, referindo-se a papai: "Por que, em nome dos céus, deixei aquele homem?". Mas David tinha as chaves do reino, coisa que ele não tinha. Mamãe era jovem, cheia de vida e procurava novas aventuras. Para ela, papai provavelmente era limitado. Nenhum dos dois era muito mundano. Mas Selznick vivia e respirava o glamour de Hollywood, e os reis e rainhas de lá se curvavam a seus pés. Depois de *...E o vento levou*, era o homem mais poderoso de Hollywood. E descobriu várias mulheres glamorosas — ou que ele ajudou a deixar glamorosas, ou a convencer o público de que eram glamorosas.

DANIEL SELZNICK: S. N. Behrman disse que todos os relacionamentos que meu pai manteve eram do tipo Pigmalião. Foi assim com Ingrid Bergman, Joan Fontaine, Rhonda Fleming e todas as outras. Basta assistir aos filmes e ver a criatura tímida, trêmula, balbuciante com quem se casou. A cada ano, Jennifer ganhava um pouco mais de confiança. A cada ano ela percebia que era uma beldade natural. Começou a se vestir de outro modo. A mudar o penteado. A usar outros tipos de joias. Aos poucos, surge Galateia. Mas não era a garota com quem meu pai havia se casado.

Eu estava no set de *Duelo ao sol*, para a cena à noite no lado de fora do rancho dos McCanle, que seria filmada no estúdio do meu pai em Culver City, com todas aquelas lâmpadas maravilhosas penduradas na fachada da casa. *Duelo ao sol* representa uma espécie de apoteose da fantasia de David sobre Jennifer. A certa altura da filmagem, ela precisava sair para algum lugar em Tucson, rastejando em cima de pedregulhos pontudos, e ficou com os joelhos totalmente ensanguentados. Num calor de 43°C. Ela estava disposta a fazer tudo o que fosse necessário.

Mas a relação entre os dois era muito turbulenta. Será que algum dia vamos saber quantas vezes ela ameaçou se matar? Se deixou bilhetes de suicídio, foram queimados, e você sabe por quem. Ele estava protegendo o próprio rabo, se me permite a expressão. Se Jennifer se matasse, as manchetes diriam que deixou um bilhete pondo a culpa em David O. Selznick. Imagine o medo dele de que essa mulher, cuja vida, bem ou mal, fora transformada por ele, chegasse às vias de fato.

BOB WALKER: Mamãe e David se mudaram para a casa em Tower Grove Road, número 1400, quando se casaram, em 1949. A casa foi demolida e ergueram uma monstruosidade no lugar. Ela era espetacular, em estilo mediterrâneo espanhol. Não era muito extravagante e fora feita com muito bom gosto. Tinha uma vista linda do vale, a casa de Elizabeth Taylor em Beverly Estates ficava logo abaixo, à direita. Foi de lá que Montgomery Clift saiu na noite em que sofreu o terrível acidente de carro. A casa logo abaixo, à esquerda, era de John Barrymore, e só — ainda não havia nenhuma outra casa por perto. Só essa velha torre d'água, que parecia de conto de fadas, e por isso o nome do lugar era Tower Grove Road. Era tão antiga que dava a impressão de que a qualquer momento Rapunzel ia aparecer e jogar as tranças.

As árvores no nosso jardim tinham trinta metros de altura. John, o jardineiro, havia plantado todas. Embora ele se referisse a si mesmo como "apenas o velho acendedor de lampiões", não havia homem de camiseta regata mais elegante do que ele. Fumava um cachimbo magnífico e estava sempre descalço no jardim, com as calças amarradas no tornozelo. Era o jardineiro desde os tempos em que John Gilbert morava lá com Greta Garbo. Gilbert deve ter sido um cara e tanto, pois Garbo era exigente. Nosso jardineiro me contou que John Gilbert costumava ficar nu na janela, de frente para Hollywood, com os braços abertos, gritando como um bêbado: "Hollywood, você me crucificou". Isso foi depois que surgiu o cinema falado, e a voz de Gilbert era tão aguda que acabou com a imagem dele. Ele dormia com um revólver debaixo do travesseiro, um .38. Era muito paranoico, vai saber que drogas usava.

Michael e eu ficávamos no quarto das crianças, mas que depois foi reformado e veio a ser o quarto de mamãe. Havia uma abertura no fundo do guarda-roupa. Dava para sair por ali. Era uma espécie de passagem secreta, e me disseram que servia de entrada ou saída para Greta Garbo. Ia dar no penhasco que ficava atrás da casa. Era uma passagem subterrânea que desembocava na estrada. Ao que parece, era por lá que ela ia rastejando, nos anos 1930, quando mantinha um romance secreto com Gilbert. Já naqueles dias havia paparazzi.

Nossa babá foi conosco para Tower Grove. Ela havia trabalhado para Leland Hayward e Margaret Sullavan. Foi babá de Brooke, Bridget e Bill Hayward. Foi a maior influência que tive na vida. Chamava-se Emily Buck e era da Nova Escócia. Apareceu pela primeira vez em casa em 1948, com uma camisa xadrez e uma calça Levi's, como se carregasse uma pistola de cada lado. Ela me pareceu maravilhosa. Era meio rústica e não era bonita no sentido usual. Durante boa parte do tempo, meu irmão e eu éramos uns monstrinhos, mas, olha, ela sabia lidar com a gente. Punha nós dois no chão e sentava em cima. "Vocês vão se comportar?" Era brusca, franca, mas também tinha certa diplomacia. Era direta, muito direta, honesta feito ela só. E boa, boa, boa. Era uma mulher feliz. Gostava de sentar com uma xícara de café numa das mãos e um Chesterfield na outra.

DANIEL SELZNICK: Emily Buck não tinha medo de dizer a David Selznick e a ninguém o que considerava adequado para os garotos. Ela usava óculos com armação de metal e tinha o rosto muito enrugado e o cabelo bem curto. Boby e Michael a adoravam, meu pai também. Era de total confiança, e era a voz do bom senso na vida da minha madrasta. Sempre que Jennifer tinha alguma ideia maluca em relação aos filhos, Emily dizia: "Sra. Selznick, não é apropriado. Não ficaria bem. Não posso deixar que faça isso". Ela a trazia de volta ao chão. Era a voz da lucidez.

BOB WALKER: Mas, enquanto mamãe se divertia com suas festas ao ar livre e ia avançando na carreira graças ao novo marido, papai era alcoólatra e começou a ter problemas. Em 1948, a MGM o enviou para a Menninger Clinic, em Topeka, no Kansas. Lá ele conheceu Milton Wexler. Na época, ele era um jovem analista em ascensão. Mais tarde, mudou-se para Hollywood e foi analista de mamãe por 35 anos. Bem, papai não queria cooperar com ninguém na clínica, mas Milton insistiu e ele finalmente começou a se abrir. Infelizmente, depois de apenas quatro meses e meio de tratamento, o estúdio decidiu: "Chega, ele precisa voltar para fazer esse filme". Claro que foi prematuro. Quando papai voltou da clínica, lembro que suas mãos estavam cheias de cicatrizes. "O que foi isso, papai?" Ele respondeu: "Ah, eu estava só brigando com outros internos em Menninger e acertei a janela". Bem, anos depois, vi fotos dele numa delegacia de polícia, com o cabelo todo despenteado e a gravata torta, algemado. Ao que parece, tinha esmurrado todas as janelas na delegacia. Meu pai voltou mais forte do que nunca. Hollywood sempre admirou os rebeldes.

A MGM queria que ele continuasse como o rapaz louro e bonito, perfeito para papéis românticos. Foi escalado para *Sonata de amor* e *Vênus, deusa do amor*, com direção de Gregory La Cava. Foi só em 1950 que fez papel de vilão, como o irmão malvado de Burt Lancaster em *Ousadia*. E então interpretou Bruno em *Pacto sinistro*. Depois fez o filho de Helen Hayes em *Não desonres o teu sangue*, em 1951. Àquela altura, o estúdio sentiu que o nome dele estava em risco e não queria que o público tivesse uma reação negativa. No filme, o filho tinha obviamente virado comunista, o que, depois de homossexual, era a pior coisa que alguém podia ser naqueles dias. Leo McCarey, o diretor, queria que ele se retratasse no final. Papai achou que isso destoava do personagem e não era fiel à história original. Lembro que estava incomodado com aquilo quando chegou em casa e tomou um uísque com soda. Ele sempre chegava em casa e bebia isso. Levava tudo muito a sério. Isso me perturbava bastante. Eu costumava brincar com aquele jogo que é uma caixa com alavancas dos dois lados, e você usava as alavancas para mover uma bolinha de aço por um labirinto com buracos numerados. O importante era impedir que a bola caísse. Menos de um ano antes que papai morresse, comecei a jogar como que para determinar quanto tempo ele viveria. Se a bola caísse no buraco trinta, papai teria trinta dias de vida. À noite eu sonhava que ele estava num caixão branco, todo vestido de branco também. Eu acordava e ia ver se ele estava bem, apertando seus pés.

Ao que parece, uma tarde papai estava deitado e não se sentia muito bem. O psiquiatra dele, Benjamin Hacker, veio ver se conseguia acalmá-lo. Deu-lhe uma injeção de algo como amital sódico. Foi um acidente. Naqueles dias, creio que não tinham preparo suficiente para saber que não se dá um sedativo forte para quem está de porre. Ele morreu em 1951. Tinha 32 anos.

Foi isso. Michael e eu fomos instantaneamente arremessados num buraco negro e sumimos. Não podia acontecer coisa pior. Michael ficou devastado. Ele não conseguia enfrentar bem as coisas. Tinha muito daquele lado problemático de papai, pensando demais em tudo, carregando tudo aonde ia. Tinha medo da própria sombra e era um pouco estourado. Papai era um amor de pessoa, mas muito torturado, como Michael. Passaram a vida toda atormentados pelos problemas que tiveram na infância e juventude. Não conseguiam superar. Ficaram presos no redemoinho.

É muito estranho que meu pai esteja enterrado em Utah, entre seus pais, porque ele não ia querer isso. Lembro vagamente que dizia que queria ser cremado, mas no fim não houve ninguém que tomasse seu partido. Eu tinha onze anos, e Michael e eu não tivemos permissão de comparecer ao funeral, se é que houve um. Estávamos numa posição realmente vulnerável, uma ferida em carne viva. Nos mandaram para a Europa. Mamãe e David estavam fazendo o que julgavam ser o melhor para nós, os diabinhos bagunceiros. Minha mãe me chamava de anjo dos chifrinhos vermelhos. Nunca me senti abandonado, mas creio que meu irmão teve mais dificuldade com isso.

DANIEL SELZNICK: Quando Robert Walker morreu, a pressão aumentou, porque David de repente era responsável pelos filhos da mulher que amava. Empenhou-se ao máximo para abafar a publicidade. Combinou com Dore Schary na MGM, que havia trabalhado para ele antes. Schary acabava de ser nomeado diretor do estúdio, depois do reinado do meu avô Louis B. Mayer. Mas dizer que meu pai se impôs para manipular a percepção pública por causa dos meninos é uma distorção para que ele pareça bonzinho. Não tenho a menor dúvida. Não me entusiasma ver isso impresso, mas é a verdade. Sejamos honestos, ele era egoísta demais, cioso demais da própria reputação.

CARTA DE DAVID O. SELZNICK A DORE CHARY, 1º DE SETEMBRO DE 1951

Prezado Dore,

Encaminho-lhe esta carta confidencial em mãos porque é urgente e espero (o departamento de publicidade da MGM permitindo!) que possamos sair rápido e discretamente da cidade com os dois meninos Walker [...]. Em todas as decisões que foram tomadas nesses dias angustiantes, o bem-estar deles foi, claro, o fator principal e dominante para todos, inclusive para a mãe, os avós de ambos os lados, a babá, os médicos e os psiquiatras. Fizemos reuniões e mais reuniões para decidir como proteger as crianças. Creio que o resultado é um excelente começo para a readaptação deles. Mas lamento dizer que o principal fator que precisamos vencer é a atividade do departamento de publicidade da MGM, que tenho certeza de que é bem-intencionado, mas sem dúvida tem mostrado uma ignorância espantosa, deprimente e até assustadora dos elementos mais rudimentares da psicologia infantil, e a atitude mais irrefletida em relação ao bem-estar dessas crianças [...]. Passamos dias terríveis escondendo todos os jornais, tanto em casa quanto em qualquer lugar em que os garotos estivessem. Isso vai se prolongar indefinidamente enquanto o departamento de publicidade da MGM continua a fornecer histórias. Eles não podem, pelo amor de deus, manter os nomes dessas crianças longe da imprensa? Não podem se concentrar no cheesecake de Esther Williams e deixar essa tragédia de lado? Peço desculpas se pareço amargo, mas estou assim mesmo. Não quero nada para mim, só tento proteger os dois meninos.

Havíamos decidido partir muito discretamente para a Europa. Como eu tinha obrigações que resultavam em inúmeros compromissos em Veneza, de início íamos para lá, sobretudo porque fazia tempo que os garotos estavam ansiosos para conhecer a cidade, e parecia a maneira ideal de distraí-los, com gôndolas e canais [...]. Mas não há hipótese de tomarmos o avião sem fotógrafos, não há hipótese de aterrissarmos em Nova York sem eles, não há hipótese de aterrissarmos em Roma ou em qualquer outro lugar sem eles — a não ser que alteremos totalmente nosso itinerário e tentemos desesperadamente manter nossos novos planos escondidos do departamento de publicidade da MGM [...]. Por favor, por favor, Dore, ajude-me nisso, e imediatamente — não por mim, claro, pois não estou fazendo isso por mim, mas pelas crianças e por Jennifer.

Sei que posso contar com você...

Cordialmente,

David

BOB WALKER: Quando estávamos na Europa, Emily Buck enviou uma carta para vovó e vovô Isley, datada de 15 de outubro de 1951, do Hotel Lancaster em Paris.

> Prezados sr. e sra. Isley,
>
> Bem, nosso passeio pela Europa está chegando ao fim [...]. A viagem tem sido maravilhosa, mas voltar para casa também é bom. Vimos lugares realmente maravilhosos, e tem sido ótimo para os meninos. Eles se distraem da dor e penso que foi uma coisa muito boa o que a mãe deles fez, tirando-os da Califórnia e do ambiente local, onde se lembrariam o tempo todo do pai. Conversamos muito sobre ele. No início, era muito penoso quando eu mencionava o nome dele, mas agora rimos e falamos das coisas que aconteciam na casa dele... Tenho certeza de que, quando retomarem a escola e fizerem novos amigos, a dor diminuirá bastante. A juventude é uma coisa maravilhosa, eles não sofrem como nós, os adultos [...]. Contarei tudo sobre nossa viagem quando nos encontrarmos em Nova York.
>
> Muito amor a ambos, como sempre,
>
> Em

Quando voltamos da Itália, mamãe acabou nos encaminhando ao psiquiatra de papai, o dr. Hacker, o homem responsável pela morte dele. Imagino que ela julgou que seria a melhor pessoa para nos aconselhar, visto que estava intimamente envolvido na situação.

Enquanto isso, ela e David faziam reuniões nos fins de semana na casa de Chuck Walter em Malibu, que haviam alugado na época. Um dos amigos era Charlie Chaplin — aquele cara baixinho de quem eu nunca tinha ouvido falar. Não tinha muito contato com filmes nem me interessava por ele. Mas esse sujeito mais velho, bem magrinho, veio e começou a falar comigo, e não sei se ele me viu de cara fechada ou o quê, mas me deu um pequeno conselho. Falou: "Sabe, garoto, sempre que preciso de um ajuste, me inclino assim". Então virou de costas para o mar, se inclinou e olhou entre as pernas. Estava me dizendo que, quando olhava o mundo de ponta-cabeça por um instante, tudo se endireitava. Aquilo ficou gravado em mim. Olhar o mundo por uns momentos de outra perspectiva. É um palpite, mas creio que foi esta a mensagem que ele queria me passar de maneira leve e despreocupada. Um belo presente.

As festas de mamãe eram um arraso. Todos eram muito cultos, muito espirituosos, muito divertidos e muito rápidos no *bon mot*, nas tiradas, tinham presença de espírito. Todos sabiam o que dizer no momento adequado e bebiam como uma esponja, divertindo-se à beça. Não havia a menor possibilidade de que eu atendesse às expectativas deles. Creio que Michael se sentia ainda mais incapaz. Mas tínhamos de aparecer nas festas, e o que se esperava era que fizéssemos algo de especial, que fôssemos muito vivos e espertos, capazes de deslumbrar todo mundo. Eu só cumprimentava as pessoas com muita educação e deixava por isso mesmo. Salvo uma vez, quando conheci Quique, a mulher de Louis Jourdan, na casa em Malibu. Eu tinha ido à praia e havia encontrado um peixe de uns quinze centímetros — peguei para mostrar aos meus amigos. Estava com ele escondido atrás das costas quando mamãe me parou e disse: "Cumprimente a sra. Jourdan". Eu era extremamente tímido e nervoso, e de repente surgia aquela aparição maravilhosa diante de mim, Quique Jourdan com um biquíni de bolinhas. Falei: "Sou tímido!", e atirei o peixe nela.

Uma vez virei uma garrafa de gim Gordon em meia hora, só para ver se conseguia andar em linha reta. Foi em Malibu, eu tinha uns treze ou catorze anos. Mamãe e David haviam alugado um chalé para vovó e vovô Isley ao lado da nossa casa. Lembro que mamãe tinha saído para jantar com um psicólogo e conversar sobre mim, enquanto eu ficava em casa enxugando uma garrafa de gim. Vovó Selznick, vovó Isley e vovô Isley estavam jogando canastra. Eu estava na cozinha tomando gim e então saí para andar na linha do campo, só para ver se ainda conseguia. Parecia tudo bem, então entrei direto na sala de estar e dei boa-noite a todos. "Boa noite, vovó Selznick, boa noite, vovó, boa noite, vovô." Fui para o quarto, deitei na cama e desmaiei. Ninguém percebeu. Minha mãe chegou depois, me procurou e não conseguiu me acordar. Ficaram todos apavorados. Pensaram que eu estava com poliomielite ou algo assim, e Jeffrey, o filho mais velho de David Selznick, me ergueu nos braços e me carregou feito uma prancha de surfe até o carro para ir ao St. John's Hospital em Santa Monica. Me fizeram uma punção lombar e tudo. Foi assim que descobriram que eu tinha mais álcool do que água nas veias, imagino. Quando me liberaram no dia seguinte, as enfermeiras me assustaram. Disseram: "Nunca mais faça isso, rapaz. Nunca vimos ninguém tão perto de morrer de intoxicação alcoólica". Fiquei dois dias sem conseguir andar por causa da punção. Foi péssimo. A pior ressaca da minha vida.

Nunca esqueço uma festa de Quatro de Julho na casa de Joe Cotten. Ficava em Pacific Palisades. Todo mundo estava lá no maior chiquê. Havia uma baita piscina e não sei o que aconteceu, mas mamãe pulou ou foi empurrada dentro da piscina. Ela adorou, deu risada e ficou nadando ali sozinha. De repente outros começaram a pular ou a ser empurrados. Lembro que alguém empurrou Joe Cotten, com toda a sua elegância, e acho que ele não gostou nada daquilo, mas mamãe simplesmente adorou. Ela estava com um vestido branco vaporoso, que fazia lembrar o que usou em *O retrato de Jennie*. Jean Howard tirou uma foto ótima dela. Mas geralmente a única coisa que eu queria era sair daquelas festas, subir o morro, fumar uns Lucky Strikes e brincar de soldado.

Jennifer Jones (no centro) na festa de Quatro de Julho na casa de Joseph Cotten, Pacific Palisades, 1955.

Michael e eu voltamos à Itália com mamãe nas férias de verão, na época da filmagem de *O diabo riu por último*, em 1953. O filme era baseado no romance de Claud Cockburn. Foi feito de maneira muito espontânea, criado à medida que avançavam. Truman Capote, que recebeu os créditos pela adaptação, escrevia o roteiro a cada noite, às vezes até as três da manhã. Fui apresentado a ele no Grand Hotel ou no Excelsior, um desses hotéis em Roma. Era de manhã e eu estava comendo meu desjejum, ovos com bacon. Ouvi um som misterioso atravessando as paredes na direção da minha mãe. Eu precisava ver de onde estava vindo. Entrei na outra sala e lá estava a pessoa a quem pertencia a voz. Combinava. Não me desapontei. Imagine o que um rapazote pensou daquela criatura sobrenatural, com uma voz sobrenatural e uma forma sobrenatural de se expressar. Em certo sentido, meu mundo parou. Eu não tinha nenhuma referência sobre ele. Fiquei assombrado ao ver alguém tão real e tão diferente. Era como um belo pôr do sol ou uma onda excêntrica no oceano.

No começo, estavam rodando o filme numa cidadezinha chamada Ravello. John Huston era o diretor, e trabalhava com Oswald Morris, o grande câmera inglês. Lá estavam mamãe, Gina Lollobrigida, Humphrey Bogart, Peter Lorre, Robert Morley. Um elenco e tanto. Era muito divertido participar daquilo. Meu favorito era Peter Lorre. Era só olhar para ele, sentado ali, e cair na risada; bastava ele mexer os olhos ou fazer alguma coisa com eles e você se escangalhava de rir. Lorre era um poeta de espírito divino, aprisionado naquele corpo pequeno e desajeitado, que parecia um vegetal, um pequeno gnomo com a capacidade de fazer caras engraçadas e tudo. Às vezes você conseguia enxergar sua natureza por trás de tudo aquilo, pois ele encarnava essa figura de palhaço, essa máscara, para proteger sua verdadeira identidade. Robert Capa, que era um dos fotógrafos do filme, e David Seymour, que todos chamávamos de Chim, me tomaram sob a proteção deles porque eu estava realmente interessado em cinema.

Roberto Rossellini e Ingrid Bergman também estavam lá para rodar um filme, não muito longe de nós. Na época, eu era loucamente apaixonado por ela. A certa altura, durante um intervalo na filmagem, fomos todos passar alguns dias em Capri, e ela foi com a gente. Lembro de Bergman deitada no alto da gruta azul com aquele lindo maiô azul-claro e seus cabelos louros de sueca ondulando ao vento, maravilhosa. Eu devia ter uns treze anos. Para mim, era a própria visão do belo. Então, fomos a Nápoles, a caminho de Roma, provavelmente para fazer mais alguma coisa relacionada ao filme. Lembro que mamãe entrou numa limusine, mas Michael e eu acabamos nos amontoando na Ferrari conversível vermelha de Rossellini. Estávamos todos com óculos de proteção e aqueles capacetes de tecido grosso que usavam para proteger o cabelo. A Ferrari parecia muito potente e esportiva, e creio que tinha um número na lateral. Rossellini estava na direção. Saímos e devemos ter ido a uns duzentos quilômetros por hora até Roma. Eu me senti no paraíso. Não sei como mamãe nos deixou entrar no carro com aquele doido, mas foi fantástico. A capota abaixada e a noite italiana voando acima de nós, com todos aqueles sinais de estrada e as árvores. Era o paraíso. Tenho certeza de que ficávamos incentivando — mais rápido, mais rápido —, e ele reduzia a marcha e engatava outra, de uma maneira sensacional. Rosselini tratava a coisa como se fosse um instrumento, e era uma Ferrari, caramba. O motor parecia Deus falando. Lembro da estrada. Lembro da noite.

STEPHEN SONDHEIM: Era minha primeira vez na Europa. John Huston ficou com dó de mim e me deixou ficar marcando as cenas em *O diabo riu por último*. Eu não recebia nada e estava empolgado com a experiência, mas tive de ir embora depois de duas semanas de filmagem, quando meu dinheiro acabou. Não conhecia Jennifer Jones, mas lembro dela sentada a uma mesa com guarda-sol na praça de Ravello, ensaiando uma cena com Edward Underdown no papel de marido. Por cima da mesa, feliz da vida, ela conversava com ele, bem-humorada, mas por baixo estava rasgando o guardanapo em pedacinhos. Isso não fazia parte do roteiro.

CARTA DE JENNIFER JONES A DAVID SELZNICK, SEM DATA:

Querido,

Foi idiotice minha fazer aquele escarcéu pelo telefone, e estou envergonhadíssima e muito arrependida, especialmente depois de tudo o que você teve de enfrentar. Todo aquele assunto deve ter sido extremamente desagradável, e sem dúvida não é um bom momento para a sra. Jones começar a fazer exigências, mas, quando fiquei sem notícias suas, a única coisa que pensei foi que você devia ter descoberto de uma hora para outra que sua governanta, uma nova secretária ou talvez aquela quarta jogadora de canastra na casa de Lenore era divina. Bem, ficava louca de ciúme quando não estava louca de raiva de John por causa de todas as bobagens desse jeito idiota de filmar. Tudo o que você previu, aconteceu — ele trabalha com margem de poucos minutos. No meu caso não tem nada de interpretação — minha única tarefa é lembrar as falas e poses, fazer o mais rápido possível sem levar em conta o sentido etc. etc. O tempo todo, penso que deve ser culpa minha, mas na verdade sei que não é. John simplesmente decidiu armar uma coisa toda confusa, com um bando de personagens se comportando de um jeito que ele espera ser original, mas que me parece sórdido e totalmente disparatado. Meu personagem não tem um pingo de realidade, e não faço ideia se é comédia, tragédia ou algo "burguês". Seja como for, na última cena, que ainda não foi escrita (claro, pois é só para amanhã), John falou que "eles" deviam sentir pena dela, isso quanto à roupa, mas é uma deixa que não me ajuda, porque, a não ser que eu apareça em trapos, até agora não há nada no roteiro que indique que ela seja qualquer outra coisa além de uma tonta e idiota, e como é que vou despertar algum tipo de simpatia no público ainda é um grande mistério para mim. Certamente o público vai sentir a mesma coisa que sinto agora, que ela precisa de um bom chute na bunda. Mas, para eu não ficar parecendo outra Norma Shearer, digo logo que não estou reclamando porque a personagem é definitivamente antipática, mas porque, pelo menos para mim, é totalmente incompreensível. Não sei como atuar e para todos os efeitos práticos John não ajuda em absolutamente nada. Teve uma noite que foi horrível, o pesadelo dos pesadelos, e que vai ficar na minha memória pelo resto da vida. Era uma cena no cais antes de embarcar com Dannreuther. Para ser rodada à noite. Eu tinha recebido a cena na noite anterior. Estudei com todo o cuidado... em Positano, para onde tínhamos ido com os meninos um dia antes. Cheguei em casa em Ravello de tarde, antes da filmagem à noite, para ser recebida por uma cena quase totalmente nova que decorei às pressas — eram três horas da tarde. Às seis, fomos para Salerno, onde rodaríamos a cena, e quando entrei no carro me estenderam outra cena, quer dizer, uma cena modificada — algumas falas da primeira versão, outras da segunda que eu tinha acabado de decorar e novas falas enormes a mais. Estava escuro e não consegui estudar até chegarmos a Salerno, mas pensei, bem, é uma cena longa, realmente longa, terá vários ângulos, será interrompida e mesmo com problemas na pronúncia vou me sair bem. Mas, quando chegamos, John, com sua mania de um ângulo só, uma tomada só etc., queria fazer tudo de uma vez só. Pela primeira vez na vida, David, não consegui lembrar as falas, repeti, repeti, repeti até as quatro e meia da manhã. Lá pelas duas, falei: John, por favor, vamos fazer disso só um ensaio ou vamos parar. Não consigo, estou exausta, confundo todas as falas, preciso de tempo para estudar a cena como se deve, por favor, não me humilhe mais na frente da equipe e dos outros atores. Gina, Morley, Peter e todos os outros tiveram de ficar lá a noite inteira porque apareciam andando na cena sem nenhuma fala no começo, e era desgastante demais para mim. A resposta dele foi: esqueça a tensão que sente e atue, lembre que você é paga para isso. Falou, claro, com um sorriso inflexível e aquilo que passa por charme em Huston. Às quatro e meia, totalmente travada de vergonha e me odiando por ser tão burra, não conseguia lembrar nenhuma linha. Uma vez uma frase saía certo e a outra errado, e aí na outra vez se misturavam sem o menor sentido.

Ah, David, eram todos os meus pesadelos reunidos num só. Bem, no final ele percebeu a insensatez de continuar e fomos dormir. Na noite seguinte, claro, eu estava preparada e fui bem, apesar de todas as dificuldades, mas Bogie cometeu alguns erros e, como o final da cena não ficou bom naquele ângulo, John foi obrigado, ou melhor, resolveu cortar, coisa que, se tivesse feito na noite anterior, não teria havido nenhum problema. Mas me senti tão mal, tão envergonhada, como aquele ator tão velho que, como você diz, já decorou todos os papéis que seria capaz de decorar, que fiz uma coisa pela qual decerto você vai me odiar e da qual me arrependo agora, só que, na hora de absoluto desânimo, não consegui evitar. Falei a Bogie, e isso foi na cena da segunda noite, quando ele me cumprimentou de leve com a cabeça, que ele não precisava se preocupar, eu pretendia pagar pelo trabalho da noite anterior. Claro que ele disse: imagine, não se preocupe com isso. Mas falei que minha intenção era essa, e então, quando repeti isso a Jack Clayton, ele disse para eu não dizer para mais ninguém, pois alguns dos colegas italianos podiam querer me cobrar também [...]. Agora percebo que foi burrada, mas sério, David, custei para eles uma noite toda de trabalho e de certa forma, se não precisássemos tanto do dinheiro, eu não gostaria de perder o salário por causa desse filme idiota. Porque sei que fiz um trabalho malfeito, mesmo que não seja só culpa minha, pois ficou impossível dadas as circunstâncias. Como diz John, ainda não entendo o personagem, e aí é falha minha. Realmente me sentiria muito melhor a esse respeito se não tivéssemos de aceitar o dinheiro deles. Talvez você não entenda isso e talvez eu possa explicar com mais clareza quando nos encontrarmos — o jeito como me sinto, quero dizer. Estou preparada para que você me julgue uma criança idiota, mas, acredite em mim, David, seja tudo isso culpa minha ou não, ainda não tenho certeza se não sou eu a culpada, pelo menos sei que me controlei direito ao longo do filme, deixei que aquele Bogie idiota, que não é ruim nem maldoso, me desse nos nervos ou também Peter com sua boca suja, e todo aquele bando. Bem, me dê uma bronca ou, se achar que sou tonta e burra demais, se divorcie de mim, mas não me odeie, David. Acabei fazendo uma enorme trapalhada e pela primeira vez na vida estou trabalhando num grupo em que quase todos me consideram uma tremenda vaca, tenho certeza. Mas não quero estragar sua vida, e se você também achar que sou uma pessoa horrorosa, saiba, por favor, que tem total e plena liberdade.

Se ainda quiser meu amor, ele é todo seu,

Jennifer

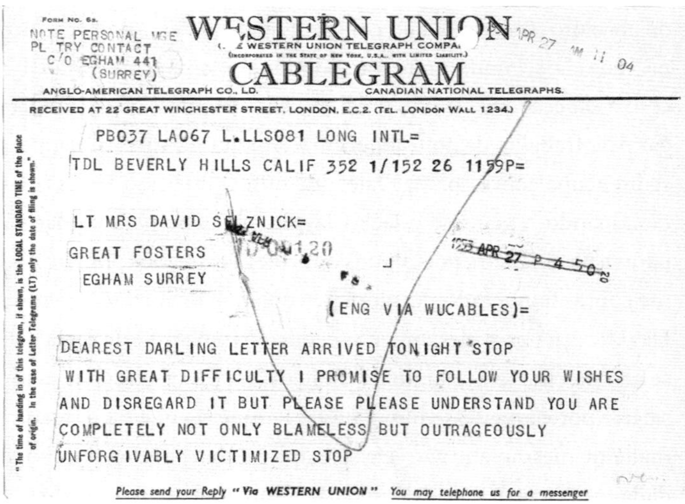

WESTERN UNION
CABLEGRAM

ANGLO-AMERICAN TELEGRAPH CO., LD. — CANADIAN NATIONAL TELEGRAPHS.

RECEIVED AT 22 GREAT WINCHESTER STREET, LONDON, E.C.2. (TEL. LONDON WALL 1234.)

PBO37 LAO67 L.LLSO81 LONG INTL=

TDL BEVERLY HILLS CALIF 352 1/152 26 1159P=

LT MRS DAVID SELZNICK=

GREAT FOSTERS

EGHAM SURREY

(ENG VIA WUCABLES)=

DEAREST DARLING LETTER ARRIVED TONIGHT STOP
WITH GREAT DIFFICULTY I PROMISE TO FOLLOW YOUR WISHES
AND DISREGARD IT BUT PLEASE PLEASE UNDERSTAND YOU ARE
COMPLETELY NOT ONLY BLAMELESS BUT OUTRAGEOUSLY
UNFORGIVABLY VICTIMIZED STOP

Please send your Reply "Via WESTERN UNION" You may telephone us for a messenger

*Telegramas de David Selznick para Jennifer Jones, enviados pela Western Union em 1953.**

* Os telegramas dizem: "Minha querida. Sua carta chegou ontem à noite. Com grande dificuldade, prometo respeitar seus desejos e esquecer essa história, mas por favor entenda que não apenas você não tem culpa como é a vítima dessa situação ultrajante e imperdoável. Se aquele descarado disser mais uma vez que você é paga para atuar, por favor diga que: primeiro, contratamos um roteiro que deveria ter sido entregue no último Natal; segundo, temos provas de que, quando ele não veio, reconhecemos o perigo e imploramos que fosse entregue; terceiro,

FORM NO. 6B.

WESTERN UNION

(THE WESTERN UNION TELEGRAPH COMPANY INCORPORATED IN THE STATE OF NEW YORK, U.S.A., WITH LIMITED LIABILITY.)

1953 APR 27 AM 11

CABLEGRAM

ANGLO-AMERICAN TELEGRAPH CO., LD. CANADIAN NATIONAL TELEGRAPHS.

RECEIVED AT 22 GREAT WINCHESTER STREET, LONDON, E.C.2. (TEL. LONDON WALL 1234.)

IF THAT FOURFLUSHING PHONEY EVER AGAIN SAYS YOU ARE PAID TO ACT PLEASE TELL HIM FOR ME THAT FIRSTLY WE CONTRACTED FOR SCRIPT TO BE DELIVERED LAST CHRISTMAS SECONDLY WHEN THIS NOT FORTHCOMING WE RECOGNIZED DANGERS AND WE HAVE WRITTEN PROOF WE BEGGED TO BE RELEASED THIRDLY WE ARE NOT GETTING PAID WE ARE GAMBLING INVESTORS WHEREAS HE IS PAID FULLY AND IS WITHOUT ANY GAMBLE OR INVESTMENT WHATSOEVER FOURTHLY HE IS PAID TO DELIVER SCRIPT ON WHICH SHOCKINGLY HE FAILED TO PERFORM BECAUSE HE WAS TOO BUSY IN AMERICA PUBLICIZING HIS SELF ENDOWED GENIOUS AND IN EUROPE PLAYING CASANOVA TO A HAREM OF FRUSTRATED WOMEN FIFTHLY BUT FOR OUR INSISTENT=

"The time of handing in of this telegram, if shown, is the LOCAL STANDARD TIME of the place of origin. In the case of Letter Telegrams (LT) only the date of filing is shown."

Please send your Reply "Via WESTERN UNION" You END 1= us for a messenger

FORM NO. 6B.

WESTERN UNION

(THE WESTERN UNION TELEGRAPH COMPANY INCORPORATED IN THE STATE OF NEW YORK, U.S.A., WITH LIMITED LIABILITY.)

1953 APR 27 AM 11 09

CABLEGRAM

ANGLO-AMERICAN TELEGRAPH CO., LD. CANADIAN NATIONAL TELEGRAPHS.

RECEIVED AT 22 GREAT WINCHESTER STREET, LONDON, E.C.2. (TEL. LONDON WALL 1234.)

L.LLS081 2/152=

SUGGESTION OF CAPOTE THEY WOULD NOW BE FACING COMPLETE DISASTER SINCE TRUMAN IS DOING THE GENIUSES WORK FOR HIM SIXTHLY NO ACTOR IN HISTORY HAS BEEN ASKED TO GC THROUGH WHAT YOU HAVE ON THIS FILM BUT YOU WILL CONTINUE TO STRUGGL AND HOPE FOR BEST DESPITE INCREDIBLY AMATEUR CONDITIONS SEVENTHLY AT THEIR URGENT REQUEST WE DONATED FIFTY THOUSAND DOLLARS WORTH OF TIME FOR WHICH WE COULD HAVE HAD A LARGER CLAIM ON THEM BUT WHICH MWE REFUSED WHEN THEY SOUGHT FAVORS FOR WHICH THEY EXPRESSED VERBAL GRATITUDE WHICH WE HAVE NOT SEEN DEMONSTRATED IN THEIR BEHAVIOR

PLEASE UNDER NO CIRCUMSTANCES AGAIN DEMEAN YOURSELF AN DIGNIFY THESE FAKERS BY LETTING THEM GET YOU DOWN STOP YOU SIMPLY MUST TOLERANTLY PATRONIZE THEM WHICH IS ONLY WAY TO

"The time of handing in of this telegram, if shown, is the LOCAL STANDARD TIME of the place of origin. In the case of Letter Telegrams (LT) only the date of filing is shown."

Please send your Reply "Via WESTERN UNION" You may telephone us for a messenger

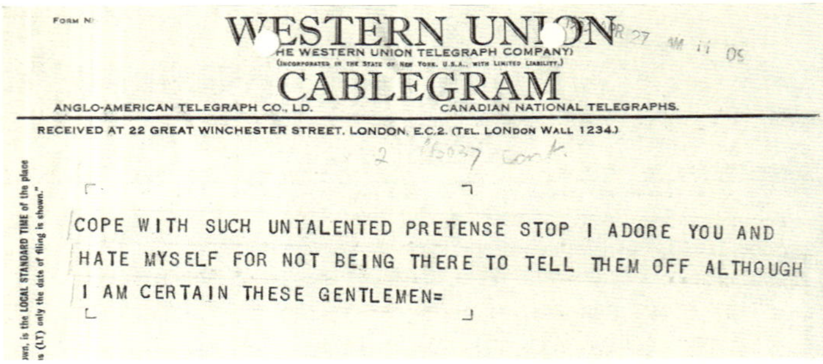

WESTERN UNION
THE WESTERN UNION TELEGRAPH COMPANY
CABLEGRAM
ANGLO-AMERICAN TELEGRAPH CO., LD. CANADIAN NATIONAL TELEGRAPHS.
RECEIVED AT 22 GREAT WINCHESTER STREET, LONDON, E.C.2. (TEL. LONDON WALL 1234.)

COPE WITH SUCH UNTALENTED PRETENSE STOP I ADORE YOU AND HATE MYSELF FOR NOT BEING THERE TO TELL THEM OFF ALTHOUGH I AM CERTAIN THESE GENTLEMEN=

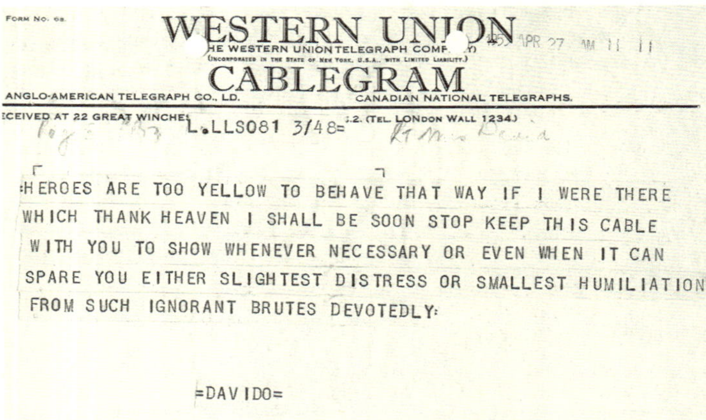

WESTERN UNION
THE WESTERN UNION TELEGRAPH COMPANY
CABLEGRAM
ANGLO-AMERICAN TELEGRAPH CO., LD. CANADIAN NATIONAL TELEGRAPHS.
RECEIVED AT 22 GREAT WINCHESTER STREET, LONDON, E.C.2. (TEL. LONDON WALL 1234.)

L.LLS081 3/48=

HEROES ARE TOO YELLOW TO BEHAVE THAT WAY IF I WERE THERE WHICH THANK HEAVEN I SHALL BE SOON STOP KEEP THIS CABLE WITH YOU TO SHOW WHENEVER NECESSARY OR EVEN WHEN IT CAN SPARE YOU EITHER SLIGHTEST DISTRESS OR SMALLEST HUMILIATION FROM SUCH IGNORANT BRUTES DEVOTEDLY:

=DAVIDO=

não estamos sendo pagos, somos investidores, enquanto ele é pago e não tem nenhum outro envolvimento financeiro; quarto, ele foi pago para entregar um roteiro que nunca veio, porque estava ocupado demais fazendo propaganda de si mesmo nos Estados Unidos ou bancando o Casanova na Europa para um harém de mulheres frustradas; quinto, se não fosse pela nossa insistência em contratar Capote, eles estariam envolvidos num desastre completo, mas Truman está fazendo todo o trabalho sozinho; sexto, nenhum ator na história teve que passar pelo que você passou nesse filme, mas você vai continuar a batalhar e esperar pelo melhor apesar das condições horrivelmente amadoras; sétimo, quando pediram, doamos 50 mil dólares, de modo que poderíamos ter reivindicado mais, e só não o fizemos porque expressaram uma gratidão verbal pelo favor que não está sendo

DANIEL SELZNICK: Jennifer sentia que algumas pessoas não tinham aceitado o casamento dela com meu pai, especialmente a mãe de David, Florence Sacks Selznick, que era uma típica mãe judia, firme e engraçada, maternal e muito amorosa, mas muito antiquada. Ela pressionou David quando ele se separou da minha mãe, Irene, por causa de Jennifer: "Você está pensando em se casar com aquela *shiksa*? Não vai se casar com ela, vai?". Ela simplesmente adorava minha mãe, e tenho certeza de que disse a ele: "Tenha lá seu namorico, mas, pelo amor de Deus, volte para sua família". Jennifer sabia que Mamãe Selznick, como todos a chamavam, não a aprovava. Era extremamente sensível e levou a coisa para um plano muito pessoal. Assim, uma das razões pelas quais queria tanto engravidar era para dar mais um neto para a sogra e assim diminuir a pressão sobre ela. Creio que Jennifer ficou grávida duas vezes e sofreu dois abortos. Quando Mary Jennifer nasceu, em 1954, acho que a vida de David ficou mais rica e mais feliz. Ele acompanhou o crescimento dela com um fascínio e um amor paterno infinitos.

DON BACHARDY: Christopher Isherwood e eu conhecemos Jennifer em janeiro de 1955. Morávamos em Mesa Road, em Santa Monica, e Truman estava hospedado com David e Jennifer. Truman apareceu para um almoço que foi longuíssimo, depois sugeriu que eu o levasse até David e Jennifer, para conhecê-la. Estavam reformando a casa de Tower Grove e eles tinham se

demonstrada em sua atitude. Por favor, não se humilhe de novo sob nenhuma circunstância, nem encha a bola desses farsantes deixando que a atinjam. Seja tolerante e auxilie-os, que é a única maneira de cooperar com esses presunçosos sem talento. Amo você e me odeio por não estar aí para dar uma bronca neles, embora tenha certeza de que esses senhores heroicos são muitos covardes para se comportar desse modo se eu estivesse aí, coisa que graças a deus vai ocorrer em breve. Guarde esse telegrama com você para mostrá-lo sempre que necessário ou até mesmo se ele puder servir de consolo para quaisquer aflições ou humilhações por parte desses brutos e ignorantes. Com afeto, David".

transferido para a casa de Adrian e Janet Gaynor em Bel Air. Então fomos até lá, mas Jennifer estava na Fox fazendo *Suplício de uma saudade* e ainda não tinha voltado. Truman falou: "Bem, a gente espera". E esperamos. Jennifer voltou e quis nos mostrar a filhinha, Mary Jennifer, que estava no berço.

BROOKE HAYWARD: Dava para ver que Mary Jennifer podia vir a ter problemas psicológicos. Quando tinha sete anos, parecia que Jennifer tinha perdido todo o interesse por ela.

Eu conhecia Jennifer e David desde sempre. Em 1961, semanas depois de me casar com Dennis Hopper, nossa casa em LA pegou fogo e os Selznick nos hospedaram. Jennifer nunca, jamais aparecia antes das seis da tarde. Quase toda noite jantávamos juntos na casa principal: David, eu, os dois garotos, às vezes Dennis e Mary Jennifer. E toda santa noite, às seis em ponto, Jennifer entrava com seu culote, suas botas de montaria e um chicote, recém-chegada do passeio pela colina na frente da casa. Era o primeiro momento no dia todo em que via a filha. Aparecia por uns dez minutos, estalando o chicote nas botas, e depois subia. Nunca saía de casa durante o dia. Tinha aula de ioga, recebia massagens, fazia o cabelo diariamente, era um entra e sai de roupas. Nunca

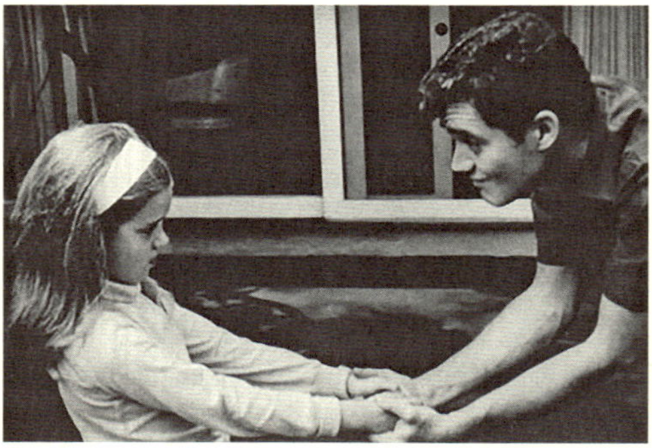

Mary Jennifer Selznick e Michael Walker.

saía de casa até a hora daquele passeio às cinco da tarde, depois ia até a mesa das crianças às seis para ver Mary Jennifer.

Depois que moramos com David e Jennifer, passamos anos sendo convidados para todas as festas e eventos na casa deles em Tower Grove. A geração mais antiga do cinema, como Kirk Douglas e tal, não gostava de Dennis, e todos achavam que ele não valia nada. Mas David gostava. Então éramos convidados para todas as suas festas, Hollywood em peso comparecia. David e Jennifer tinham aquela sala de jantar excêntrica, mas fabulosa, e uma varanda fechada com uns vinte ou 25 metros de comprimento e sete a dez de largura. Três lados da sala eram de janelas que davam para uma vista maravilhosa, e sob elas havia parapeitos lindos. Na sala cabiam umas vinte mesas pequenas, para quatro pessoas no máximo. Em cada uma um *dispenser* de vinho italiano absolutamente maravilhoso, metade para vinho tinto e metade para vinho branco. Os garçons completavam os *dispensers* constantemente, e eu ficava de queixo caído. Vertiam os vinhos mais caros do mercado, e nós ali bebendo na maior sofreguidão.

David abria a noite indo até alguém como eu, por exemplo, e dizia: "Então, Brooke, você é a anfitriã da mesa número três; aqui estão os três convidados que você deve atender". Então ele nomeava as pessoas. Fazia isso com cinco ou seis mulheres diferentes. Aí, eu e essas outras mulheres tínhamos de encontrar as outras três pessoas em tempo para o jantar, colocá-las em fila e dizer: "Somos a mesa três". Então sentávamos e a coisa toda começava. Jennifer aparecia pelo menos duas horas e meia depois de iniciado o jantar, com o vestido de noite mais lindo que você tinha visto na vida. Percorria toda a sala, no sentido do comprimento, indo de mesa em mesa, beijando e apertando a mão de todos, então desaparecia. Voltava mais tarde com outro vestido e depois desaparecia outra vez. Não sentava. Tomávamos café na sala de estar e ela aparecia com um terceiro vestido. Nunca usava menos de três vestidos numa mesma noite. E todos os anos eles comemoravam o Quatro de Julho com competições na piscina. David ficava com um apito no pescoço, para controlar as provas. Nunca me diverti tanto na vida.

DENNIS HOPPER: Tenho uma opinião sobre David O. Selznick diferente de todo mundo. Ele estava quebrado na época, coisa que só vim a saber mais tarde. Então dispunha de muito tempo e passava boa parte dele comigo. Era grandão, engraçado e muito tranquilo, e escolhia bem as palavras. Também era muito afável. Não era uma figura dominadora, mas uma pessoa que realmente queria me aconselhar e ajudar. Talvez fosse sempre assim, talvez fosse o jeito dele. Mas era realmente maravilhoso comigo. Na época eu não sabia das dificuldades em que ele se encontrava. Ninguém mais dava um tostão para ele fazer seus filmes, mas você nunca notava isso. E foram as primeiras conversas sérias que tive com alguém na posição dele. Ele puxava a conversa: "Então você quer fazer filmes? Que tipo de filme?". Jennifer me deu de Natal uma espécie de bloco de papel grande, onde eu fazia muitas anotações. David me ofereceu minha primeira chance de dirigir. Ele me deu cerca de quinhentos dólares para fazer um pequeno filme sobre Mary Jennifer. Fomos até a praia, provavelmente Malibu. O filme tinha uns vinte minutos, talvez meia hora, e mostrava Mary Jennifer na praia, fazendo um castelo de areia, brincando na água, alguém lendo uma história para ela. Foi a primeira vez que dirigi alguma coisa.

David fazia tudo em seus filmes. Creio que até falava com os atores. Naquela época, o produtor tinha muito mais força do que um diretor, porque era quem dirigia o diretor, que só rodava o filme, não estava envolvido com a escalação do elenco nem com a edição. O poder era todo do produtor. A palavra final era dele. Ele escalava quem quisesse. Fornecia o dinheiro. Era o responsável. O diretor era apenas um contratado. Todos eram contratados.

Mary Jennifer Selznick num vídeo caseiro de Dennis Hopper.

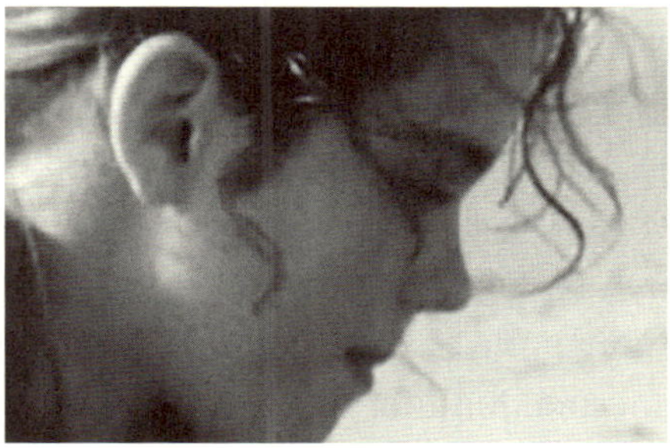

Por isso David costumava ter dois ou três diretores. Se não gostasse do que via, simplesmente demitia o cara e substituía por outro. Era assim. Tinha todo o poder e ponto. Mas bastava cometer alguns erros e você caía fora do jogo. Era um negócio difícil.

Desde *A canção de Bernadette*, Jennifer era sua propriedade. Era isso o que ela era. Propriedade dele. No final, ela deixou David na mão porque não conseguia fazer o que ele pretendia para ela como atriz. Jennifer não era muito boa. Mas ele a transformara numa estrela tão importante que isso nem vinha ao caso. Era essa a realidade.

LAUREN BACALL: Vi que Jennifer afinal não tinha com David Selznick o casamento que esperava ter. Ele fez muito por ela, deu a Jennifer papéis que alguns diretores lamentaram que coubessem a ela. Não era uma grande atriz. Lembro de um filme que David tinha comprado para Jennifer, *Carrie*, baseado no romance de Theodore Dreiser. Eu queria fazer aquele papel, mas não sabia como conseguir, e, se o estúdio não havia pensado no meu nome, Bogie não era do tipo que sugeria que me escalassem. Eu achava que era um papel que eu podia de fato interpretar bem. Acabei ligando para o diretor, Willie Wyler, o que, claro, não foi muito esperto da minha parte, e falei: "Willie, não sei se eles já escalaram ou não, mas eu gostaria muito de tentar". Ele disse: "Adoraria ter você no elenco, mas desde o começo ficou decidido que seria Jennifer". David tinha decidido tudo, e assim Willie não podia fazer nada. Ele sempre dava à mulher os melhores papéis. Ninguém mais os conseguia. E essa era a coisa mais importante para ela. Queria ser a mais considerada, a mais apreciada. Os holofotes sempre tinham de se voltar para ela — não para a sua vida, mas para ela mesma. Jennifer dispunha de David, que fazia de tudo para promovê-la, e ela adorava isso. Infelizmente, a coisa não durou.

BOB WALKER: Houve um período muito parado na vida de mamãe, ela passou muito tempo recusando filmes. Acho que David foi o responsável, mesmo. Ele estava sempre esperando a grande ocasião para reapresentá-la. *Suplício de uma saudade* foi, ao meu ver, o último grande filme que ela fez. Depois fez mais algumas coisas, mas nada digno de nota. Sei que apareciam propostas o tempo todo, até que as pessoas desistiram e pararam de convidá-la, porque David continuava a recusar. Nada era suficientemente bom para ela, acho.

LAUREN BACALL: Todos éramos loucos por Jennifer, mas enxergávamos seus defeitos. Sempre achamos que era meio amalucada. Era essa figura linda, fantástica. Jennifer e David davam aqueles brunches incríveis aos domingos, e claro que era David que fazia tudo. Jennifer estava ocupada com outras coisas, com a maquiagem, com o penteado, com a roupa. Nunca esqueço uma vez, quando estávamos sentados na casa que eles tinham alugado em Malibu, e ela disse: "Vamos nadar!". Pegou uma prancha daquelas pequenas e saiu correndo para a beira da praia. Entrou na água rindo. Era como se interpretasse um papel. Vivia tentando se fazer notar, querendo que as pessoas gostassem dela e estivessem à sua disposição. Precisava ser sempre a primeira, levar o prêmio, ficar com a glória.

Creio que nunca disse a ela para ser melhor esposa ou mãe. Ela passou um período na Suíça fazendo análise. Só se interessava por suas carências e necessidades emocionais, e ficou muito evidente que por algum tempo ela nem se interessava pelos filhos. E não foi só isso. O dr. Meier, o analista, também virou seu amante. Quando a mãe de David morreu, Jennifer continuou na Suíça e não voltou para os Estados Unidos. Sabendo como ele era ligado à mãe, a decisão não me pareceu muito boa. David realmente precisava dela, e Jennifer não estava ao lado dele. Então o fato é que não era uma esposa. Tinha o papel, mas se negava a atuar.

CARTA DE JENNIFER JONES A DAVID SELZNICK, MARÇO DE 1959:

Querido,

Comigo vai tudo bem. Estou recebendo uma alimentação ótima, fazendo exercícios fantásticos em Bircher-Benner e trabalhando com Meier. Em dois meses, devo voltar como uma leoa pronta para um leão.

Te amo e sinto tanta saudade, meu querido, que nem sei dizer. Por ironia o tempo está maravilhoso, realmente maravilhoso agora. Sol, lua cheia, o tratamento completo.

Espero que você esteja bem e tudo corra conforme o planejado, mas mais que tudo espero que esteja com um pouco de saudade de mim. Betty Bogart apareceu aqui, vindo de Klosters a caminho de Londres, com os dois filhos, e me disse que estou abusando da sorte. Que você é um cara muito atraente e, nas palavras dela, há uma fila enorme de mulheres esperando alguém assim. Respondi que minha preocupação diminuiu depois que ela saiu da Califórnia; que eu percebia o risco, mas que precisava continuar trabalhando com o dr. Meier. A resposta dela, acredite ou não, foi literalmente a seguinte: "F... o doutor, vá para casa e dê uma boa t..., assim não vai precisar nem dele nem de dietas". Assim falou a especialista.

Adieu, beijos,

Jennifer

BOB WALKER: Qual era a essência de David? Era um cara muito bem realizado e no entanto, fisicamente, era um caso perdido. Lembro que jogava um pouco de croqué e tênis, mas sempre com um cigarro na boca. Batia a bola entre uma tragada e outra.

Mamãe tentava me proporcionar figuras paternas aqui e ali. Ela me mandou para seu psiquiatra, o dr. Meier, depois de se tratar com ele em 1958, quando eu estava com dezoito anos e estudava em um internato em Zurique. Lembro as partículas de poeira flutuando na biblioteca. Ele era o braço direito de Carl Jung e tinha a cara do psiquiatra clássico, com uma barba magnífica e tufos de pelos saindo das orelhas. Fumava um cachimbo muito romântico, com aquele fabuloso tabaco holandês. Era muito erudito, muito junguiano. De fato conheci algumas pessoas maravilhosas graças à paixão de mamãe pela terapia.

Quando veio a década de 1960, eu acabava de fazer vinte anos e estava de volta a Malibu. Andava passando muito tempo com Dennis Hopper. Quando éramos mais novos, tínhamos sido muito chegados e conhecíamos as mesmas pessoas. Ele ia sempre àquelas exposições de arte em La Cienega Boulevard e me levava junto.

Dennis Hopper.

Nós dois fazíamos fotografia e montei uma série com ele acendendo um cigarro ao lado de um anúncio do refrigerante Dr. Pepper.

Dennis, Teri Garr e Toni Basil fizeram um happening no estacionamento logo ao lado do carrossel em Santa Monica. Iris Tree, mãe de Ivan Moffat, tinha um apartamento lá perto, e Claes Oldenburg também morava lá. O mundo era nosso. Vivíamos tipo: "Uau, olha aquele cartaz!". Era sempre: "Uau, olha isso! Den-

Bob Walker.

nis, Dennis, uau, você viu?". Tudo era "uau", tudo era um barato, o mundo sempre cheio de possibilidades. Lembro que eu era meio louco e estava sempre com tesão. Quer dizer, com todas as garotas e o pessoal doidão, usando erva da boa, eu me sentia enturmado, de cabelão comprido, às vezes com barba, miçanga, olhar alucinado. E aquele carrossel girando só aumentava o barato, a paixão daqueles momentos. Sempre que ouço aquela música de carrossel, só penso no meu pai em *Pacto sinistro*. Ela me volta à cabeça. Tem certas coisas que viram um marco na vida da gente, e esse é um deles para mim. A cena no carrossel, alucinada como era, combinava com a doideira psicológica do meu pai. Um maluco.

Jane Fonda e Roger Vadim alugaram a casa ao lado. Deram aquela festa incrível no Quatro de Julho em 1963, quando ela convidou os Byrds para tocar. Era tudo gente jovem e interessante, como Terry Southern, Jack Nicholson, Dennis Hopper, Peter Fonda, grandes escritores, atores, diretores e artistas plásticos. Os filhos de Bob Dylan estavam sempre por lá. Os nossos eram amigos dos filhos de Richard Pryor, e assim Ellie era amiga da mulher de Dylan, das mulheres de Pryor etc. A gente tomava Lafite Rothschild 1959 a rodo e fumava erva da melhor. Naquele tempo uma garrafa de Lafite Rothschild saía por 26 dólares. Claro que nem sentíamos o gosto, estava todo mundo tão chumbado que nem notaria se fosse vinho barato. Nossa casa tinha um telhado inclinado magnífico e no intervalo os Byrds subiram lá para ficar com a gente, além de Fonda, Hopper etc., fumando uns, olhando as estrelas e gozando a vida. Todos nos sentíamos numa celebração, como guerreiros cósmicos.

JANE FONDA: Como escrevi nas minhas memórias, eu tinha bastante tempo de folga durante a filmagem de *Caçada humana* e resolvi festejar o Quatro de Julho na praia. Nunca tinha dado uma festança hollywoodiana e, como sempre, imaginei que seria o maior tédio. Perguntei ao meu irmão, que ao contrário de mim conhecia o novo cenário musical, que banda eu devia contratar. Ele respondeu sem a menor hesitação: "The Byrds". A banda tinha David Crosby e Roger McGuinn, e havia um verdadeiro séquito underground de fans que acompanhava a banda em todas as apresentações. Eles estavam para estourar na praça com a versão de "Mr. Tambourine Man", de Dylan. O palpite de Peter foi certeiro: eles foram perfeitos. Montamos bem na praia uma tenda enorme com uma pista de dança. Convidei a velha guarda de Hollywood, e Peter, para garantir a dança, divulgou entre o pessoal do fã-clube da banda. Imagine um "Big Sur encontra Jules Stein", "dreadlocks encontram pleybas". Papai montou uma grelha e passou a noite ao lado dela regando um leitão inteiro, feliz com a atenção que ganhava por seus talentos culinários. Foi considerada a festa da década, comentada por muito tempo.

MARIN HOPPER: Todos os fins de semana eu ia com meus pais à casa de Jane Fonda e Roger Vadim em Malibu. A cidade era superinteressante. Tinha bastante glamour, por causa da grana e do pessoal que frequentava a área. Mas o visual nunca foi grande coisa. Não era como os Hamptons, onde você tem aquela praia fabulosa, com as dunas de areia e a cor do mar, aquele azul-cinzento, cor de aço, diferente do Pacífico, que é mais claro. Malibu é um favelão! Uma faixa na estrada! É uma praia feia com umas taperas para o povo mais rico, mais fantástico, mais glamoroso do mundo. Então você fica ali nadando numa água de esgoto e morando nuns barracos. É só disso que me lembro, achava isso mesmo quando criança. Eu pensava: Tudo bem, aqui estamos, todo mundo contente, mas onde mesmo? Ah, bem na frente da estrada!

Meus pais eram frequentemente convidados para ir aos domingos à casa de Larry Hagman, em Malibu. Lembro que fui algumas vezes, e era muito esquisito — todo domingo o anfitrião fazia voto de silêncio e não falava com ninguém. Ele estava sempre com uma espécie de caftã com capuz, caminhando pela praia em silêncio com um estandarte. Outras pessoas iam atrás em procissão, com vários tipos de bandeiras, bandeiras medievais, bandeiras de cores vivas, bandeiras enormes, também em silêncio. Creio que ele fazia isso todos os domingos, era um ritual. Ele não estava nem aí se a gente acompanhava sua caminhada ou não! Era aquilo que estava acontecendo, e pronto, uma coisa muito séria. Hagman era um cara muito decidido, de ideias firmes. Não lembro se era religioso. Na verdade, nunca entendi aquilo. Acho que foi uma coisa que acompanhou a infância dos filhos, eles sabiam que o pai não falava aos domingos, e pronto.

BOB WALKER: Por volta dessa época, Michael, meu irmão, apareceu com essa garota. Ele já tinha passado por poucas e boas. Tinha tentado se matar e fora internado algumas vezes. Simplesmente não conseguia dar conta. Uma de suas maneiras de lidar com a vida era não cuidar de si mesmo. Quer dizer, nunca consultou um médico, nunca se alimentou direito, fumava feito uma chaminé e seu estilo de vida não era nada saudável. Michael estava morando na Europa quando teve o primeiro surto. Foi encontrado por um agricultor numa zona rural da França, com os pulsos sangrando, à beira da morte num fim de mundo. Por acaso havia um hospital por perto e a hemorragia foi estancada.

Voltou para os Estados Unidos e ficou em várias instituições aqui, todas tentando salvá-lo de si mesmo. Tinha frequentado Yale, tinha interesse em arqueologia e antropologia. E então nós dois começamos a atuar. Não creio que ele pretendesse ser ator, na verdade. Nem creio que gostasse do palco. Frequentou vários cursos de interpretação, Strasberg e tal. Tentou, mas nunca se sentiu à vontade naquilo.

Então se casou com uma fadinha loira muito meiga e de olhos grandes, Jennifer Duteil, que aliás tinha esse nome por causa de Jennifer Jones. Tiveram uma filha, Amy. Mas o casamento não durou. Depois da separação, Michael ficou meio perdido, bebendo e tentando tocar a vida. Desistiu de atuar e só pegava uns bicos, o que conseguisse arranjar. Tinha graves problemas que o impediam de ser uma pessoa normal, não conseguia chegar aos lugares no horário, não mantinha um emprego. Sua cabeça estava sempre a mil. Ele carregava tudo dentro dele, ruminava, digeria, regurgitava e digeria outra vez. Um pesadelo, uma tortura mental. Nem consigo imaginar. Sei que uma coisa que o afetou muito foi quando, aos três anos, ele entrou sem avisar no banheiro de mamãe e ela estava nua. Ela teve um troço, gritou e bateu a porta na cara dele. Naqueles dias, as pessoas não costumavam andar nuas na frente dos outros, sabe? Para Michael, foi um choque tremendo. Talvez tenha sofrido o resto da vida de uma pequena síndrome de estresse pós-traumático por causa desse episódio.

É possível que Michael se sentisse em segundo plano em relação a mamãe. Talvez sentisse que nunca estava à altura das expectativas dela ou das minhas. Veja, não imagino que houvesse qualquer expectativa que eu devesse preencher. Mas tenho certeza de que Michael se sentia muito criticado por mamãe e David, achava que eles não lhe davam apoio. Acho que ficava intimidado com a capacidade e a inteligência de David, por exemplo. Ele era muito inteligente. Podia questionar e discutir com qualquer um, horas a fio.

DANIEL SELZNICK: Meu pai ficou mais rabugento com a idade, pois se via cada vez mais frustrado com sua incapacidade de manter o grau de controle que costumava ter sobre a própria carreira. Nada estava dando certo para ele. A Fox o dispensou da produção de *Suave é a noite* em 1962, então ele estava tentando inventar alguma coisa. E escondia tudo isso de Mary Jennifer.

No final da vida, meu pai deu um jeito de passar boa parte

do tempo em Nova York. Morava nas Waldorf Towers. Mary Jennifer morava com ele, e Emily Buck também. Mary Jennifer era muito feliz lá. Era muito ligada em David.

Enquanto isso, Jennifer ia à Índia com grande frequência, em viagens espirituais. A única pessoa que conversou comigo sobre essas viagens com alguma percepção da coisa foi Christopher Isherwood. Chris escreveu uma peça com Don Bachardy, uma adaptação de seu romance *Encontro à beira-rio*, que foi dirigida por James Bridges. É sobre dois irmãos ingleses que vão à Índia e um deles vira monge. Jennifer procurou a espiritualidade durante a vida toda.

Meu pai vivia à base de benzedrina. Tinha criado dependência. Fumava de três a quatro maços de Kent por dia. Estava com seu advogado quando morreu, em 1965. Tinha ido ao escritório discutir um contrato pendente, não sei sobre o quê. Produção ou distribuição de coisas novas. O médico me falou mais tarde que ele poderia ter vivido até os noventa se não tivesse prejudicado o coração com tabaco e drogas. Tinha apenas 63 anos.

No dia seguinte, tomei o avião até LA para ver Mary Jennifer em Tower Grove. Ela não fazia ideia de que David tinha problemas de saúde. Eu estava conversando com Jennifer fazia umas duas horas quando Mary Jennifer entrou na sala, o rosto totalmente ensopado de lágrimas. Haviam lhe dado um sedativo e ela mal conseguia falar.

SUSAN SPIVAK: Jennifer era minha amiga e fui advogada dela. Só lembro de uma única coisa que ela me falou a respeito da infância de Mary Jennifer. Jennifer estava em Londres com David Selznick e ele ergueu a filha até a janela e disse: "Veja, Mary Jennifer, ali está a lua. Quer a lua? Vou lhe dar a lua. Ali estão as estrelas. Quer as estrelas? Vou lhe dar as estrelas".

BOB WALKER: Depois que David morreu, minha mãe engatou um caso com outro analista. Acho que o sobrenome dele era Newton. Ela o tratava por Fig, um apelido carinhoso.* Ele lhe dava rãzinhas. Era o pequeno totem deles. Me parecia um sujeito inexpressivo, podia ser vendedor de eletrodomésticos, de aspiradores de pó. Era caretão, sabe? Baixote. Uma figura apagada, mas devia ter algum charme, pois alguma coisa despertou o interesse dela. E ele devia estar em negação. Não posso me envolver. Não posso ter um caso com minha paciente. Talvez algo tenha dado errado no caso deles e minha mãe destrambelhou. Tentou se matar algumas vezes. Naquela época, ela estava perto de Malibu, em Point Dume, na praia, mas não lembro os detalhes.

DON BACHARDY: Sabe aquela tentativa de se afogar no mar? Chris e eu ficamos muito tristes e chocados. Chris enviou um lindo cartão-postal a ela dizendo: "Jennifer, querida, da próxima vez que for nadar, convide-nos para ir junto". Ela adorou e prontamente nos convidou para o jantar, como prova de que não andava pensando em suicídio. Ficou muito constrangida com todo o alvoroço e as manchetes. E nos garantiu que não ia repetir aquela bobagem. Creio que estava apenas se sentindo deprimida. Como todos nós nos sentimos às vezes.

DANIEL SELZNICK: Para os que se lembram de *Nasce uma estrela*, é tudo uma grande ironia. A primeira página do *Los Angeles Time* trazia Jennifer entrando no mar, como Norman Maine no filme, uma das mais famosas imagens de David Selznick.

Achei ironicamente cômico — ou comicamente irônico — que os jornais concluíssem que ela ainda pranteava a perda de

* Referência à bolacha recheada Fig Newtons, muito popular então.

David Selznick e por isso tivesse tentado se matar. O que Jennifer estava pranteando era a perda de Fig Newton, que tinha terminado com ela. Ouvi dizer que ela entrou na sala de jantar da casa dele, quando ele estava comendo com a mulher e os filhos, e disse: "Já esperei muito. É hora de você levantar dessa cadeira e deixar esta casa". Então ele botou Jennifer para fora. Faz parte da lenda familiar. Você precisa ter muita confiança em si como mulher para achar que pode confrontar o amante, a esposa e os filhos. Foi chocante. Como tantos homens em casos extraconjugais, ele deve ter prometido: "Vou deixar minha mulher. Só me dê um tempinho". Ela conhecia bem esse papo. Dá para imaginar quantas vezes David lhe disse isso em meados dos anos 1940. O dr. Newton provavelmente tinha feito essas promessas e não estava cumprindo. Então, não muito tempo depois, ela entrou no mar. Mary Jennifer, que tinha catorze anos, sabia que a mãe estava tendo um caso. Ela me disse: "Você notou que ela deu um jeito de ligar para o terapeuta logo antes de entrar na água? Não foi esperto da parte dela?". É evidente que a intenção de Jennifer não era se afogar.

Newton era inteligente, carismático e magnético. Tinha grande interesse pelo tema das múltiplas personalidades. Eu soube que ele conseguiu que Jennifer doasse um valor considerável para um documentário seu sobre o assunto, dinheiro que ela retirou do montante que recebeu com a apólice de seguro do meu pai. Muito persuasivo, aquele analista. Ela havia feito o papel de Nicole em *Suave é a noite*, que é a história de um analista, Dick Diver, que é infiel à mulher, Nicole. Era meio assustador que ela estivesse vivendo agora, em carne e osso, a história dos personagens de Scott Fitzgerald. Jennifer estava muito bem naquele filme, muito convincente no papel de paciente psiquiátrica.

Floating Unconscious

JENNIFER JONES FOUND IN OCEAN

FOUND IN SURF—Actress Jennifer Jones is taken by ambulance to a hospital after being found floating unconscious in surf off Malibu.

Times photo by George R. Fry

Deputies Haul Actress From Surf at Malibu Beach Cove

BY WILLIAM McPHILLIPS
Times Staff Writer

Actress Jennifer Jones was found floating unconscious in the surf at the foot of a 1,400-foot cliff on the Malibu coastline Thursday night.

Hauled from the rocky cove by sheriff's deputies who had been searching for her for nearly an hour, the 48-year-old widow of producer David O. Selznick was revived by mouth-to-mouth resuscitation.

She was taken by ambulance to Malibu Emergency Hospital, where she was reportedly recovering "satisfactorily."

The hunt was touched off when a doctor, who said Miss Jones was his patient, told police she had called him from a Malibu telephone booth to say she had "taken some sleeping pills and was going to take more."

The call from the actress was traced and at Point Dume, high above Westward Beach, Deps. Paul Piet and Eldon Loken found her 1968 Mustang parked.

On the rocky beach below, they found her sweater and white sandals, neatly placed side by side. Then, in the murky water, they saw her unconscious form.

"She had just taken off her things and waded in," said Piet.

They dragged the unconscious actress, who was dressed in tan slacks and a white blouse, to the beach and revived her with mouth-

Please Turn to Page 20, Col. 1

Jennifer Jones

Charles Bickford, Veteran of Stage and Screen, Dies at 78

BY ROY HAYNES

Los Angeles Times, *10 de novembro de 1967.**

SALLY KELLERMAN: Ela me contou várias coisas — mais tarde, não na época em que estava com ele — sobre o cara, um terapeuta chamado Fig Newton. Tive a impressão que era um sujeito baixinho e pouco atraente. Quando perguntei como ele era, Jennifer respondeu: "Bem, não é nenhum Cary Grant". Mas estava totalmente apaixonada. Faziam verdadeiros piqueniques no consultório. Jennifer levava coisas deliciosas e então tinham a sessão. E era isso mesmo, entendeu? Ah, meu deus! Uma vez ela foi até a casa dele e subiu na cerca para espiar. Era danada, a Jennifer. De

* A manchete do jornal diz: "Boiando inconsciente: Jennifer Jones é encontrada no mar".

verdade. Lembra dela em *Duelo ao sol*? Não preciso dizer mais. Tenho essa imagem de Jennifer subindo o morro agachada. Sabe, nada a detinha. Tiveram um caso ardente.

ALICE WEXLER: Meu pai foi analista de Jennifer por quarenta anos, desde 1967, mais ou menos. Fiquei meio horrorizada com a história de que ela pediu a aprovação dele para casar com Norton Simon, queria saber se ele concordava. Eu jamais perguntaria isso ao meu terapeuta. Acho que foi arrogância dele ter tomado a decisão por ela. As pessoas chamavam meu pai de "o guru". Ele era muito cortês, isso ele era. E muito elegante. Mas também podia ser inflexível e duro, muito colérico. Ah, tivemos grandes brigas. Ele apoiou Norton Simon, lembro disso. No entanto, discordava dele em certas questões. E lhe dizia. Norton era durão, páreo para papai. Era destemido. Quer dizer, papai tinha uma autoconfiança enorme e não se intimidava à toa. Creio que às vezes ele se achava o mais sábio dos homens, acreditava que ia salvar o mundo ou salvar os outros. E não tinha muito senso de limite. Era pouco convencional no trato com algumas pessoas. Fez amizade com pacientes, coisa que não se deve fazer. Nisso ele era um tanto arrogante, ao meu ver. Creio que racionalizava que seria uma boa coisa para o paciente, quando na verdade talvez fosse bom para ele mesmo.

> "AMOR À PRIMEIRA ANÁLISE SE TRANSFORMA EM BENEFICÊNCIA", *LOS ANGELES HERALD EXAMINER*:
> Quando Norton Simon conheceu Jennifer Jones, foi o "profundo envolvimento" de ambos na psiquiatria que os levou à atração mútua — mais do que a evidente beleza e fama dela, mais do que a evidente riqueza dele. "Não se conectaram" no primeiro encontro, numa pequena festa em Los Angeles, porque, lembra ela, "Norton

estava preocupado com seu projeto artístico". Colecionador famoso, ele fundou o Norton Simon Museum of Art em Pasadena. "Mas, no segundo encontro, levei meu psicanalista, Milton Wexler, para avaliá-lo", diz ela, com um largo sorriso. "Eu estava garimpando verba para um projeto do qual eu participava, a Fundação de Doenças Hereditárias [de Wexler]." Logo depois, foi a vez de Simon introduzir o psicanalista dele no incipiente romance, para avaliar Jennifer. Três semanas depois, estavam casados — com um acordo pré-nupcial. "Norton me disse: 'Sou macaco velho e você também. O que você queria?'." Os dois sorriem. "Então ele doou uma soma para a Fundação de Doenças Hereditárias e não tirou muita coisa de mim, a não ser lençóis de linho Porthault já bem gastos e um jogo de porcelana lascada." "Ah, foi sim", diz Norton numa voz suave. "Tínhamos muito em comum."

Norton Simon e Jennifer Jones Simon na praia perto da casa deles em Malibu, Califórnia, 1974.

WALTER HOPPS: Quando Jennifer Jones e Norton Simon se casaram, em 1971, imediatamente fixaram nova residência na Pacific Coast Highway, número 22 400, logo ao sul da Malibu Colony, numa casa contemporânea de onde se podia ver o mar batendo na areia.

Norton tinha toda uma mitologia moderna, baseada na vontade e numa espécie de ação irracional diante do absurdo completo e do nada. Mas depois ele veio a se interessar por estilo, por atitude, pelo modo de agir. Assim, as ideias associadas à obstinação voluntariosa, voraz e megalômana dos impiedosos magnatas anteriores — Mellon, Carnegie, Frick, Rockefeller — se integraram a Simon, de forma que ele era, ao mesmo tempo, uma coisa nova e a reencarnação de algo antigo. Também parecia querer fazer no Oeste o que fizeram Stanford, Hopkins, Crocker e Huntington. Mas, ao contrário deles, Norton utilizava essa posição filosófica como base da sua tremenda ambivalência quanto a deixar uma marca duradoura na sociedade. Essa ambivalência muito profunda o impedia de sossegar e certamente caracterizava sua maneira de falar sobre objetos pelos quais, imagina-se, sentia admiração e até amor. Tudo estava à venda.

Simon sossegou um pouco, se é que se pode dizer assim, quando casou com a segunda mulher, Jennifer Jones. O estilo dela começou a impregnar esse magnata que se fez sozinho, que as pessoas geralmente consideravam impiedoso. O próprio Simon sempre caracterizava sua posição na vida como a de um "empresário existencial". Palavras dele. Provavelmente significavam: "Vocês nem imaginam o que vou fazer agora". É uma boa chave de leitura. Ele se via como um cara com opiniões totalmente contraditórias que agia de uma maneira que não era ditada pela lógica.

Mas, seja qual for o significado de "empresário existencial", isso lhe conferia um ar aflito e angustiado — acho que nunca o vi sorrir antes do casamento com Jennifer Jones. Depois, Norton deixou crescer o cabelo e começou, pelo menos em casa, a vestir camisa com os primeiros botões desabotoados ou pulôver de gola alta e calça esporte, tipo roupa informal feita sob medida. Antes de Jennifer, ele só usava ternos normais, muito austeros.

Norton Simon começou a colecionar quadros em meados dos anos 1950, e no final dos 1960 já havia desembolsado nisso cerca de 65 milhões de dólares em dinheiro vivo. Ele ultrapassava a compulsão de Chester Dale e Andrew Carnegie, rivalizava com a de Andrew Mellon e talvez superasse todos os colecionadores americanos em termos de número de obras adquiridas. O núcleo da coleção era oitocentista, mas recuava até o barroco e mesmo antes. A casa onde ele morava até casar com Jennifer Jones era uma edificação moderna relativamente inexpressiva em Hancock Park. Belas madeiras, texturas bege simples, mas ricas, muito mobiliário moderno insípido. Algumas boas peças antigas e quadros realmente magníficos. Mas faltava estilo, para dizer o mínimo. Ele concentrava toda a atenção nos objetos de arte, fosse um gato egípcio dourado com um brinco ou os Cézannes, Pissarros, Matisses e Monets que tanto amava.

Uma vida simples, despojada. Mas a vida dos negócios era bizantina e complexa, muito reservada e internacional naquela época. Também faltava estilo: não tinha colorido, parafernálias complicadas, amigos ou ocasiões sociais. Ele entrou em Berkeley, na Universidade da Califórnia, nos anos 1920, mas largou depois de um mês e meio. Começou seu império nos anos 1930 com uma pequena fábrica de enlatados em Fullerton, e nos anos 1940 controlava a Hunt's Foods. Nos anos 1970, muitos milhões de dólares depois, já havia adquirido uma coleção de arte extraordinária — e Jennifer Jones era um bem realmente valioso.

TOMOYUKI "YUKI" TAKEI: Conheci Jennifer Jones quando eu tinha 26 ou 27 anos. Fazia sua maquiagem e seu cabelo, viajava com ela para todos os lugares. Passei mais tempo com ela do que qualquer outra pessoa, mais do que Norton. Eu tinha visto Jennifer em *Suplício de uma saudade*, que teve grande sucesso no Japão, e havia me perguntado: "Quem é?". Descobri que ela gostava de coisas japonesas e coisas asiáticas ou indianas, como meditação e ioga. Era muito japonesa em alguns aspectos. Boas maneiras, sabe? Conversávamos sobre a cultura e a história japonesa. Uma vez ela me disse: "Creio que na encarnação anterior fui asiática. Sou de Okla, mas minha verdadeira origem é em parte indiana, em parte ameríndia e em parte asiática". Continuou: "Sou de Okla, mas detestava aquilo lá. Não via a hora de sair".

Eu levava quatro horas para fazer o penteado e a maquiagem. Era tudo para Norton: cabelo, maquiagem, roupas bonitas. Tudo para ele. "Norton merece que eu fique bonita." Ele pagava. Eu fazia o cabelo dela todo dia, era um custo inacreditável. Em um ano, dava para comprar uma casa no Valley. Fiz o cabelo dela por mais de trinta anos, às vezes de manhã e à noite. Ela não tirava a maquiagem à noite. Deixava até eu chegar. Ia se deitar maquiada. Sabe por quê? Não era por Norton, era por ela mesma. Dizia: "Se eu passar mal à noite e tiver que ir para o hospital, não quero estar sem maquiagem quando forem tirar minha foto". Ela fazia isso todas as noites.

WALTER HOPPS: Norton e Jennifer criaram uma tradição de festas anuais na véspera do Natal. Fui à primeira ou à segunda. Jennifer tinha decidido alterar o estilo de Norton, e aquela festa marcou uma mudança que eu nunca tinha visto. O interior da casa foi decorado de forma cara e exuberante, numa atitude rematada de consumo ostensivo com um gosto e uma imaginação que só se pode descrever como beatnik californiano rico. A presença de um sarcófago egípcio de pé no vestíbulo parecia apontar para isso. Na época, estava no auge uma espécie de esteira de palha trançada, e Jennifer a usava por toda parte. Tecidos requintados cobriam as paredes. Era muito evidente a influência do decorador dela, Tony Duquette. E flores. Não lembro de ter visto flores frescas na casa anterior de Simon, mas o novo lugar era luxuriante: orquídeas, begônias, samambaias. Foi assim que Jennifer decidiu rivalizar com a intensidade dos quadros.

O círculo social em torno de Norton havia mudado com seu novo status. Ele se tornara aceitável como multimilionário no mundo social do cinema, não era mais um forasteiro. Lembro que encontrei o dr. Franklin Murphy naquela noite. Murphy desempenhava vários papéis: ex-reitor da UCLA, presidente do conselho diretor do *Los Angeles Times*, membro do conselho de várias instituições culturais, desde o Kress ao Los Angeles County Museum. Ele gostava de beber, e curiosamente foi ele que me relembrou — tarde da noite, de uma maneira súbita e surpreendente — o motivo da festa. Murphy estava à toa, cambaleando um pouco, se encostando no balcão de um barzinho improvisado no canto do santuário mais íntimo de Simon, seu escritório particular. Bem, escritório, no caso, significava uma enorme pilha de livros amontoados contra uma das paredes, esperando leitura, um arquivo trancado e uma escrivaninha vazia, só com um monte de telefones, sugerindo a mesa de um bookmaker de meia-tigela. Notei que Franklin Murphy deu um passo em falso, cambaleou um pouco e bateu num quadro, que ficou torto. Era uma pintura delicada da Virgem com o Menino Jesus recém-nascido, de Hans Memling, e foi engraçado porque deu uma espécie de perspectiva grogue à ocasião. Falei para Murphy: "Bem, é a festa dele, afinal". E Murphy perguntou: "De quem? De Norton?". "Não, *dele*", disse eu apontando para o quadro. Acho que Murphy não entendeu.

DAVID GEFFEN: Minha relação com Norton veio a se desenvolver de fato quando nos tornamos vizinhos em Carbon Beach,

Malibu. Ele me incentivou a colecionar obras de arte. O primeiro quadro que comprei foi um nenúfar de Monet. Liguei para Norton e disse: "Comprei um nenúfar lindo, e adoraria que você desse um pulo aqui para dar uma olhada". Então ele veio, olhou o quadro e falou: "David, é um nenúfar absolutamente fantástico. Simplesmente maravilhoso. Preciso dele para minha coleção. Quanto você quer?". Respondi: "Não quero vender, acabei de comprar". Ele disse: "Eu preciso ter esse quadro". Então falei: "Bem, se é assim, eu vendo pelo preço que paguei". Bem, ele era um bom amigo. Então comprou. Anos depois, eu estava andando com John Landau, empresário de Bruce Springsteen, e entramos na galeria Wildenstein. Um dos Wildenstein me disse: "Ah, temos um lindo quadro. Gostaria de lhe mostrar. É um nenúfar". Falei: "Ah, adoro nenúfares". Então vou ver e é um nenúfar lindíssimo. Falei: "Acho que já vi antes". Ele respondeu: "Pode ser. Estava no Norton Simon Museum". Era o quadro que eu tinha vendido a Norton, e a galeria estava pedindo um preço muitas vezes acima do que eu tinha vendido. Creio que paguei de 400 mil a 600 mil dólares, e agora estava na faixa de alguns milhões. Então liguei para Norton e disse: "Estive na Wildenstein hoje e vi aquele quadro lindo. Meu nenúfar". Ele respondeu: "Você quer dizer *meu* nenúfar". E ele tinha razão, o nenúfar era dele.

Ele sempre queria me ensinar a ganhar dinheiro. Anos mais tarde, depois que se aposentou, lembro que eu estava passeando pela praia e passei na frente da casa que eles haviam comprado de John Frankenheimer. Tinha uma sacada no quarto, e do outro lado da porta de vidro havia uma escrivaninha. Vi Norton sentado com um telefone em cada ouvido. Mais tarde liguei para ele e disse: "Achei que você estivesse aposentado". Ele respondeu: "Estou". Retomei: "Vi você pela janela com dois telefones, um em cada ouvido". Ele falou: "Ah, estava negociando no mercado de câmbio". Então eu disse: "Isso não é bem uma aposentadoria". E ele: "Ah, não, para mim, negociar câmbio é como jogar tênis".

MARTIN SUMMERS: Fui para a galeria Lefevre em 1967, e Norton começou a me ligar em Londres. Foi na Lefevre que descobrimos os grandes moldes das esculturas de Degas. Tínhamos a coleção inteira, inclusive a famosa menina de catorze anos, que compramos por 1 milhão de dólares. Íamos vender a coleção, e a primeira pessoa em quem pensei foi Norton. Julgávamos que tínhamos o molde genuíno, mas não autorizado, do conjunto. Não havíamos percebido que era o conjunto original usado para a fundição de todos os outros e, sendo assim, o conjunto de bronzes de Degas mais importante do mundo. Mas lá estavam eles. Levamos para Londres e lembro que poli amorosamente um por um. Sou fã de Degas e era o máximo poder lidar com cada um deles. Liguei para Norton e disse: "Temos algo extraordinário, que você deveria comprar". Ele respondeu: "Tenho interesse. Vocês têm o bronze número 33 [*Grande Arabesco, Primeira Vez*]?". Falei: "Claro que temos o bronze número 33". Ele disse que ligaria de volta.

No dia seguinte, ele telefonou bem cedinho e disse: "Tem um avião saindo de Londres hoje às 8h15 da manhã. Traga aquele bronze". Peguei o bronze, embrulhei num manto, pus dentro de uma maleta de mão e saí correndo para o aeroporto. Embarquei a peça como bagagem de mão. Naqueles dias você não precisava de licença de exportação. Ficou no bagageiro, logo acima de mim. Em Los Angeles, entrei num táxi e cheguei uns vinte minutos atrasado para nosso encontro no Polo Lounge do Beverly Hills Hotel. Lembro que penteei o cabelo e que estava com a roupa um pouco amarfanhada, carregando a estátua de bronze que tinha tirado da maleta. Segurei bem firme e entrei no Polo Lounge, e lá vi Norton sentado com seu assistente, Darryl Isley. Num reservado, no centro da mesa redonda, estava o bronze dele. Era como se fosse uma disputa, entende? Sentei e pus meu bronze número 33 em cima da mesa também. Ele pegou o meu e eu peguei o dele. Norton disse: "O seu é falsificado". Darryl interveio: "Norton, eu não iria por aí". Eu estava observando o bronze de Norton, que era uma fundição de terceira geração, todo liso e suave. Dava para ver as incisões no molde, eram muito ásperas comparadas ao meu jogo dos moldes. Falei para Norton, sem dizer que o dele era falso: "Espero que quem lhe vendeu isso aceite de volta, porque não merece estar na sua coleção". Achei que era a maneira mais educada de dizer. Depois ele acabou indo a Londres e comprou a coleção inteira. O conjunto saiu por 2 milhões de dólares — hoje sairia por 40 milhões.

JUDY SIMON: Norton era muito competitivo, por natureza. Passava o tempo todo criticando muito os dois filhos, Bob e Don. Don, com quem me casei mais tarde, disse que não era tão ruim até eles chegarem à idade adulta. Ele via os garotos como concorrentes, não como filhos. Era estranho, os dois estavam muito longe de ser concorrentes: Bob era um poeta que vivia com um volume de Emily Dickinson debaixo do braço, e Don se interessava por relações internacionais. Norton quis que Don largasse Berkeley no primeiro semestre, como ele, que abandonara a mesma universidade depois de um mês e meio. E então, quando foram trabalhar na Hunt's Foods, ele designou funções secundárias aos dois, mantendo-os sob sua supervisão e não dando o mínimo estímulo, ao contrário. Esse pai poderoso lhes dizia continuamente que eles eram burros e não prestavam para nada.

Quando completaram 21 anos, Don e Bob passaram a dispor de uma fortuna fabulosa. Herdaram do avô, Myer Simon, ações da empresa de Norton. O pai exigiu as ações de volta. Disse: "Vocês não trabalharam para ganhar, então não merecem esse dinheiro. Quero tudo de volta". Bob ia assinar a transferência, mas Don foi mais firme e disse: “Devolvo metade, mas não tudo”. Don teve a firmeza de falar isso, mas Bob era sensível demais para enfrentar um pai tão poderoso.

JOAN WILLENS BEERMAN: Bob se matou com um tiro no closet acima do quarto onde ele e a mulher, Sylvia, dormiam. O sangue começou a gotejar sobre a cama, e foi assim que ela o encontrou. Ela mesma me contou. Estava no último mês de gravidez. Foi muito triste. Ele tinha uns 28 ou trinta anos. Fiquei com um enorme sentimento de culpa por não ter percebido os sinais. Bob havia passado por episódios de depressão profunda. A certa altura descobriram que tinha uma arma e a tiraram dele. Então ele saiu e comprou outra, imediatamente. Achava que não conseguiria ser o pai que gostaria de ser para a criança que viria. Sentia-se despreparado e pensava ter tantos defeitos que isso prejudicaria a criança. Esse é o legado de Norton. Os dois garotos eram supermeigos. Dois rapazes com uma sensibilidade que não estava preparada para tantas repreensões do pai. Ele humilhava muito os filhos.

JUDY SIMON: No dia em que enterramos Bob, Norton estava profundamente, absolutamente consternado, mas não falou nada sobre sentimento de culpa. Chorou no funeral e durante o almoço. Bob era seu favorito. E então ele começou a confrontar Don, brigando durante o almoço. Não lembro exatamente das palavras, mas ficou falando coisas muito desagradáveis ao único filho restante, no dia do funeral. E Don ficou furioso porque o pai, ao descobrir que o filho tinha uma arma, não falou nada com ninguém. Norton tirou a arma e pôs o filho no hospital para doentes mentais da UCLA, mas Bob arranjou outra. Ninguém, nenhum de nós tinha a menor ideia de que ele estava com esse tipo de depressão. Norton disse: "Creio em doenças do cérebro e por isso investi na tomografia". Para ele, tudo era cerebral.

SALLY KELLERMAN: Eu não tinha grande intimidade com Norton, mas ele sempre foi muito bom comigo. Nós nos víamos principalmente nas festas e recepções que ele e Jennifer davam. Uma vez, ele comentou comigo sobre o suicídio do filho. Foi num jantar na casa em Malibu. Disse: "Pensei que, se ele se dispôs a dar aquele passo, eu conseguiria criar coragem para deixar meu casamento".

JOAN WILLENS BEERMAN: Quando Bob se matou, deixou em testamento um dinheiro para criar uma fundação. Na verdade, era um expediente para escapar aos impostos, e a quantia era bem pequena, mas acabaram encontrando erros na redação do documento. Para escapar aos impostos, que sairiam uma fortuna, os advogados fizeram um acordo para criar uma fundação maior. Assim, foi destinado outro valor, numa espécie de doação forçada. A viúva de Bob, Sylvia, me pediu para ser curadora dessa fundação.

Norton sempre achou que o dinheiro era dele. Era uma questão de controle. Eu estava nos meus vinte anos, uma mocinha, e ele me ligava e dizia: "Este ano, quero que o dinheiro vá para tal lugar". Eu respondia: "Norton, vou levar a questão para a nossa próxima reunião". Ele ficava cada vez mais zangado. Nessa época, estava divorciado da primeira mulher e havia se casado com Jennifer, que abraçara sua causa e também ficava furiosa comigo. Então ela me telefonou e disse: "Precisamos nos ver num local neutro. Pode ser o escritório de Hedda Bolgar". Hedda era uma mulher fabulosa que por algum tempo tinha sido minha mentora e terapeuta de Norton. Como analista dele, ela ia muito além dos limites. Norton lhe deu fundos para criar uma instituição que teve o nome dela, o Wright Institute Hedda Bolgar Psychotherapy

Clinic. Ele comprou o edifício ou algo assim. Foi lá que combinamos de nos encontrar. Jennifer começou a gritar comigo para defender Norton. "Como você ousa fazê-lo rastejar e lhe implorar esse dinheiro?" Sabe, nem era muito, talvez 100 mil dólares por ano ou algo assim. Não era pelo dinheiro, era pelo controle, pelo poder. Fiquei sentada, enquanto ela dizia: "Você nem devia ter nada a ver com a história, só está nisso por causa de Sylvia, e é Norton quem deveria comandar a fundação". E ele ficava lá, sentado, muito quieto, enquanto ela gritava comigo. Por fim eu disse: "O dinheiro não é mais dele". E aí Norton falou: "Eu sabia, eu sabia que era isso que você pensava". Ele saiu de supetão, furioso, e ela foi atrás. Nossos contatos terminaram. Jennifer era realmente uma vaca, e eu não gostava dela. Queria provar sua lealdade a ele, mostrar do que seria capaz de enfrentar por ele. São das poucas pessoas que nunca engoli. Sylvia se mudou logo depois. Pegou o dinheiro e foi embora.

MARIN HOPPER: A primeira vez que visitei Jennifer depois de seu casamento com Norton, eu tinha dez ou onze anos de idade. A caminho de Malibu, minha mãe disse: "Sabe, ele é que faz o ketchup da Hunt" e "Ele fez uma fortuna com tomates e ketchups". E eu, tipo: "Uau, é mesmo? A Jennifer que era casada com David Selznick agora está casada com esse cara do tomate?". Não conseguia juntar as coisas. Falei: "Por que ela ia querer fazer uma coisa dessas?". E minha mãe respondeu: "Bem, ele está muito bem de vida e tem uma coleção de arte incrível. Quem sabe vocês não conversam um pouco sobre as obras dele? Você pode até fazer umas perguntas, sei que você gosta de arte".

Alguns anos depois, lembro que meu tio Bill Hayward visitou a casa de Norton, onde eu estava passando o verão com ele e a mulher. Uma noite, Bill manteve uma longa conversa com Norton sobre tomates e seu plantio. Só Bill mesmo para conversar sobre isso...

Todos os outros diziam: "Ah, Norton Simon, o grande colecionador de obras de arte!". Ninguém mais se atrevia a falar sobre tomates. Lembro que pensei: Puxa, até que enfim entramos no assunto tomates! Havia um grande escândalo na época. Estavam usando gás nos tomates para eles pareceram mais vermelhos. Norton ficou furioso, porque isso afetava o sabor. E Bill estava muito atualizado sobre a questão, inclusive o processo de envase ou enlatamento, como faziam o ketchup, tudo isso. Era evidente que tinha estudado o assunto. Era bem do jeito dele acordar um dia e resolver que precisava saber tudo a respeito de tomates. Ou havia se preparado direitinho para jantar com Norton. Era realmente impressionante!

FABIENNE GUERIN: Nos coquetéis, nos jantares, sempre havia gente com quem conversar, como Lauren Bacall. Eu sempre tinha visto nos filmes aquela mulher linda, cheia de classe, mas pessoalmente Lauren tinha uma boca tão suja como um caminhoneiro. Fiquei chocada que ela usasse "f...". Com um uísque na mão e um cigarro na boca, não tinha nada a ver com a mulher classuda e elegante dos filmes. Mas Jennifer Jones sempre tinha muita classe e se vestia de maneira impecável. Era lindíssima. Convivi muito com Mary Jennifer ao longo dos anos. Ou Jennifer, como ela preferia ser chamada. Quando falávamos *sobre* ela, dizíamos Mary Jennifer, mas, quando falávamos *com* ela, era Jennifer. Assim, Jennifer Jones ficou sendo "a Jennifer mais velha" e Mary Jennifer ficou sendo "a Jennifer mais nova". Mary Jennifer nunca se considerou bonita.

Mas a mãe era uma verdadeira visão. Não usava calcinha. Esse era o lance dela. Acho que nunca usou. As empregadas nos contaram que lavavam seus sutiãs, mas nunca havia nenhuma calcinha. Tampouco usava meia-calça. E estava sempre de vestido. Quando se sentava numa cadeira, parecia montada de lado num cavalo. Cruzava as pernas, e eu sempre pensava: "Que coisa estranha". Não lembro se Mary Jennifer e eu chegamos a comentar sobre isso. Simplesmente sabíamos que a mãe dela não usava calcinha.

MARIN HOPPER: Quando fui com minha mãe visitar Norton e Jennifer na casa em Malibu, lembro que vi Mary Jennifer. A gente se conhecia desde pequena. Eu tinha muito respeito por ela. E admiração: ela era mais velha do que eu e parecia legal. Seu quarto ficava à esquerda, logo que se entrava na casa. Achava Mary Jennifer tão incrível e o quarto dela tão incrível que quis conhecer tudo. Era todo laqueado de preto com espelhos e tinha um banheiro com mais espelhos ainda. Pedi para ela abrir todos os armários e me mostrar tudo. Estava para dizer: "Ei, aqui está você na sua casa nova, com uma mãe recém-casada, recomeçando tudo". E então notei que ela estava cheia de farpas para lançar e pensei: Ai, ai. Quando você é criança, não sabe o porquê, mas sente o drama. Ela estava totalmente vulnerável. Vestia um suéter de cashmere preto, jeans e umas meias de cashmere realmente maravilhosas. Tudo preto. O cabelo escuro combinava com a blusa de gola alta e bem macia. Era tudo muito macio, eu a abracei e tive essa sensação. Lembro que toquei nos pés dela, as meias me pareceram fabulosas. Mas aí vi que ela estava com aqueles picões que as plantas deixam na gente, como uns carrapichos, aquelas coisinhas que grudam — picões mesmo, acho. Estava coberta deles. Eu disse: "Está tudo bem com você?". Ela respondeu: "Tive um dia terrível. Ah, meu deus, tive um dia terrível. Não estou me sentindo bem". Ela havia passeado nas colinas. Perguntei: "Você estava sem sapatos?". Ela respondeu: "Sim". Tinha tirado os sapatos para andar nas trilhas da montanha. Falei: "Você pegou essas coisas nas suas meias tão lindas! Por que quis andar sem sapato e correr o risco de estragá-las?". Ela respondeu: "Estou muito zangada com minha mãe". Lembro que não entendi como alguém poderia se zangar com Jennifer.

Mary Jennifer Selznick, com cerca de dezoito anos.

FABIENNE GUERIN: Eu nunca tinha visto ninguém brigar com a mãe do jeito que elas brigavam. Quer dizer, se eu respondesse para minha mãe, ela me daria um tapa, ou eu levaria uma palmada se fosse malcriada. Mas Mary Jennifer subia para o quarto com arranhões e sinais de unhadas de Jennifer. A mãe muitas vezes não ia jantar porque também estava com marcas de briga. Quer dizer, elas se pegavam. Fisicamente. Nunca vi ao vivo, só as consequências. Eu ficava sentada no quarto de Mary Jennifer, esperando que ela voltasse do quarto da mãe. Ela chegava com o cabelo todo despenteado, e naquela noite não víamos Jennifer no jantar. Seus convidados chegavam e ela não descia. Anos depois, me disseram que, antes que a filha nascesse, David idolatrava a mulher. Jennifer era o suprassumo, significava tudo para ele, ele tinha verdadeira adoração por ela, uma veneração. Fazia tudo por Jennifer. Então Mary Jennifer nasceu e o amor foi transferido. David levava Mary Jennifer a Cannes e a Nova York, trazia presentes para ela quando voltava das viagens, e a mulher ficava escanteada. Acho que Jennifer detestava a filha porque ela roubou o marido dela.

BRODRICK DUNLAP: Mary Jennifer, pelo que lembro, era bonita, esbelta, sexy. Eu tinha dez ou doze anos e lembro que olhava para ela e pensava: "Cara, essa garota é atraente, mas meio esquisita". Era tímida, muito calada, reservada. Nos fundos da casa deles, havia um monte de paletas de madeira usadas para embalar objetos de arte, mas um monte mesmo, formavam pilhas de uns três metros de altura. E Mary Jennifer tinha arranjado uma lona e armado uma tenda grande lá fora, como boudoir pessoal. Tinha todas aquelas coisaradas hippies, e acho que gostava de fumar uns baseados ali dentro. Na época, todo mundo fazia isso, mas os Simon não gostavam daquele tipo de coisa. Então havia essa tenda que ela havia transformado em área pessoal, e um dia Jim, o caseiro de Simon, contratou meu amigo Stuart para ajudar a remover todos aqueles caixotes e as outras coisas da tenda. Mary Jennifer chegou em casa e teve um troço. Começou a gritar, berrar, ordenando que reconstruíssem a coisa. Tinha um namorado e talvez dormisse com ele naquele lugar. Era como um esconderijo romântico, e Mary Jennifer perdeu a cabeça quando foi desmontado. Acho que depois a mãe sacou tudo e elas tiveram uma discussão feia. Mary Jennifer era doida, era esquisita. Mas era lindíssima, muito magra, muito problemática, drogada.

BOB WALKER: Mary Jennifer devia ter expectativas muito grandes, como muita gente, mas creio que a vida dela se transformou numa imensa decepção e frustração. Adorava a mãe, tinha uma enorme reverência por ela e queria parecer com ela. David e mamãe a tratavam como uma princesa. Foi criada assim. Quando saiu para o mundo e viu como a vida era realmente, pagou um preço alto. Mary Jennifer, como Michael, era cheia de inveja, ganância, ciúme, amor, ódio, medo. Um medo enorme.

Lembro certa vez quando Norton e Jennifer decidiram passar um mês e meio no Extremo Oriente. Norton disse a Mary Jennifer: "Acho que seria uma maravilha se você ficasse em casa cuidando da coleção para nós enquanto a gente estiver fora". Ela respondeu: "Bem, não entendo muito de arte, Norton, e não sei se você devia me dar tal responsabilidade". Bem, do ponto de vista dele, era uma coisa magnífica, interessante, uma proposta desafiadora. Estava dizendo: "Fique aqui, assuma essa responsabilidade por outra coisa além de si mesma". Ela própria me contou isso. Então Mary Jennifer disse: "Vou tentar". E aí ela passou semanas acordando todas as manhãs cercada por aqueles objetos de arte valiosos. E um dia falou: "O que estou fazendo aqui?". Ficou com medo. Não sabia como lidar com todas aquelas obras-primas. Era responsabilidade demais. Então ela engoliu um frasco de aspirinas ou algo assim. Simplesmente não deu conta. Ligaram para Norton e Jennifer na Tailândia ou onde quer que estivessem, e os dois voltaram imediatamente.

Mary Jennifer era uma garota bonitinha, mas não como uma artista de cinema. Hoje seria contratada, pois contratam gente que parece real. Acho que ela se ressentia um pouco disso. E exagerou tanto isso que se tornou muito autodestrutiva. Não conseguia lidar com o fato de ser jovem e quase bonita. Era a segunda vez que se entupia de comprimidos. Devia estar com vinte ou 21 anos. Não perdeu os sentidos, mas queria dormir, então tentamos mantê-la acordada. Minha namorada e eu ficamos andando com ela durante horas na praia e demos montes de café, tudo para eliminar os efeitos no organismo. Hoje eu teria ligado para o serviço de emergência.

RICHARD WEISMAN: Encontrei Mary Jennifer em Nova York em 1973 ou 1974, talvez no Studio 54. Ela se mudara temporariamente para lá, para ter aulas de interpretação. Acho que falei: "Quando estiver por aqui, me dê uma ligada. Vamos nos ver", porque me lembrava dela pequena. Agora era atraente, muito parecida com a mãe. Cabelo comprido, não muito escuro, muito bonita. Devia ter uns dezenove anos. Então, certa noite, não era muito tarde, eu estava com cinco ou seis pessoas no meu apartamento e ela simplesmente apareceu. Tocou lá embaixo. Abro a porta e lhe dou um abraço. "Ei, tudo bem?" Ela começa a arfar e desmaia. No corredor do prédio. Acho que estava totalmente chapada, ou pelo menos parecia. Estou com quatro ou cinco pessoas em casa, e os dois casais dizem: "Bem, sabe, é melhor a gente ir...". Bem, sabe, eles simplesmente foram embora. E aí esse outro amigo e eu erguemos Mary Jennifer e a ajudamos a subir a escada. Eu morava num duplex com três quartos no andar de cima. Deixamos Mary Jennifer deitada no quarto do meio. Aí esse meu amigo vai embora, volto ao quarto e ela está de pé junto à porta. Pergunto: "Está melhor?". "Ah, estou ótima. Só queria me livrar desse pessoal. E aí, vamos transar?" Quer dizer, a gente tinha acabado de botar a garota na cama e ela mal conseguia andar. Agora está toda lépida dizendo: "Só queria me livrar deles. Agora tire a roupa. Vamos". Fiquei meio chocado, primeiro, porque ela estava bem; segundo, por dizer isso. Tinha tirado parte da roupa. Eu disse: "Mary Jennifer, não vai rolar. Tudo bem? Não vai rolar". "Como assim? Não te dou tesão? É por isso que não vai rolar? Pode crer, você vai querer. Sei como fazer. Não se preocupe."

Chamei um táxi para levar Mary Jennifer para o apartamento dela. Falei: "Por favor, Mary Jennifer, me escute. Quero lhe dar todo o apoio, mas não assim. Não vou dormir com você. A gente nunca vai transar. Entendeu? Então tire isso da cabeça, certo? E não tem nada a ver com seu corpo, porque você é supersensual. Mas conheço sua família e seus irmãos. Além disso, sua mãe é casada com meu tio, então fica uma coisa esquisita. Simplesmente não vai rolar. Então encare assim: o azar é meu. Quem sai perdendo sou eu, certo?". Quer dizer, imagine só, o que você faz depois de uma coisa dessas? É só encrenca. Depois liguei para ela para ver se estava tudo bem. Perguntei: "Você está bem?". Ela respondeu: "Estou bem, sim. Acho que você agiu certo. Mas eu só queria ficar com você. Não ia fazer nada". Falei: "Mary Jennifer, você precisa se cuidar".

DRA. BEATRIZ FOSTER: Mary Jennifer veio me procurar por intermédio de Milton Wexler, o terapeuta de Jennifer. Milton era meu amigo, mesmo eu não concordando que ele misturasse vida social e profissional, coisa que acho que teve muito a ver com o fim do casamento dele. Quando ficou claro que Mary Jennifer era muito doida, ele lhe disse que me procurasse. Não posso revelar tudo, pois iria ferir a confidencialidade terapeuta-paciente. Sou muito rigorosa nesse aspecto. Sou o contrário de Milton, guardo muito as coisas. Também tenho ressalvas em falar sobre uma pessoa que foi muito próxima, como ela. Eu me preocupo com os pacientes e me preocupei muito com Jennifer e Norton. Odiei ver as coisas pelas quais tiveram de passar.

Mary Jennifer ficou dois anos e meio comigo, e era realmente uma garotinha mimada e malcriada. Tinha tudo o que queria, mas era muito infeliz. Ao meu ver, ela era bipolar. Eu nunca sabia se ela ia aparecer na consulta ou não. A única pessoa com quem tinha proximidade, se tanto, era Jennifer. As duas foram juntas ao consultório uma ou duas vezes. A relação entre elas era muito frágil. Uma coisa é querer ter um relacionamento, outra coisa é conseguir. O que Mary Jennifer mais queria na vida era ter um relacionamento com Jennifer, mas havia muita competitividade, o que não facilitava nada. Lembro que certa vez, quando Mary Jennifer estava saindo do consultório, comentei que o pai dela havia sido um grande diretor. Ela se virou para mim e exclamou:

"Ele não era diretor, era produtor!". Eu nem sabia a diferença. Respondi: "Ora, quem se importa com isso?". Ela disse: "Eu me importo, e você também devia se importar". Para ela, era muito importante lembrar que ele era produtor, não diretor. Mas ele havia morrido, e então surgiu Norton, que também era uma figura poderosa, e a coisa não se encaixou muito bem.

Mary Jennifer tinha esse costume de subir em lugares altos e até de andar no telhado. Tentamos entender essa sua obsessão, nós duas. Como psiquiatra, conheço muita gente que sobe em telhado. É uma forma de encarar a ideia da morte. Falei para Mary Jennifer: "Um dia o vento vai estar muito forte e vai derrubar você". Ela respondeu: "Sou uma mulher muito forte".

Uma vez seu irmão me ligou achando que ela ia se matar, ia se jogar no mar. Jennifer e Norton estavam fora, e ele não sabia o que fazer. Então peguei o carro e fui até Malibu. Mary Jennifer estava correndo pela areia. Falei: "Já chega, quero que você pare com isso". Peguei-a pelo braço e disse: "Você vai para casa comigo". Não lembro onde a coloquei, mas tirei-a do sol e consegui que recobrasse um pouco de sanidade, pois estava muito nervosa. Ela falou que ia se afogar. Mas bastou eu pegá-la pela mão e dizer: "Escute aqui, chega, você vai dormir". E ela dormiu mesmo.

Certa vez fui apresentar uma palestra na Noruega ou algum lugar assim, e antes de viajar deixei-a no Cedars-Sinai Hospital. Queria que ela ficasse num local seguro durante a minha ausência. Era sempre imprevisível: você nunca sabia o que ela ia fazer no momento seguinte. Eu não podia sair do país com essa preocupação na cabeça, então disse a Mary Jennifer: "Vou viajar e você vai ficar aqui. Não quero que faça nenhuma maluquice, então você vai para o hospital". Ela concordou. Quando voltei, achei que não era bom que ela vivesse sozinha. Norton e Jennifer levavam a vida deles, e Mary Jennifer não se encaixaria lá naquela época. Decidi que ela ficaria melhor morando com outra família. Alguém me indicou uma família, os Persell, e ela se deu muito bem com eles. Começou a fazer coisas como cozinhar e arrumar a cama, o que, no seu caso, era algo extraordinário. Passava muito tempo com eles, como uma família. Trazia-me uma rosa, framboesas e tortas que fazia. Aprendeu com os Persell. A primeira coisa que assou na vida foram essas tortinhas. Certo dia me trouxe um monte delas, e eu falei: "Você vai dar uma para mim e vai levar o resto para seus pais". Em princípio, ela não devia manter muito contato com Jennifer nesse período, mas de vez em quando se viam. Assim, lá foi ela com as tortas até Malibu, e Norton e Jennifer ficaram surpresos. Mas comeram as tortas e gostaram. Fiquei contente com isso.

REVERENDÍSSIMO WILLIAM PERSELL: Eu era o prior da igreja episcopal St. John's em West Adams Boulevard, perto da University of Southern California. Era uma bela igreja de estilo italiano. Tínhamos paroquianos engajados num programa promovido por uma entidade de saúde mental que encaminhava pessoas para morar com eles. Os paroquianos sabiam que nossa casa em Pasadena tinha muitos cômodos e então nos falaram disso. Mary Jennifer foi a primeira e única pessoa que recebemos por intermédio do programa, embora sempre houvesse muita gente morando conosco. Temos seis filhos, quase todos fizeram intercâmbio no exterior, de modo que sempre recebíamos estudantes estrangeiros.

Nós a chamávamos de Jennifer, como ela nos pediu. Estava fazendo um ou dois cursos no Occidental College, só para se ocupar. Uma vez entrou em pânico por causa de uma matéria. Não queria levantar e ir para a escola, então cheguei e disse: "Você precisa levantar e ir para a escola". E ela foi e tirou a nota máxima. Mas tínhamos de empurrá-la para fazer as coisas. Alguns dias eram bem complicados, quando ela resolvia ser totalmente do contra. Era preciso insistir. "Não, você não vai fazer isso. Vai fazer aquilo." Era bem difícil. Jennifer tinha carro e fumava muito. Nossa penúltima filha, Lisa, disse que ela era como uma irmã mais velha, que comentava coisas como: "Olhe só seus peitos. Você tem peitos grandes e está só com treze anos. Eu estou com 21 e tenho estes peitos chatos".

Em certos dias ela era simpática e normal, alegre e falante. Em outros, dava para ver a perturbação no rosto e nos olhos. Mas ela não falava muito sobre seus problemas. Ia diariamente à terapeuta, então não me parecia que fosse responsabilidade nossa. Nosso papel era apenas oferecer um lar e um ambiente onde ela pudesse interagir com pessoas normais. Jennifer sentava e conversava comigo sobre tudo, teologia ou a política da Igreja. Mas eu não falava muito com ela sobre sua família e, de acordo com a terapeuta, ela não devia ter contato com seus parentes durante o período. Creio que não recebeu nenhuma carta deles. É difícil saber se sentia falta da mãe ou dos outros. Antes de vir à nossa casa, engravidou quando morava em Nova York e procurou a primeira mulher de David Selznick, Irene, que morava lá. Não sei quando foi isso, mas sei que em certo momento ela fez um aborto. Ela procurou Irene, não a mãe.

Mary Jennifer gostava da nossa igreja, da diversidade racial que há nela. Achava que era uma coisa boa. Ia ao serviço esporadicamente, na Páscoa com certeza. Também passou o Natal conosco. Disse que não era judia, mas não sei o que era de fato.

No dia em que foi detida pela polícia em Beverly Hills por estar andando pelos telhados, todos nós nos reunimos na igreja. Nossa filha Karen foi buscá-la. Uma vez Jennifer contou à minha mulher, Nancy, que queria se matar. Tentou suicídio algumas vezes, mas em casa não fez nada nesse sentido. Creio que ela via em Nancy uma mãe, mais do que me via como pai. Certa ocasião deu a ela uma camiseta que dizia a melhor mãe do mundo. Ela se matou dois dias antes do que seria o aniversário de 74 anos de David Selznick.

DRA. BEATRIZ FOSTER: Num dia de muita tempestade, depois que voltei de férias, Mary Jennifer não apareceu para a consulta. A seguir recebi uma ligação do necrotério. Jennifer estava em Dallas porque o pai dela estava à beira da morte num hospital de lá. Liguei para Norton e disse: “Está uma confusão aqui. O pessoal do necrotério me telefonou e avisou que ela morreu”. Norton disse: “Beatriz, não leve isso para o plano pessoal. Você está falando com um cara cujo filho fez a mesma coisa”. Respondi: “Mas me sinto pessoalmente envolvida”. Ele falou: “Não tome nenhuma providência quanto ao necrotério hoje. Vou pegar já um avião para o Texas”. Então ele foi a Dallas e encontrou Jennifer no hotel. A vida do pai dela estava por um fio. Ao ver Norton, Jennifer disse: “Ah, não me diga que aconteceu”. Ele respondeu: “Aconteceu, mas não o que você pensa. Não foi seu pai”. Lá pelas três ou quatro da manhã, Jennifer me ligou e disse: “Ah, meu deus, Beatriz, que coisa terrível você deve estar passando”. E então conversamos um pouco. Numa situação daquelas, Jennifer pensou em mim, é incrível, nunca vou esquecer isso.

Lembro que telefonei para o necrotério e perguntei se podia ver o corpo. O cara me disse: “Dona, se liga. Ela caiu 22 andares, o que a senhora acha que sobrou?”. Foi horrível. Tive de identificar todas as roupas e coisas dela. Levei tudo para minha casa, depois Norton e Jennifer foram buscar. Encontrei o diário dela, ela havia escrito especificamente para mim. Eu disse a Jennifer que o rasguei, e ela acreditou e aceitou bem.

Lembro que ventava muito no dia em que Mary Jennifer morreu. Quando vi que ela não veio para a sessão, olhei para fora, notei o vento e pensei comigo mesma: Lá vai Mary Jennifer. Aqueles ventos da Califórnia levam a gente embora.

Jennifer Jones' Daughter Falls 22 Floors to Death

Funeral services were pending today for the daughter of actress Jennifer Jones, who plunged to her death last week from the roof of a 22-story Westwood building.

Mary Jennifer Selznick of Pasadena, daughter of the actress and late film producer David Selznick, died May 11 after climbing to the roof of the apartment-hotel and falling to the pavement.

Miss Selznick, 22, a student at Occidental College, made her way to the roof, left her school books, and a carryall bag at the foot of a ladder and then climbed to the peak of the roof before her fall, according to police.

An autopsy was conducted by the corner's office and a toxicological report is expected in three to four weeks to determine if the young woman was under the influence of drugs, according to police.

A doorman told police that Miss Selznick entered the building at mid-morning of the day she died and he assumed she was applying for a job. She left soon after but returned at about 3 p.m. and walked toward the elevator.

Shortly afterward, while parking a car, the doorman saw the woman plunge to the pavement.

Miss Selznick was the stepdaughter of industralist-art patron Norton Simon.

Forest Lawn Memorial Park in Glendale is handling funeral arrangements.

Los Angeles Times,
*20 de maio de 1976.**

MARIN HOPPER: Logo após a morte de Mary Jennifer, no final do meu primeiro ano letivo no Arizona, com Michelle, filha de Bob Walker, Jennifer ligou. "Você tem de vir passar o verão conosco. Norton e eu estamos em Malibu." Então pegamos um avião de volta para Los Angeles e foi tudo muito legal. Creio que eu tinha feito catorze anos. Michelle e eu ficamos no quarto que era de Mary Jennifer. Havia duas camas. Eu tomava o café da manhã na cozinha, com Michelle e David, o outro neto de Jennifer. O clima era muito Beverly Hills anos 1970, informal mas um pouco tenso. A cozinha dava de frente para a praia; estávamos todos lá e

* A manchete do jornal diz: "Filha de Jennifer Jones cai do 22º andar para a morte".

de repente Bobby apareceu. Tinha voltado de caiaque da ilha Catalina, havia conversado com os leões-marinhos. Bobby andava cheirando muito na época. Mantinha-se em forma fazendo um monte de coisas, mas não estava realmente presente.

DENNIS HOPPER: Pode ser imaginação minha, mas tenho a lembrança de que Bobby Walker tinha um submarino individual e resolveu ir sozinho de Malibu até Catalina. Foi encontrado a três horas de distância da ilha. Não sei como. Deve ter vindo à superfície ou algo assim e se deu conta: *Acho que passei um pouco, devia ter chegado lá três horas atrás*. Bem, em todo caso ele se perdeu e tomou o rumo do Havaí no seu submarino individual. Um helicóptero localizou Bobby e o pessoal disse para ele fazer o retorno e voltar para Catalina. Bobby me ligou: "Dennis, vou comprar um submarino de dois lugares, e quero que você venha comigo". Falei: "Bobby, não gaste seu dinheiro à toa. Não estou muito a fim de ir...". "Não, não, você vai adorar. Escuta, cara, foi só um pequeno erro de cálculo. Só isso. Não se preocupe, dessa vez a gente acerta. Você vem comigo." Eu falei: "Bobby, realmente não estou muito a fim de ir".

BRODRICK DUNLAP: Tinha uma passagem entre a nossa casa e a casa dos Simon, e a gente tinha um banheiro externo, para a praia, com janelas basculantes. Um dia, um dos meninos deles entrou pela janela e encheu a privada com baldes de areia. Travessura, coisa de moleque, sabe? Então abro a porta e lá está toda aquela areia enchendo nossa privada e digo: "O quê?". Olho para a praia e vejo umas pegadas voltando para a casa dos Simon. Então vou até lá, bato à porta e digo ao caseiro deles, Jim: "Os garotos acabaram de encher nosso banheiro de areia". A sra. Simon estava lá, desempacotando alguma nova obra de arte, mas, quando me ouviu reclamar dos netos, entrou correndo e disse: "Como você se atreve a dizer que meus netos fariam uma coisa dessas?!". Eu disse: "Quero que alguém vá lá e limpe". Aí ela foi correndo até o lugar onde guardava as caixas de embalagem ou o que seja, pegou um martelo e foi para cima de mim. Jim, o caseiro, pulou entre nós e disse: "Rick, vá para casa, é melhor você ir embora".

Uma vez veio um tremendo temporal e trouxe um monte de destroços para a beira da praia. Havia um golfinho morto encalhado ali, e Norton saiu para vê-lo. Então recebemos um telefonema de alguém da casa dele, dizendo: "Você poderia ir até a praia falar com o sr. Simon? Ele quer lhe fazer uma pergunta". Eu disse que tudo bem e fui até lá. Norton estava parado e me perguntou: "Aquilo é um tubarão ou um golfinho? É um tubarão?". Eu disse: "Não, é um golfinho". Ele disse: "Como você sabe?". Respondi: "Porque tem nariz comprido e... bem, tem um monte de dentes. É um golfinho". Havia um animal morto na praia, e ele queria confirmar se era um golfinho ou um tubarão.

MARIN HOPPER: Uma noite, Michelle e eu estávamos jantando com Jennifer e falei: "Michelle e eu estamos fazendo aulas de tênis e nos apaixonamos pelo instrutor". Ficamos dando risadinhas durante o jantar. Jennifer disse: "Bem, meninas, tive uma ideia. Para mim vai ser difícil, porque, como vocês sabem, vejo meu terapeuta Milton Wexler todo santo dia, mas pensei muito a respeito e acho que vou ceder uma das sessões da semana para você e Michelle, então vocês poderão conversar sobre educação sexual. Milton vai explicar tudo a vocês, não eu. Podem falar o que quiserem com ele, mas não comigo". Fiquei empolgadíssima. Jennifer disse: "Marin, vou ligar para sua mãe, Brooke, para ela saber que vou marcar uma sessão para você". Fiquei muito entusiasmada, ia ganhar uma hora do tempo de Jennifer com Milton, sabia o quanto o terapeuta significava para ela. E sabia que ela estava com ele fazia muitos e muitos anos. Sabia que Michelle e eu tínhamos de aproveitar ao máximo. Fiquei extremamente curiosa sobre a conversa que teríamos. Mal podia esperar para ouvir as histórias dele.

No dia marcado, Jennifer levantou um pouco mais cedo para nos levar até lá. Foi uma coisa muito marcante, porque normalmente nunca víamos Jennifer antes das oito da noite. Ela nunca havia cedido sua hora com Milton a ninguém. Michelle e eu nos arrumamos. Jennifer tinha a fama de nunca se pentear para ir à terapia. Punha óculos escuros e um lenço na cabeça. O manobrista pegava o carro no subsolo e ela tomava o elevador direto até o consultório dele, de modo que ninguém a via. Mas, naquele dia, Jennifer também se arrumou e ficou esperando lá embaixo em seu pequeno Mercedes cupê, com o motor ligado.

Fiz montes de perguntas a Milton e ele falou: "Bem, em primeiro lugar, vou lhes dizer como se consegue um homem. Ouçam a história de Pamela Harriman". Ele era muito franco e direto. Não se costuma identificar as pessoas, acho que mesmo naquela época já era assim. Ele disse: "Certa vez, Jennifer Jones estava num restaurante com o marido, David Selznick. Isso foi nos anos 1940 ou 1950. Pamela entrou com um cara muito bonitão e promissor. Jennifer comentou com David, em sua ingenuidade: 'Nossa, ela está sempre com homens bonitos, elegantes e atraentes, e nem é muito bonita, não é artista de cinema, não tem esse tipo de beleza. O que ela tem para conseguir qualquer homem que quiser?'. Ele respondeu: 'Ela não tira os olhos dele um minuto, durante o tempo todo que estão juntos. Fica olhando para o cara o tempo inteiro. Faz os pedidos para ambos e cuida de tudo, mas nunca tira os olhos dele'". Essa foi a grande história de Milton para mim.

Atrevida, perguntei coisas como: "O que vocês fazem na cama?". Ele: "Bem, existem três tipos de mulheres. Uma é a policial, que diz ao homem exatamente o que deve fazer: um pouco aqui, um pouco ali. É muito controladora. Você não vai querer ser assim, de maneira nenhuma!". Lembro que respondi algo como "Certo, não posso ser mandona demais na cama". E eu disse: "Bem, me fale sobre o pênis do homem". Michelle queria morrer. Creio que ficou estarrecida que a avó a deixasse ver aquele homem. Ele disse: "Tudo bem", e fez um desenho! Mostrou os pontos mais sensíveis, onde deviam ser tocados. Foi muito didático, muito clínico a respeito. Lembro ter querido saber tudo: "Diga onde esses pontos ficam exatamente". E ele nos mostrava no desenho. Michelle estava superconstrangida. Fiz várias perguntas e disse: "Muito obrigada. Foi maravilhoso conversar com você". Então saí com o desenho na bolsa. Não sei se mostrei ou não a Jennifer, mas acho que levei para casa.

BOB WALKER: Marin Hopper e Michelle estavam no começo da adolescência quando mamãe as levou ao consultório de Milton, para ele falar sobre sexo. Ele disse para a minha mãe: "Só vou atender as duas sob a condição de que você não me pergunte nada depois". Mas claro que ela não conseguiu se conter. Começou a sondar. Estava doida para saber o que ele dissera a elas. "Do que falaram?" Milton respondeu: "Sabiam mais sobre o assunto do que se pode imaginar".

Acho que mamãe precisava de Milton. E amava aquele cara. A certa altura, Frank Gehry, Julie Andrews, Blake Edwards, Sally Kellerman, Bud Cort e mamãe, entre outros, estavam numa terapia de grupo com ele. Mamãe costumava lhe dizer: "Milton, sou sua única paciente que nunca se formou".

MILTON WEXLER: O pessoal do mundo do cinema chegava a mim de uma ou outra maneira. Não faço ideia como aconteceu, mas a clientela foi aumentando e aos poucos fui conhecendo diretores e atores, e alguns deles se juntaram ao meu grupo. Vários eram bastante famosos. Aí a coisa começou a se espalhar. E então os jornais passaram a publicar notinhas que me irritavam. "Analista de astros e estrelas", bobagens assim. Eu não era isso. Tinha dois ou três grandes nomes, acho, mas não era verdade que os astros de Hollywood me procuravam em bando.

Achei a sessão em grupo uma coisa fenomenal. Não sabia nada a respeito quando organizei a primeira, com pintores, escultores e esse pessoal. Eu havia tido bons resultados no tratamento de esquizofrenia de John Altoon, por causa das minhas pesquisas desse distúrbio na clínica Menninger, e de repente ganhei fama no mundo artístico. O problema era que os artistas plásticos não pagam, e eu estava indo à falência. Então falei: "Pessoal, não dá mais para continuar. Temos de fazer alguma coisa diferente. Temos de formar um grupo". Criei um processo próprio, técnicas próprias, tudo próprio. Fiquei totalmente embasbacado com os resultados. Os artistas eram muito divertidos. Todos amavam todos, mas eram críticos muito severos uns com os outros. Havia algo na hostilização mútua que parecia gerar uma espécie de criatividade. A certa altura falei: "A concorrência é tão acirrada que vocês são todos uns paranoicos assassinos". A dinâmica era extraordinária. Eu permitia tudo em grupo — tudo mesmo. Mas aí, claro, nesse tipo de grupo, não fazia diferença se o ataque era justificado ou cruel: o atacante sofreria um revide imediato. E eu nunca deixava de alertar ao cara pronto para dar a cacetada que esse tipo de crueldade não era aceitável. Eu não precisava participar muito. Era um laboratório incrível para observar o comportamento e as interações humanos.

BOB WALKER: Lembro que, numa daquelas sessões no consultório de Milton, em Roxbury Drive, entrou um cara armado. Metade de Hollywood, da velha Hollywood, estava lá. O homem não incomodou mamãe, não exigiu seus anéis nem nada, mas roubou os outros caras. Ela contou que tentava não encarar o sujeito. Não fez nenhum contato visual. Tentou se manter invisível, na maior calma. Disse que se lembrou de uma coisa que eu havia dito: "Estou no oceano, no meu caiaque, mas não me preocupo com os tubarões porque posso neutralizá-los". Ela havia gravado esse meu comentário e ficou ali, pensando: O que Bobby faria nessa situação? Neutralizaria o tubarão. Então ela ficou absolutamente calma e atravessou toda a situação. Mas não era isso que eu queria dizer. Neutralizar o tubarão é aceitar o medo dentro de nós. É isso que você quer neutralizar, o tubarão do medo. Para tanto, você precisa aceitá-lo. Tenho certeza de que Milton era a própria imagem da calma e da razão. Era esse tipo de pessoa.

SALLY KELLERMAN: Éramos uns doze, e nos reuníamos durante umas duas horas, por volta das sete da noite, às quintas-feiras. Eu estava com um vestido de verão, um tomara que caia rosa-choque, e me lembro disso porque, quando entrei, todo mundo falou: "Nossa, que linda que você está. Puxa, Sally, você está incrível!".

Ira Barmak, um produtor, estava lá naquela noite, tinha acabado de voltar do México. Ele estava falando sobre um anel que tinha alguma coisa a ver com o cara com quem ele andava saindo. O relógio dele tinha ido para o conserto, então a oficina havia lhe emprestado um outro, que tinha algum problema. Estava a maior discussão a respeito. Aí, de repente alguém bate à porta. Milton diz: "Já volto", e sai para uma antessala pequena na entrada. Ele fica fora por vários minutos, mas ficamos rindo e comentando a demora. Então alguém diz: "Talvez seja um assalto". E aí Milton volta com uma maleta novinha em folha. Põe em cima da mesa no meio da sala e diz com toda a calma: "Ponham suas carteiras e todo o dinheiro aqui dentro". Penso comigo mesma: O que você vai aprontar agora, Milton? O que vamos aprender nessa sessão?

De repente um cara entra pela porta aberta, virando para um lado e para o outro, com uma arma que parecia enorme. Na minha lembrança, ele estava com um gorro de três cores do Oriente Médio. Era negro, todo vestido de preto. Diz: "Ponham todos os dólares e todos os centavos que têm dentro da valise. Se eu encontrar um centavo a mais com vocês, estão mortos". Vasculhei o fundo da minha bolsa, rasgando o forro e tirando cada centavo. Não olhei para cima nenhuma vez, porque pensei que estava tão bonita naquela noite que, se erguesse os olhos, ele me mataria. Uma pessoa tirou o anel do dedo e escondeu debaixo da perna. Outra tirou uma nota de cem dólares da carteira e fez a mesma coisa. Nessas situações, você não pensa direito que pode levar um tiro. Eu tinha certeza de que ia perder alguns amigos. Foi realmente assustador. Depois que joguei tudo na maleta, fiquei sentada ali, só.

Ira Barmak, o cara com o anel, resolve encarar o sujeito. Então o assaltante diz: "Ei, você. Venha cá. Me dê o anel e o relógio". Agora, imagine só: lá estava Donna O'Neill, mulher do dono de praticamente todo o condado de Orange. Lá estava Jennifer Selznick Simon. E teve gente que realmente arriscou a vida sentando em cima de um anel ou de uma nota de cem dólares. Fiquei pasma. Nós sentados ali, certos de que alguém ia levar um tiro. E então o assaltante diz: "Bem, estou indo. E não saiam desta sala ou mato vocês". E Milton pergunta, muito calmo: "Quanto tempo a gente espera?". O cara volta a arma para Milton e diz: "Porra, está de gozação? Quer levar um tiro ou o quê?". Milton continua: "Não, eu só...". "Bem, é melhor você calar a boca." Eu estava crente que ele ia matar Milton. Mas ele saiu da sala. Foi assustador. Aquela noite certamente nos curou. Paramos de nos chatear com as coisas. O anel, o relógio — todas essas questões aparentemente importantes perderam importância. Ficamos sentados ali um tempão, mortificados com a frivolidade com que havíamos tratado nossa vida naquela sessão.

Na noite seguinte, todos nós nos encontramos num hotel para conversar. Cada um sentia e falava uma coisa diferente. Milton ficou intrigado com as nossas reações. Minha lembrança mais clara é de Jennifer dizendo, com lágrimas nos olhos, que não tinha nada para dar ao ladrão. Estava sem joias e não tinha um tostão na bolsa. Isso a incomodava.

Todos nós tivemos de prestar depoimento na delegacia. Informei que tinha visto um gorro tricolor, mas teve gente que não viu gorro nenhum. Nunca encontraram o cara, mas a notícia saiu na imprensa. Dizia: "Foram levadas joias num valor total de 98 dólares". Creio que, se o cara algum dia descobrisse quem eram as pessoas que estavam lá, daria um tiro em si mesmo ao pensar no quanto poderia ter levado.

BUD CORT: Milton era um mito em Hollywood. Não sei como Jennifer o conheceu, mas ela era antenada e não deve ter demorado para perceber quem era o guru adequado para suas inquietações. A primeira vez que vi Jennifer foi num dos vários eventos beneficentes de Milton para sua Fundação de Doenças Hereditárias. *A canção de Bernadette* tinha sido um marco para mim. E, quanto mais eu conhecia o trabalho de Jennifer, mais percebia que ela possuía uma loucura divina. Via-se na tela a criatura terna e vulnerável que ela era. Ser seu amigo era como ser amigo de uma fadinha. E estar na indústria cinematográfica é totalmente esquizofrênico. Cada segundo que você passa no set, você é atingido, é maltratado. É como ser molestado. Acabamos juntos no grupo. Milton era um doce. Preencheu um vazio dentro de mim. Sou ator. Entende o que quero dizer?

Eu não conhecia Norton tão bem. Mas lembro que sentei ao seu lado num jantar, na casa dele, em Malibu. Ele disse: "O que você está fazendo sentado aqui do meu lado? É para ser alternado, homem-mulher, homem-mulher". Respondi: "Nossa, como você é careta". Nunca tive pai, então eu não era muito simpático com os homens. Bob Altman ouviu nosso diálogo e me disse: "Você sabe qual é o segredo de se dar bem com todos? É só fazer de conta que estão viajando com ácido. Aí fica fácil não levar nada para o plano pessoal". Norton e eu acabamos conversando, e ele me pareceu muito legal.

WALTER HOPPS: Vários anos depois de comprarem a casa de John Frankenheimer, Jennifer e Norton decidiram adquirir a casa vizinha, na Pacific Coast Highway, número 22 368. A casa Garland. Norton fez uma reforma completa. Havia algumas construções realmente grandiosas lá em Malibu, a maioria delas não muito grandes, mas essa tinha três andares. É muito doido ter conhecido a casa quando era da família Garland — o velho Garland já morto muito tempo antes — e então ver que Norton e Jennifer escolheram esse mesmo lugar como segunda casa de praia, entende? O mesmíssimo lugar. Sabe deus quem é o dono agora. Não deveria ter sido posta abaixo, era importante demais para isso.

BRODRICK DUNLAP: Depois que Grace Garland deixou a casa e antes que os Simon se mudassem para lá, ela ficou vazia por oito ou nove meses. O pessoal vandalizava de um jeito que você não ia acreditar. A gente costumava atirar nela, *bum, bum, bum,* estourando as janelas. E entrávamos lá à noite como se fosse uma casa mal-assombrada, ficávamos nos esgueirando por ela. Tinha, sem dúvida, uma história estranha. Jane Garland e Mary Jennifer foram visivelmente afetadas por ela. No comecinho da noite a gente ia lá e entrava na piscina de prancha.

FRANK GEHRY: Quando Norton Simon me pediu para fazer sua segunda casa em Malibu, mostrei-lhe meus desenhos e ele disse: "Parece a sua sinfonia inacabada". Respondi: "Norton, Schubert morreu e eu ainda estou vivo". Então ele concordou. Gostou dela. Comecei e não sabia como proceder, então fui fazendo um andar por vez. Terminei o primeiro e ia começar o segundo quando ele me disse para parar. Não me deixou prosseguir. Foi por isso que ela parou ali. O orçamento não chegava nem a 1 milhão, só uns 200 mil ou 300 mil dólares.

Norton era difícil. Era realmente controlador. Queria me controlar, controlar o preço, os custos. Era uma obsessão. Queria controlar o quanto me pagava ou deixava de pagar. Se você pensar bem, era um abuso, acho. E ele era um sacana, pois autorizava um orçamento e aí não pagava nenhuma das modificações adicionais. Um dia ele me ligou e disse: "Jennifer achou as telhas feias. O que você pode fazer a respeito?". O telhado da casa era em estilo mediterrâneo antigo, como todas as casas ao redor, e um dia Jennifer olhou e disse: "Parece um posto de gasolina velho". Ela detestou. Falei: "Bem, existem montes de telhas, você pode trocar". E Norton perguntou: "Você me mostra o que é possível fazer?". Então encontrei as melhores telhas do mercado, feitas no Meio-Oeste, e mostrei a Norton. Ele gostou e perguntou: "Posso encomendar?". Respondi: "Bem, o formato é outro, o peso é outro. Será preciso refazer a estrutura. Pagando, eu faço". Ele respondeu: "Contratei você para fazer minha casa". Então Norton não quis pagar a alteração, o detalhamento. Encomendamos as telhas e ficaram de mandar a remessa numa determinada data. Mas eles se atrasaram e Norton ficou furioso. Ligou para a empresa, pegou o nome do diretor, comprou a firma e despediu o cara. Legal, hein? Ele era um filho da mãe desgraçado.

WALTER HOPPS: Ao contrário dos antigos magnatas da indústria, Norton nutria sentimentos profundamente contraditórios quanto a criar um monumento que imprimisse uma marca duradoura na sociedade. Foi somente em 1974, quando o Museu de Pasadena se viu em graves apuros, que ele fez um acordo para abrigar sua coleção. Homens poderosos, com grande poder social e muitas ambições, realmente precisam se preocupar com a morte. Aceitemos o raciocínio sofístico de que os dotados de talentos, impulsos e recursos excepcionais enfrentam a questão: "Ficará algo que sobreviverá a mim?".

HAL GLICKSMAN: Eu trabalhava no Pasadena Art Museum como conservador. Eu pendurava os quadros. Os curadores não tinham verba suficiente para manter o museu em funcionamento. Simon não chegou pelos fundos, escondido, para sabotar tudo. O museu estava para afundar quando ele o comprou, poucos meses antes que fechasse as portas. E Simon o comprou por uma bagatela. Ele foi de uma arrogância única. Os curadores iam constantemente lhe pedir ajuda, um empréstimo, uma parceria, qualquer coisa, e Norton continuava a negar, até que viu que a coisa estava mesmo degringolando e que ele poderia adquirir o museu por uma ninharia. Ele adorava humilhar as pessoas, sabe, fazê-las rastejar, implorar e tudo isso. Cruel. Um espetáculo vergonhoso diante dos goyim. Até o aparecimento de Michael Milken, Norton Simon foi provavelmente o judeu mais odiado dos Estados Unidos.

BOB WALKER: Quando Norton deu sinais da síndrome de Guillain-Barré, ele e mamãe se mudaram para o Beverly Hills Hotel, onde ficaram alguns anos. Teve pelo resto da vida acompanhamento de enfermeiras 24 horas por dia, mas dava para ver que seu intelecto ainda funcionava bem. Uma vez ele disse a uma das enfermeiras que daria toda a sua fortuna, cada centavo que ganhara, se pudesse se erguer por cinco minutos e sentir a terra sob os pés. Lembro dele caminhando na praia, a alegria que sentia em andar e estar na natureza — para ele, a natureza era a praia.

Era uma avis rara, um ser exótico. Se você fosse tratar de negócios com ele, acredito que podia ser uma pessoa muito difícil. Mas nunca lhe pedi conselhos. Sou uma pessoa muito fácil de lidar, passo a vida evitando arestas. Ele vivia sondando minha situação, fazia mil perguntas. Sempre interessado no que eu e Judy, minha segunda mulher, andávamos fazendo, como ia nossa relação etc. Uma vez, de fato, tivemos uma discussão, quando ele tentou me convencer de que eu devia pedir a falência da Tops em 1990. A Tops era a galeria de arte que eu havia criado com Judy. Não era um grande negócio, mas tentávamos sobreviver. De repente me vi erguendo a voz para explicar a ele: "Norton, eu adoro a galeria". Finalmente gritei: "Não vamos fazer isso". Ali estava eu, berrando com aquele homem totalmente paralisado numa cadeira de rodas. Lembro que fiquei incomodado, de pé, muito acima dele. Então achei que era hora de ir embora. Quando vi, Norton estava me perseguindo pelo corredor do hotel em sua cadeira de rodas. E ladrava feito um pastor-alemão alucinado. Não consegui acreditar. Ele havia me encurralado. Queria porque queria que eu entendesse o ponto de vista dele. Ele me colocou contra a parede, mas não abri mão da galeria.

Mais tarde, eles se mudaram para uma casa em Bel Air, mas Norton morreu no ano seguinte, 1993. Todos nós fomos espalhar suas cinzas na baía de San Pedro, na entrada do porto de Los Angeles. Organizei a cerimônia. Aluguei um barco de um cara que localizei pelas Páginas Amarelas. Era grande, talvez uns 22 metros, e tinha um convés aberto. Não podíamos descer para o interior. Éramos poucos. Estava toda a maldita família. Foi uma cena e tanto. Ficamos naquele convés naquela tarde ventosa, naquele barco velho e rústico de madeira, indo para o porto de San Pedro com as cinzas de Norton. E o pessoal que estava ali não era gente de mar. Mulheres de salto alto e penteado armado que eu tinha visto na festa de aniversário de 85 anos de Norton no Norton Simon Museum, com taças de coquetel na mão. Pareciam nunca ter ido além de Doheny Drive.

JUDY SIMON: Quando meu sogro morreu, Jennifer ligou para o meu marido e disse: "Quer ver o corpo? Logo vão levá-lo". Don respondeu: "Quero, sim, estou indo. Quero me certificar de que ele morreu mesmo".

FRANK GEHRY: Dois anos depois da morte de Norton, Jennifer me telefonou e disse: "O quadro de Zurbarán não está tão bom como quando Norton estava entre nós. Você pode dar uma olhada e me dizer o que tem de errado?". Fui, olhei e disse: "Bem, o problema é a cor das paredes". Sara Campbell, que era a curadora do museu, mandou que pintassem as paredes do museu após a morte de Norton. Antes eram brancas. Não que você não possa pintar as paredes onde ficam os quadros — faz-se isso o tempo todo e pode ficar bom, mas é preciso ter cuidado com as cores. Coisa que eles não tiveram. Ficou evidente que Sara havia optado por expor os quadros de uma maneira um tanto acadêmica. Dispôs todos eles em ordem cronológica, distribuídos com espaçamento igual entre eles. Ficou bonitinho, mas anulava a força da obra.

Jennifer me incluiu no conselho diretor do museu, e os outros membros disseram que não gastariam nenhum tostão. Eu disse a ela: "Olha, não sou especialista em pintura oitocentista francesa, mas John Walsh está na cidade. Posso levá-lo lá?". Então fomos lá, ele olhou tudo e escreveu um parecer. Eu havia pedido: "Faça uma lista de dez regras de ouro". Pedi a mesma coisa a Carter Brown. E a Seymour Shy. Pedi a Wolf Deeterduva, da Alemanha, e então a Irving Lavin, de Princeton. Todos atenderam a meu pedido. A primeira recomendação era demolir o edifício e construir um novo. Creio que estavam tentando me agradar. Então disseram que o modo de expor era acadêmico demais. As relações entre os períodos não foram estabelecidas com cuidado, como devia ser com obras daquela qualidade. Era difícil expor os quadros nas salas devido às paredes curvas. A iluminação não era boa. Havia um problema na continuidade das galerias, pois tinham sido projetadas para arte contemporânea e portanto não dispunham de salas e não dava para definir os períodos. Organizei encontros de cada um deles com Jennifer. Conversamos exaustivamente, e ela me pediu para fazer um estudo de graça. Eu estava no conselho diretor, não podia recusar. Fiz a coisa toda, apresentei o que e como deviam fazer, dentro do orçamento, mantendo as paredes curvas, tentando abrir apenas algumas claraboias, reorganizando a coisa toda. O conselho aprovou, porque não queriam fechar o museu. Enquanto eu estava nisso, falei para minha mulher: "Norton ia rolar dentro do túmulo se soubesse que estou refazendo o museu dele". Ela respondeu: "Frank, pare com isso. Norton planejou tudo. Quanto estão lhe pagando?". Respondi: "Nada". Fizemos as primeiras cinco galerias e encontramos amianto. Elas foram fechadas e uns caras tiveram que remover o forro do teto. Então descobriram que o amianto tinha descido por trás das paredes, que então precisaram ser removidas. Eu estava acrescentando algumas claraboias, então tiveram de recortar as aberturas quando retiraram o forro. Aí choveu e o piso, que era de taco, empenou. Então retiraram o piso. Falei para Jennifer: "Não fiz de propósito, mas estamos nesse pé, está tudo reduzido ao concreto e não faz sentido repor as paredes curvas como eram antes". Veja a ironia. Eu, que faço paredes curvilíneas, estava tentando deixar tudo reto. Ela concordou. Assim, reconstruímos as cinco galerias como estão agora. Ficou muito bom.

Tivemos uma reunião de diretoria. Vieram Gregory Peck, Milton Wexler, Jennifer, o advogado Matt Byrne e a colunista Ann Landers, pseudônimo de Eppie Lederer. Tínhamos organizado o almoço na galeria principal, totalmente nova, diferente do que eles conheciam, com todos os quadros expostos outra vez. Ficou lindo de morrer. Eles se sentaram e almoçaram, mas ninguém abriu a boca, ninguém comentou nada de nada, zero. No final da reunião, creio que foi Eppie que se virou para o presidente do conselho e disse: "Quando vão começar a reforma?". Milton, que estava parcialmente cego nessa época, era o único que havia percebido. Tinha se inclinado para mim e dito: "Está fabuloso". Mal conseguia enxergar! Então, quando Eppie falou aquilo, Milton levou um susto. Disse a todos: "Já foi reformado, seus panacas!". Então terminamos o museu. Saiu por menos de 6 milhões de dólares, ao todo. Mandei refazer o jardim, foi 1 milhão nisso. Eu queria refazer o auditório, mas não deixaram, não tinham dinheiro, e eu queria um muro acústico no jardim, porque, quando você sai lá fora, a única coisa que ouve é o barulho do trânsito. Jennifer queria que eu fizesse uma casa de chá no jardim. Comecei o projeto e realmente me dediquei a isso. Seu sonho era tipo As Mil e Uma Noites, sabe? Jennifer tinha essa ideia de um príncipe a cavalo que vinha raptá-la e levá-la para uma tenda. Falava sobre isso o tempo todo. Resolvi realizar essa fantasia no jardim, e estava chegando perto. Então fiz todas essas coisas de graça, mas não dava para continuar assim. Estava contratando engenheiros e materiais. Na reunião de diretoria, Frank Rothman, o advogado do museu, virou para mim e disse: "Bem, a gente pode pegar um estudante da USC, para ficar mais barato". Foi um insulto. Mas Jennifer vivia nas nuvens naquela época e não percebeu a grosseria. Ela meteu na cabeça que eu estava recebendo os 4,5 milhões que custavam a reforma interna. Ligou para mim e começou a gritar: “Nós lhe pagamos por tudo isso!”. Respondi: “Jennifer, fiz tudo de graça”.

BOB WALKER: Até seus noventa e tantos anos, Milton ainda atendia mamãe em suas sessões de duas horas no apartamento dele na Ocean Avenue, onde morava na época. Ela ia três vezes por semana, quando não todos os dias. Uma vez, quando foi para a sessão, encontraram-na caída no saguão do prédio, na frente dos elevadores. Deve ter sentido uma vertigem, mas não sabiam o que havia acontecido. Ela falava de forma um tanto incoerente. Podia ter quebrado algum osso ou batido a cabeça. Estava muito desorientada. Vinha perdendo o equilíbrio e usava uma bengala que lhe dei, uma bengala branca muito elegante, da Tops. Ligaram para Milton, que morava no oitavo andar e desceu para ver como ela estava. Mas o que ele poderia fazer? Ele mesmo usava bengala e estava com 97 anos, por aí. Milton disse apenas: “Chamem o serviço de emergência”. Levaram-na ao hospital para fazer todos os exames possíveis, mas não descobriram nada. Ela teve de ficar lá até se recuperar.

Um dia, ela simplesmente saiu de casa e foi andando até Westwood. Foi encontrada num hotel, sentada no saguão. Por fim, mandamos fazer um bracelete para ela, um belo bracelete de ouro, com seu nome e número de telefone. Dissemos que era um presente de Milton, pois assim ela o usaria.

DAWN WALKER: Eu soube que Jennifer sofria de senilidade quando me casei com Bob. Um dia, ela esqueceu a bolsa na casa de Milton. Ainda ia vê-lo dia sim, dia não. Ele era um porto seguro na tempestade, mas naquele dia Jennifer resolveu se mostrar contestadora. O assistente dela, Paul, que antes era o faz-tudo de Norton, a levara à casa de Milton. Terminada a sessão, ela desceu sozinha e Paul foi encontrá-la no saguão. Milton desceu logo atrás e disse: "Jennifer, sua bolsa". Ela deixara a bolsa lá dois dias antes, na sessão anterior. "Não, não vou levar. Não combina com a minha roupa. Mando um mensageiro pegar. Desculpe pelo incômodo, mas não vou levar, não estou indo direto para casa", ela disse. Então Milton disse: "Pegue sua bolsa! Jennifer, você anda perdendo dinheiro. Seja realista. Você sabe que o dinheiro não vai durar muito, já avisaram você. É ridículo gastar sessenta dólares para mandar um mensageiro. Você está aqui agora. Pegue. Paul pode carregá-la para você ou deixar no carro. Você está ficando refém da bolsa, não percebe?". E o que tinha dentro da bolsa? Espelhinho, pente, batom. Era só com isso que ela andava. Mas Jennifer se negou terminantemente e mandou um mensageiro porque a bolsa não combinava com a roupa.

BOB WALKER: Não fomos ao enterro de Milton, provavelmente era só para a família. Mas mamãe foi ao serviço em memória dele na casa de Carrie Fisher. Carrie organizou tudo, foi uma tremenda festa. Todos os conhecidos de mamãe estavam lá, mas durante boa parte do tempo ela não se dava conta do que se passava. Não era possível chegar até a casa de Carrie se a pessoa partisse da Coldwater Canyon Drive. Mamãe estava numa cadeira de rodas, e assim tivemos de subir pelo caminho de terra que ficava atrás das quadras de tênis. Estava uma loucura. Todos os melhores médicos, psicanalistas e cientistas compareceram. Era uma ocasião única. Mamãe ficava em dúvida se Milton era marido dela. Falava: "Sinto falta dele, éramos casados?". "Não, mãe, ele era o seu analista." Ela só sabia que era alguém realmente muito próximo.

Eu e meu irmão Michael nunca fomos pacientes de Milton. Mamãe sem dúvida ficaria feliz se tivéssemos sido, ela gostava que os outros fizessem terapia. Nos trinta últimos anos de vida, Michael morou num apartamentinho no Valley, no Victory Boulevard, em Van Nuys. Uma época foi atendente num posto de gasolina na frente do Whiskey A Go Go. Foi leão de chácara, vendedor numa loja de roupas, trabalhou num kibutz e numa casa funerária. Arrumou um emprego até na 7-Eleven, como auxiliar de reposição das gôndolas. Uma noite foi roubado. O ladrão o perseguiu pela loja e pôs a arma na cabeça dele, mas o disparo falhou. O que quero dizer é que ele fez de tudo. Ainda posso vê-lo de solidéu na cabeça, dirigindo o carro funerário pelas ruas a 110 quilômetros por hora, chapado, como num pesadelo de Hunter Thompson. E aí, durante o funeral, ele conseguiu tombar o caixão, inglória ou gloriosamente, e lá se esparramaram os restos mortais do velho tio Herman na frente da multidão. Para piorar, como o corpo estava no caixão, ninguém viu necessidade em botar as calças, imagine só. Claro que, depois disso, Michael foi dispensado.

A certa altura, ele largou a bebida e começou a frequentar os AA e outros grupos. Michael me ligou uma manhã e disse: "Bob, preciso pedir desculpas para você. Creio que lhe fiz um grande desserviço". Perguntei: "O quê?". Ele respondeu: "Vou a todas essas reuniões, inclusive frequento o grupo Sobreviventes de Incesto Anônimos". Falei: "É mesmo? Uau, que interessante". E ele: "Não sei por quê, mas falei que eu sofri um abuso. Quando me perguntaram quem perpetrou, falei que foi você, Bob. Desculpe". E eu: "É mesmo? Eu? Que coisa mais fascinante, Michael". E ele: "É só uma questão de tempo. É para ser um grupo anônimo, mas, como nossos pais são conhecidos, o pessoal vai descobrir, e aí você vai ser acusado". E eu: "Bem, que idade a gente tinha na época?". "Três e quatro." Perguntei: "Mas você não lembra de nenhum episódio específico?". Ele disse que não. Ficou obcecado com aquilo durante meses, e tentei, na base da brincadeira, que ele tirasse isso da cabeça. Fiquei muito interessado em saber o que eu teria feito aos quatro anos. Falei: "Michael, fique tranquilo, por favor. Provavelmente foi o maior favor que me fizeram na vida.

Se vier a público, nunca mais me faltará serviço nessa cidade". LA adora escândalos, sabe?

DAWN WALKER: Eu nunca tinha sofrido de enxaqueca até conhecer Michael. Era uma alma muito torturada, e isso ficava evidente. Coitado, ele remoía tudo. Qualquer coisa que acontecesse na vida, a atitude de Bob era processar e seguir em frente, e a de Michael era se prender àquilo a qualquer custo. Pessoalmente, não consigo imaginar alguém gastando conscientemente toda aquela energia na desgraça. Mas eu via sua inteligência mesmo na loucura. Achava Michael tremendamente engraçado, suas roupas nunca deixaram de me surpreender. Quando se esperava que a pessoa aparecesse vestida de determinada maneira, Michael aparecia justo ao contrário, só para chocar. A gente ia se encontrar no Bel-Air Hotel para almoçar com Jennifer no Dia dos Pais ou coisa assim, e Michael aparecia de boné de beisebol, jeans todo rasgado, uma sacola de plástico de uma loja vagabunda nas mãos e suor escorrendo do rosto após ter corrido atrás do ônibus porque não queria que ninguém fosse pegá-lo de carro. Não queria incomodar.

Jennifer chamava os dois irmãos de Nickel Pickle e Joy Boy, porque Michael era sempre meio azedo e rabugento como um picles e Bobby estava sempre passando para a próxima. Michael idolatrava o irmão. Era seu herói. Quando o pai deles morreu, Bobby realmente se tornou tudo para ele. Michael o amava de verdade. Eu nunca diria isso para a filha de Michael, Amy, mas a única pessoa que ele realmente amou foi Bobby.

BOB WALKER: Em todos aqueles anos no Valley, Michael levou uma vida de recluso. Passava boa parte do tempo num apartamento, fechado com os seus demônios. A cabeça dele estava sempre a 1 milhão de quilômetros por minuto, percorrendo labirintos emocionais com campos minados por toda parte. Em certo sentido, era um horror. Entendo como a pessoa se alimenta disso e começa a se identificar tanto com a dor e o sofrimento que não quer abrir mão deles. A pessoa *quer* ter esses problemas, porque é isso que ela é. Por exemplo, Michael raspou a cabeça só para amolar mamãe, que adorava o cabelo comprido dele. E costumava cortar as pestanas. Tinha cílios bem longos e achava que pareciam de mulher. As pessoas sempre comentavam como eram bonitos, mas Michael achava que estavam gozando dele. Então costumava cortá-los.

Sentia-se bem com o pessoal de rua e os frequentadores das reuniões dos AA e de outros grupos de ajuda mútua. Era um frequentador profissional desses grupos. E isso o ajudava a ficar sóbrio. Não se sentia bem com gente instruída, acho, embora fosse instruído e muito inteligente.

AMY WALKER WAGNER: Meu pai tinha dinheiro para cuidar de si mesmo. Tinha seguro. Escolheu como viver e escolheu como cuidar de si. Quer dizer, tinha dinheiro para pagar o apartamento, mas vivia de forma muito modesta; não tinha nem queria ter muitos bens. Mas possuía dinheiro suficiente para se sustentar. E sempre tive a impressão de que, se não fosse isso, ele provavelmente seria um sem-teto e moraria na rua. Eu podia ver o estado mental em que ele às vezes ficava, sem conseguir cuidar de si. Felizmente, tinha muita noção de dinheiro e sabia poupar. Foi engraçado quando Dawn teve de preencher a profissão na certidão de óbito. Papai nunca quis qualquer associação com a vida profissional de artista, então ela escreveu "finanças".

BOB WALKER: O físico dele começou a decair. Um dia tocou o telefone e era Michael ligando do hospital: "Eles me pediram para ligar para alguém da família, pois vão me operar amanhã". Fazia dez dias que estava internado e não havia nos avisado. Tinha desmaiado no pátio do prédio e os vizinhos o levaram para o hospital. Eles me disseram que queriam nos telefonar, mas Michael disse: "Não, não liguem para eles, não os incomodem". Como mamãe, ele não queria atrapalhar ninguém. Estava realmente doente e tentara se medicar sozinho. Achou que era um resfriado, mas os pulmões haviam entrado em pane. Tinha enfisema e osteoporose graves. Estava apenas esperando o fim, uma coisa terrível.

Depois que saiu do hospital, trouxemos Michael para casa. Mas ele não acatava a única regra da casa: ser gentil com mamãe. Sabia que a senilidade dela estava cada vez pior, e isso pode tê-lo deixado deprimido. Talvez sentisse que nunca mais poderia se reconciliar com ela.

Passamos um período bem difícil com a senilidade dela, mas conseguíamos lidar com a situação, pois todos nós tínhamos grande amor por ela. E muito embora quiséssemos Michael morando conosco, ele não era capaz de tratá-la de modo gentil. Se mamãe dizia: "Olá, Michael, como vai você?", ele a ignorava totalmente. Ficava imóvel e não reagia. E mesmo que ela não notasse a doença de Michael, notava sua grosseria. Uma vez ela disse: "Não fale assim com sua mãe". Então, finalmente eu disse a ele que aquele tipo de comportamento não era aceitável. Michael estava doente, com a saúde realmente depauperada, mas, quando falei isso, ele virou as costas e foi embora de casa. Deve ter se sentido como um garoto outra vez, cinquenta anos antes, controlado e criticado por mamãe, sob o escrutínio dela, ou talvez não tão amado quanto eu. Fui atrás dele e disse: "Entendo seus problemas e conversaremos o quanto você quiser sobre eles. Mas precisamos nos tratar bem e reconhecer que estamos juntos nessa situação". Ele continuou e pegou um ônibus para voltar para seu apartamento. Mal conseguia andar. Viveu mais um ano naquele pardieiro.

Creio que ele nunca teve um momento de paz, mesmo depois de se mudar para uma casa de repouso. A angústia, a preocupação, a ansiedade, os medos estavam todos lá. E as lembranças. A última vez que vi Michael, ele estava deitado de costas e já parecia à beira da morte, embora eu me recusasse a enxergar isso. Os braços eram mais finos do que uma banana. E a cada dia ele parecia mais fraco. Estava se alimentando bem, mas passara anos subnutrido. Lembro dele sentado à mesa no Dia de Ação de Graças, quando os dentes que ainda tinha começaram a se esfarelar na boca. Ele ficou sentado ali com os cacos na mão e uma expressão no rosto tipo: "O que está acontecendo comigo?". Fumava três, quatro maços de cigarros por dia, e no final começou a chupar pastilhas para tosse. Emagrecia dia após dia. Chegou ao ponto de não ter força sequer para erguer e levar a colher à boca.

Recebemos um telefonema às três da manhã. Ele deve ter sentido que estava tendo um ataque cardíaco, então estendeu o braço para puxar o fio e chamar alguém, mas caiu da cama. Deve ter sido imediato. Veio de repente. Estava tão fraco que não tinha como resistir. Creio que havia contraído uma infecção grave. Haviam lhe arrancado todos os dentes três semanas antes, todos os 23 que tinha, pois em quarenta anos nunca fora ao dentista. E então foi se acabando aos poucos, enfraquecendo, enfraquecendo, cada vez mais. Estive com ele dois dias antes de ele morrer. Uma das últimas coisas que me disse, meio brincalhão, foi: "Deve ser meu castigo por ser um católico relapso".

Mas agora Michael se libertou. Espalhamos suas cinzas numa colina em Point Dume, com vista para o mar. Foi muito tranquilo. Agora ele está com os lagartos e o vento e as brisas e a chuva e os gritos dos corvos.

Uma das minhas melhores lembranças de Michael é de quando estávamos indo para Utah. Eu estava saindo de nem sei o quê, ficando sóbrio outra vez, um dos meus episódios à la Robert

Downey. Tinha ido para uma *rehab*. Não sei o que Michael andava fazendo. Provavelmente estava sóbrio. Mas lembro que havia uma fonte de água quente maravilhosa no rio Virgin, em Utah, numa cidadezinha chamada Hurricane. Pah Tempe Hot Springs. A água tinha a temperatura ideal. Passamos lama no corpo, Michael e eu, e foi o momento mais natural, mais real, provavelmente um dos melhores da vida toda dele. Michael saiu com lama no corpo e andou pelas colinas com um graveto na mão.

Então desceu o morro correndo como um ser saído de 1 milhão de anos atrás. Era quase como se fossem aparecer dinossauros no alto do morro em direção a ele. Como se estivesse fugindo dos ursos da caverna. Corria como um magnífico selvagem.

Dois anos após a morte de Michael, mamãe estava chegando ao fim da vida. Gastávamos quinhentos dólares por mês para mandar passar seus lençóis Porthault. Então pusemos uma mesa na garagem e Dawn passava os lençóis lá. Mas depois os lençóis nem eram mais passados. Mamãe já estava em outra esfera.

Michael Walker.

Antes de morrer, ela ficou três dias deitada com os olhos fechados. Já tinha visto o suficiente nos seus noventa, quase 91 anos de existência. Tinha vivido o suficiente e deu por encerrado. Nem comer queria mais. Só respirava e ouvia um mantra kirtan e a nós. Uns quinze minutos antes de morrer, sua respiração ficou mais suave. Tinha passado uns três dias com a respiração rápida, mas então diminuiu e finalmente ela abriu os olhos. Minha mão estava sob a mão dela. Eu estava bem ao lado da sua cabeça, e ela simplesmente se foi nessa bela suavidade. Sempre levaremos essa cena conosco. A respiração ficou mais lenta, um suspiro brando e suave, e depois cessou, e então aquele leve palpitar no pulso como uma borboleta.

Dawn e a enfermeira Colleen a vestiram de branco e puseram pequenas pétalas brancas em seu cabelo, lindo, lindo. Mas Cort havia dado a ela um rosário, que ela estava segurando, e um pouco de água do santuário de Lourdes e um Jesus de plástico de 25 centímetros de altura, bem bobo, que mudava de cor.

DAWN WALKER: Providenciei a cerimônia num lugarzinho chamado Conejo Mountain Funeral Home, em Camarillo. Enviaram um furgão para pegar Jennifer e cuidaram de toda a papelada necessária para a cremação. Ligaram quando tudo ficou pronto, e Colleen e eu fomos até lá. Enquanto acabavam os preparativos, ficamos esperando numa saleta ao lado. Fizemos um altarzinho onde depositamos rosas, chocolates, fotos dos filhos Michael e Bobby e dos pais de Jennifer, um dos lenços púrpura de Bobby, a água de Lourdes e velas. Antes de ir para o crematório, envolvemos Jennifer em belas mantas de cashmere vermelho e pusemos um travesseiro da Virgem de Guadalupe ao seu lado. Pegamos a água de Lourdes, duas garrafas, e vertemos sobre ela, com água de rosas e lavanda. Beijamos seu rosto, dissemos que a amávamos e liberamos o corpo para a cremação. Enquanto aguardávamos, soava ao fundo um mantra kirtan breve, de um iPhone, e falamos de todos os acontecimentos dos últimos seis anos. Trouxeram-nos as cinzas num saquinho. Eu havia levado a caixa onde as cinzas de Michael tinham estado. O nome dele estava numa das margens e o dela na outra.

BRODRICK DUNLAP: A primeira casa de Norton agora é de Arnon Milchan, um figurão das finanças em Hollywood. O vizinho é Haim Saban, na casa Garland. Ele a transformou numa fortaleza. Hoje, Malibu não é mais a cidadezinha em que cresci. Na antiga Malibu, havia uma loja de ferragens, uma serraria, conhecíamos o médico e todos no vilarejo. Se eu estava na rua e o carro enguiçasse, alguém vinha me pegar. Ia ao centro comercial para almoçar e conhecia todo mundo. Conheciam os meus filhos e todos se cumprimentavam. Andávamos de moto pela praia e ninguém se importava. A praia também era muito diferente naquela época.

WALTER HOPPS: Seria negligência da minha parte não contar o lance surreal do destino que teve a ver com o último dia da vida de Bobby Kennedy, que ele passou em Malibu. Alguns anos antes que os Frankenheimer vendessem sua casa de praia a Norton Simon, eles a emprestaram a Bobby Kennedy, perto do final da campanha. Naquela tarde, uma onda de arrebentação pegou um dos filhos dele — era um mar bem bravo. Bobby entrou para salvá-lo e arranhou a testa de leve. Então o sr. Frankenheimer pegou um pouco de maquiagem da mulher e passou no arranhão, para disfarçar e não aparecer quando ele fizesse o discurso naquela noite.

Dizem que, depois que o garoto foi resgatado da onda, Grace Garland convidou as crianças para nadar na piscina da casa dela, que era vizinha. Antes de irem para o Ambassador Hotel,

Bobby e Ethel Kennedy foram agradecer a Grace, e ela, sabendo que eles mantinham animais de estimação na casa em Virgínia, lhes deu um macaco-aranha chamado Mister Magoo. Tinha sido de Jane Garland. Era um bichinho danado, um presente de grego, e Grace o deu aos Kennedy.

BRODRICK DUNLAP: Os Kennedy saíram para o discurso e não voltaram. Todos foram embora. Deixaram um macaquinho-aranha, com uma corda estendida entre duas árvores para que pudesse se balançar. Lembro de ter visto o animal na árvore por uns dois ou três dias. E aí um dia ele sumiu.

V. OS STEIN

Angelo Drive, 1330, Beverly Hills

A entrada de Misty Mountain.

JEAN STEIN: Ainda lembro dos uivos dos coiotes à noite, em volta da nossa casa, que era conhecida como Misty Mountain. Foi construída durante a Lei Seca por Wallace Neff para Fred Niblo, o diretor do primeiro *Ben-Hur*. Como o terreno ficava no alto de Beverly Hills, eu imaginava, quando criança, que estávamos muito longe da cidade. Mesmo naquela época, já tinha a sensação de que era um mundo de faz de conta. Lembro que minha mãe se vangloriava de Orson Welles ter ido à nossa casa, em companhia de Dolores del Rio, e ter feito um elogio: "Este lugar me faz lembrar de Berchtesgaden". Em meados dos anos 1930, Katharine Hepburn, que morava lá, tinha de se desviar das cobras na sala de estar — ou pelo menos é o que contam.

FIONA SHAW: Lá no alto, nem dava para acreditar que estávamos em Los Angeles — parecia Connecticut ou qualquer outro lugar. Mas, quando você saía para o pátio atrás da casa e olhava a cidade, se sentia no céu, olhando a terra. Não tinha nada a ver com o que acontecia lá embaixo. E era uma escala estranhamente humana. Parecia mais uma vila do que um castelo. E havia alguns castelos em volta. Você olhava pelas janelas, tinha um castelo ali e outro castelo acolá. Se você olhava para baixo, estava a dois minutos em linha reta de onde ficava a casa de Sharon Tate. Está aí uma glória duvidosa: "Sharon Tate foi assassinada bem ali". Na época, os vizinhos tinham medo de que as onças-pardas devorassem os cães. Então era tipo: "Onça-parda aqui, Sharon Tate lá".

Era uma casa em estilo mediterrâneo, com formato de quarto crescente. Semicircular. Parecia enganosamente baixa. Havia um pavimento no subsolo e, pelo que sei, os convidados desciam até lá depois do jantar — tinha um bar e uma sala de projeções, onde ocorria boa parte das atividades de entretenimento. E do lado de fora havia jardins simétricos cercados de sebes, o que para mim é a ideia do paraíso. Quero morrer num jardim entre muros.

Para além dos jardins havia uma quadra de tênis, cercada

A vista de Misty Mountain.

de ravinas. Dava para a gente se sentir uma Katharine Hepburn usando aquelas calças maravilhosas, rebatendo a bola com a raquete.

Vi fotos dos pais de Jane, fotos de Bette Davis e de todo mundo que aparecia nas noitadas. Havia outras com todos eles no subsolo, no bar junto à sala de jogos, absolutamente esplendorosos, aquelas mulheres em seus vestidos de noite finamente bordados. Dá para imaginar que, quando elas diziam: "Venha para uma festa aqui com a gente", eram aquelas festas em alto estilo numa sexta ou sábado à noite.

É curioso como a toilette de noite lembrava o começo do século XIX, em pleno século XX. Não era apenas um pessoal de calças e mãos no bolso. As pessoas realmente se vestiam com muita elegância. Claro, todos se entupiam de martínis. E atrás do bar havia uma porta de saída para escapar em caso de ataque.

Bette Davis e o jornalista Harry Crocker na sala de estar

Da esquerda para a direita: Frances Goldwyn (mulher de Sam Goldwyn), Mary Lee Fairbanks (mulher de Douglas Fairbanks), Jules Stein e Kitty Miller (mulher de Gilbert Miller), na sala de projeção no subsolo, anos 1940.

JEAN STEIN: Durante a Segunda Guerra Mundial, meus pais fizeram a sala secreta atrás do bar como uma espécie de bunker, um abrigo antiaéreo, caso os nazistas…

FIONA SHAW: Viessem atacar. Você pegava uma garrafa de uísque, ia por aquela porta e sumia. O bar tinha um painel bem alto de couro vermelho, como um daqueles bares de estação de trem dos anos 1930. E era bem pequeno, um lugar onde só dava para sentar e tomar uma bebida. Supersecreto, evidentemente.

DAVID "PREACHER" EWING: Lembra que, antes que a casa fosse vendida, você me perguntou se tinha tirado fotos no pavilhão abandonado? Na época estava em ruínas, com trepadeiras entrando pelas janelas quebradas. Esse local, que ficava apenas a uns três metros do gramado bem cuidado, era totalmente decadente, parecia a infância perdida. Tive a impressão de que ali teria acontecido alguma coisa horrível que todo mundo queria esquecer. Quer dizer, será alguém foi flagrado tendo um caso nesse lugar? Tipo, não falamos a respeito, não pensamos a respeito, não demolimos, porque não existe.

JEAN STEIN: Eu preferia as ruínas. Numa das fotos de Preacher aparecia um aspirador de pó enferrujado, da Electrolux, largado atrás da máquina de refrigerantes.

Um dia perguntei ao meu pai por que ele não arrumava o pavilhão. Estávamos só nós dois sentados no pátio. Ele ficou olhando ao longe e disse: "Bem, as crianças cresceram e foram embora".

Depois que meus pais morreram, meu meio-irmão mandou demolir o pavilhão quando eu estava fora, pois ele achava que prejudicaria o valor do imóvel, dadas as condições em que se encontrava.

BARBARA WARNER HOWARD: Lembro de andar pelo gramado que levava à piscina com os cavalinhos de carrossel. Eu adorava a sorveteria. Amava o pavilhão. Certa vez, quando pequena, encontrei Elizabeth Taylor lá. Ficamos sentadas na grama. Elizabeth tinha acabado de fazer *A mocidade é assim mesmo.*

WILLIAM EGGLESTON: Eu passeava a esmo pelos jardins. Nem sabia onde estava. Não conhecia o lugar — você me levou, foi minha guia. Lembro de uma noite linda. Fiquei até tarde na casa, acho que tinha tomado umas e outras. Provavelmente estava esperando que Barney, o caseiro, me levasse de volta para o Chateau Marmont. É uma recordação muito bonita. Você quis dar um mergulho. Então fui atrás, só sei que eu estava numa espreguiçadeira lá fora, que dava para a piscina. Você apareceu molhada com aquele... ficava realmente bem com aquele maiô. Não sei onde fomos parar naquela noite. Pode ter sido aquela vez que fui com você à casa de Joan Didion.

Walter Hopps tinha me ligado antes. Descreveu a casa e falou que você torcia para que eu me animasse a fotografar. Ele disse: "Você esteve em Graceland, certo? Bem, é mais ou menos na mesma escala, mas totalmente diferente". Respondi: "Bem, faço pela Jean". Então acho que liguei para você logo em seguida e disse: "Vou". A coisa ficou por isso mesmo até que começamos a trabalhar. Uma das minhas melhores lembranças é termos trabalhado juntos lá. Amei a casa, ao passo que tinha detestado Graceland.

Os restos do pavilhão.

Foi uma tarefa difícil fotografar Misty Mountain. A primeira vez que vi o local, não sabia o que pensar. Então parti para o ataque. Fiz o que faria um bom soldado.

A casa não me parecia pretensiosa. Não era o meu estilo, mas e daí? O que mais me lembro é de Barney comendo na cozinha. O que é muito engraçado. Tirei uma foto. É meu retrato favorito de tudo aquilo — Barney, o empregado de vocês, fazendo uma refeição. Ele está traçando o prato. Parece totalmente desarmado. Eu gostava muito dele. Barney me fazia lembrar aquele tipo de rapaz que desembarcaria em Iwo Jima ou na Normandia. Sabe como? O tipo que seguia ordens, acho.

JOAN DIDION: Lembro que estávamos indo para a piscina. Era a última noite em que você tinha a posse da casa. Estava muito escuro, e era exótico. Eu nem sabia que havia aquela piscina ali, jamais soube. E então recordo que você entrou correndo na casa e pegou uma lembrança para mim.

JEAN STEIN: Um frasco enorme de perfume do banheiro espelhado de mamãe.

JOAN DIDION: Era o perfume Tabu. Ainda está no meu lavabo em Nova York.

MURRAY SCHUMACH (DA BIOGRAFIA INÉDITA SOBRE JULES STEIN): Nascida em Chicago em 1924, um caldeirão de criminalidade, corrupção política, orquestras de baile, jazz e rádio, uma pequena agência se dedicava a agendar bandas em várias partes do Meio-Oeste e representá-las em troca de uma comissão. A firma, que tinha o nome ambicioso de Music Corporation of America, funcionava num escritório de duas salas num prédio encardi-

Jean Stein.

do no Loop. Foi fundada por Jules Stein, um oftalmologista cheio de vida, de 28 anos, que conseguira pagar a faculdade e a escola de medicina tocando violino e saxofone em orquestras de baile, sendo chefe de orquestra e depois agendando shows para as bandas enquanto ainda era interno e residente no Cook County Hospital, em Chicago, e exercia a oftalmologia na cidade com um dos maiores oculistas do país, o dr. Harry Gradle.

O jovem médico de queixo quadrado e físico gracioso largou uma carreira médica de perspectivas lucrativas, porque julgava mais interessante ser empresário de bandas e acreditava que seria um caminho mais rápido para um Rolls-Royce, a Bolsa de Valores de Nova York e outros luxos que pareciam de imenso prestígio para o filho de imigrantes lituanos que nunca tiveram mais que uma loja em South Bend, Indiana, onde ele nasceu.

RUTH COGAN: A casa onde me criei com Jules e meus outros irmãos era comum. Feia, muito feia. Sem dúvida nenhuma, morávamos do lado errado dos trilhos de trem. Ficava pegada à loja. Meu pai batalhava muito. Vendiam aviamentos, sapatos e peças de roupa para os agricultores. De vez em quando, trocavam um par de sapatos pelo produto que o agricultor trouxesse.

Não era um lar feliz. Era um lar kosher. Tínhamos duas copas. Havia uma sinagoga em South Bend, muito ortodoxa. As mulheres sentavam no andar de cima e os homens no andar de baixo. Umas quarenta famílias, diria eu. Era uma cidade muito católica. Havia atritos. Eu andava na rua e me chamavam de "judia". Faziam o mesmo com meu irmão mais novo, David. Eu não gostava, mas sabia que era judia.

JULES STEIN (DA BIOGRAFIA INÉDITA ESCRITA POR MURRAY SCHUMACH): Lembro que eu entrava no quarto da minha mãe, vestia toda aquela parafernália, lia a Torá, as escrituras ou o que fosse, e ficava revoltado. Era demais para mim. Meus pais não tinham superado os velhos hábitos. Continuavam iguais. Eu ia à escola hebraica e não fazia ideia do que lia. Achava que estava um pouco acima daquilo. Simplesmente não aguentava mais.

Sabia que queria ir embora. Não que eu quisesse me afastar de casa, mas precisava ir para algum lugar. Tinha uma cabeça aberta, mesmo quando menino. Sabia, já então, que existiam coisas mais importantes se passando fora de South Bend.

Nos tempos do colegial, eu me matriculei num curso de verão na Winona Academy, no Winona Lake, conhecida principalmente como casa de verão do evangelizador Billy Sunday. Usava esses créditos adicionais para encurtar meu tempo na escola. Sempre tive pressa. O tempo sempre foi a coisa mais valiosa para mim. Aquele tempo perdido me parecia uma coisa que nunca mais seria recuperada.

Era a primeira vez que eu ficava longe de casa, e me senti tão solitário que quase voltei para South Bend. Mas Warsaw, Indiana, ficava apenas a menos de sete quilômetros de distância, e, como era um local de veraneio muito frequentado, tive a brilhante ideia de procurar um salão de baile onde eu pudesse promover mingaus dançantes aos sábados à noite para os estudantes de Winona Lake. Encontrei um espaço num segundo andar e combinei com a linha interurbana de transporte para disponibilizar um bonde especial de Warsaw para Winona Lake à meia-noite. Imprimi cartões anunciando esses bailes e enviei a todos os estudantes da cidade. Foi o primeiro evento que promovi.

RUTH COGAN: Minha mãe era uma mulher forte e determinada. Tinha grandes ambições para os filhos. Instrução era uma coisa importante para ela. Encorajou meu irmão Jules a ir para a faculdade. Meus pais não tinham um casamento feliz. Não havia amor. Estavam presos um ao outro. Não existia divórcio naquela época. Creio que foi um casamento arranjado. Meu pai já morava em South Bend e escreveram para a Europa para mandarem uma noiva. Ela era uma mulher muito bonita. Chamava-se Rosa.

Jules foi estudar na Universidade de Chicago. Formou-se lá, e depois foi estudar oftalmologia em Viena, na Áustria. Quando voltou, trabalhou no consultório do dr. Gradle em Chicago. Ao mesmo tempo, começou seu pequeno negócio como agente de orquestras na W. Randolph Street, número 32, em Chicago, junto com Billy Goodheart. Deu muito certo. Na verdade, deu tão certo que ele pegou uma dispensa com o dr. Gradle para criar a Music Corporation of America.

JULES STEIN (DA BIOGRAFIA INÉDITA ESCRITA POR MURRAY SCHUMACH): Quando consegui o alvará de funcionamento da

MCA, a agência era apenas um nome. Não tomei como uma grande decisão da minha vida. Era uma coisa corriqueira. Precisava de uma razão social. Em 1925, eu andava entediado com a clínica de oftalmologia porque 90% da coisa era só ajustar óculos. Então um dia fui até o dr. Gradle e pedi um afastamento para organizar meu negócio. Ele concordou. Uns dois anos depois, ainda mantinha meu nome na porta do consultório. Era um homem maravilhoso. Ofereci 25% do meu negócio em troca de nada. Ele não aceitou. Creio que, quando pedi a licença, no fundo eu já sabia que não ia voltar.

RUTH COGAN: Billy, meu irmão mais velho, e Jules transferiram todos nós para o Piccadilly Hotel em Chicago. Mas meu pai ficou para trás. Minha mãe era muito forte e meu pai, digamos assim, estava do lado mais fraco. Creio que meu irmão mais novo, David, se identificava com meu pai, porque sabia que ele também era fraco.

JEAN STEIN: Tenho a nítida lembrança de quando conheci meu avô, o pai de papai. Eu tinha seis anos. Estávamos no jardim de casa e tio David apareceu acompanhado de um senhor de idade com um chapéu largo de feltro. Papai realmente amava e admirava a mãe, mas não tinha nenhuma admiração pelo pai. Creio que tio David se identificava com o pai porque os dois meio que fracassaram na vida. Então, lá estava eu no jardim, olhando aquele homem que me disseram ser meu avô e imaginando por que estaria com um chapelão de feltro. Eu nunca tinha visto um chapéu daqueles, e pensei que ele devia estar sentido um calor medonho. Fiquei realmente perplexa. Mais tarde, claro, soube que ele era um judeu ortodoxo.

DAVID STEIN: Minha mãe sempre achou que Jules seria o

grande astro da família. Meu pai era menos imaginativo. Mas era um trabalhador que construiu sua loja de departamentos ao lado da casa onde morávamos. E creio que seguia em grande medida os desejos da minha mãe, de criar uma boa atmosfera para os filhos.

Quando a MCA começou, eu estava fazendo vários bicos, tocando em Chicago com todos as bandas desde que tinha uns dezesseis anos de idade. Levava uma vida boa. Fazia parte do sindicato e adorava tocar sax. Seu pai me deu as primeiras aulas. Minha mãe queria muito que os garotos — referindo-se a Billy e Jules — progredissem e não ficassem em South Bend. Deviam seguir rumo próprio o mais depressa possível. E foi isso que fizeram.

Minha mãe teve Parkinson e morreu. Meu pai morreu solitário. Perdido, escanteado. Meu irmão Bill Stein, que era alguns anos mais velho do que Jules, tinha coração fraco. Era um bon-vivant. Adorava o show business. Era bonitão e muito artístico. Seguia o pessoal dos shows e se envolveu com o início da MCA. Morreu muito jovem. Tivemos muitas tragédias na família.

RUTH COGAN: Billy foi para Notre Dame em South Bend. Ele sempre tinha uma *shiksa* depois da outra. Dormia com muitas por aí. Nunca judias, graças a deus. Talvez estivesse tentando projetar uma nova imagem para si mesmo. Tinha problema cardíaco. Acabou tendo de amputar uma perna.

Logo no começo, Billy ficou com seu pai na firma por algum tempo. Creio que foi ele quem descobriu Lew Wasserman. Era porteiro de cinema em Cleveland e Billy o trouxe para Chicago.

LEW WASSERMAN: Jules Stein criou um segmento inteiro. Não creio que as pessoas se deem conta disso, mas com certeza foi ele o criador da banda de estrada, um conjunto itinerante que simplesmente não existia naquela época. E com certeza seu esquema era promover uma única apresentação em cada local. Isham Jones me contou como seu pai o contratou. Ele estava tocando no Hotel Sherman. Recebia 2,5 mil dólares por semana, o que era um valor inacreditável. Então chegou esse rapaz, dizendo ter adorado a apresentação dele e que queria conversar sobre uma turnê. Isham Jones respondeu: "Você sabe quanto eu ganho? Dois mil e quinhentos dólares por semana. A única maneira de conseguir que eu vá é me dar um cheque visado de 10 mil dólares por quatro semanas e fornecer um Pierce-Arrow". Era o maior ônibus de todos. E Jones esqueceu a história. Quatro ou cinco dias depois, seu pai voltou com um cheque visado de 10 mil dólares. Jones não sacou que recebeu os 10 mil dólares graças aos depósitos dos lugares onde ia tocar. Seu pai faturou 30 mil ou 40 mil dólares na turnê, e assim começou a empresa. Nunca ninguém tinha feito isso antes. Como havia tocado em Kansas City, seu pai sabia que havia muito dinheiro nos Estados Unidos no início dos anos 1920.

JULES STEIN (DA BIOGRAFIA INÉDITA ESCRITA POR MURRAY SCHUMACH): Houve uma época em que eu provavelmente conhecia todas as cidades do Meio-Oeste que tinham pista de dança e linha de trem. Havíamos entrado em contato com a sede da Western Union e dissemos a eles: "Vocês poderiam ter um movimento muito maior se mandassem suas agências locais verificar as respectivas áreas e nos informassem onde ficam todos os salões de dança e os promotores. Em troca, usaremos as agências de vocês para vender as turnês". Eles concordaram e com isso preparamos uma listagem fantástica.

Era na apresentação única que estava o dinheiro. Recebíamos 20% por apresentação, em vez dos 10% para agenciar uma orquestra por um período mais longo. A principal razão para querermos ter uma transmissão radiofônica de um hotel ou clube noturno onde tínhamos um conjunto com contrato prolongado era torná-

-lo mais conhecido, assim ficava mais fácil agendar turnês de apresentação única. O importante era ter a banda trabalhando sete dias por semana.

De 1929 a 1937, passamos a maior parte do tempo em Chicago, indo a Nova York duas vezes por mês, com viagens ocasionais a Londres e Los Angeles, onde eu havia criado filiais, basicamente para agendar shows. No auge da Depressão, de 1929 a 1932, a MCA estava tendo enorme sucesso e rentabilidade, pois as pessoas queriam esquecer um pouco seus problemas e dificuldades, e pelo visto os bailes com conjuntos populares lhes permitiam isso. Eu sabia que aquela onda não ia durar para sempre, então procurei diversificar nossa carteira e passei a representar cantores, equipes de dança e outros talentos que o público apreciava. A rádio estava se tornando parte importante do entretenimento público, e não perdemos tempo para representar artistas nesse novo campo. Enquanto isso, minha mulher, Doris, fazia amizade com inúmeras pessoas, muitas delas da indústria do entrenenimento, e com artistas e clientes onde quer que estivessem e ela pudesse ajudar.

Quando conheci Doris, ainda faltavam alguns meses para ela completar quinze anos e eu tinha minha própria banda no primeiro ano do Muehlebach Hotel, em Kansas City. Achei Doris muito bonita, embora estivesse interessado em outra garota de Kansas City, vários anos mais velha. Lembro claramente da primavera de 1917, quando me exibia com um Stutz Bearcat amarelo de dois lugares e levava Doris e algumas amigas dela em passeios curtos no lado sul da cidade. Na verdade, ainda tenho uma foto com Doris no volante. A primavera de 1917 foi uma das fases mais interessantes da minha juventude. Tinha meu conjunto de cinco músicos no hotel; recebia mais de cem dólares por semana e ficava num ótimo quarto; não tinha nem 21 anos; possuía um

Stutz Bearcat que comprei por novecentos dólares da sra. Morton, da empresa de sal.

GERALD OPPENHEIMER: Doris, minha mãe, veio a conhecer Jules por intermédio da colônia judaica nos bailes que ele organizava no Muehlebach Hotel, em Kansas City. Todos os domingos à tarde, o pessoal ia lá dançar e ouvir as orquestras. Jules era o chefe. E parecia um Sinatra. Tinha um casaco de pele e um Stutz Bearcart.

Nesse meio-tempo, minha mãe se casou aos dezesseis anos com meu pai, Harold, e teve dois filhos, eu e meu irmão mais velho, Larry. Meu pai se deu muito mal. Assumiu a empresa de bebidas da família, mas aí veio a Lei Seca e acabou com ele. Cerca de sete anos depois, ela pediu o divórcio.

Doris voltou a encontrar Jules numa festa de Ano-Novo. Isso foi na época em que ela decidiu que queria morar em Nova York, o que penso que foi uma boa coisa para ela. Queria trabalhar. Naqueles tempos, Kansas City não era o melhor lugar para uma divorciada. Em Nova York, ela conseguiu emprego na loja de departamentos Bergdorf Goodman. E foi aí que começou a sair com Jules. Também saía com outros, pelo que entendo. Voltava a Kansas City uma vez por mês para nos ver, o que era uma empreitada e tanto, pois não tínhamos avião naquela época. Bem, uma vez a cada três meses. E telefonava todas as semanas.

GILLIAN WALKER: Bergdorf Goodman era um paraíso, e as mulheres que trabalhavam lá eram conhecidas como Anjos. Elas sabiam como ajudar os homens que entravam na loja para comprar aquela lembrancinha especial que ia acalmar as suspeitas das namoradas ou das esposas. Durante o atendimento, uma Anjo podia conhecer um homem, divorciado ou entediado com seu casamento, e levá-lo aos céus. Como Anjo, sua mãe nunca tirava os olhos da presa. Era para isso que estava ali, e de fato paquerou e conquistou seu pai com uma eficiência admirável.

GERALD OPPENHEIMER: Pelo que sei, Jules fez o pedido de casamento por telefone. Casou com mamãe mesmo ela sendo uma mulher divorciada com dois filhos. Ele abrandou um pouco quando você e Susan nasceram. Mas era um indivíduo relativamente frio.

LEW WASSERMAN: Conheci seu pai no escritório dele em Chicago e foi uma coisa muito rápida. Ele me olhou e falou: "Meu irmão me disse que você é muito bom em alguma coisa. Se Bill quer você, por mim tudo bem". Seu pai usava aqueles óculos sem haste e tinha um escritório imenso. Na verdade, era o único executivo de verdade que eu tinha visto na vida. Me ofereceram emprego como diretor nacional de publicidade, por sessenta dólares por semana. Eu recebia cem dólares semanais no meu emprego anterior. Então comentei com Eddie — tínhamos acabado de nos casar, em julho de 1936, e isso deve ter sido em setembro — que ia pegar o serviço. Ela perguntou: "Por quê? Acabamos de nos casar, não conhecemos ninguém em Chicago". Não dispúnhamos de uma reserva de dinheiro. Tínhamos um Chevrolet de duas portas que um tio dela nos cedera por trezentos dólares. Falei: "Vou ter um grande futuro nessa empresa". Ela perguntou: "Por quê?". Respondi: "O dono é velho".

ARTHUR PARKS: Não sei se você sabia disso ou não, mas, quando Karl Kramer cuidava dos folhetos das apresentações — cartazes que mandava imprimir e enviava aos promotores —, ele também se encarregava das compras de bebida, porque naqueles dias da Lei Seca só havia bares clandestinos.

LOUISE MILLS: Meu pai, Karl Kramer, conheceu Jules Stein quando ele era líder de uma banda. Ele dizia que seu pai havia conhecido Mae West quando ela ainda não tingia o cabelo. Meu pai andava fazendo a publicidade do Orpheum Circuit, a rede de teatros de revista, e recebeu um convite para entrar na Music Corporation of America, que acabava de ser criada. Minha mãe perguntou: "Você realmente quer trocar um trabalho estável por uma empresa de risco?". Acho que ele queria, sim. Foi seu pai que o contratou. Tornou-se o tesoureiro da MCA. Cuidava da contabilidade. Quando você é o tesoureiro de uma empresa, está a par de tudo sobre ela.

A MCA fornecia tudo para os clubes noturnos. Em Chicago, e depois mais tarde, quando mandavam as bandas em turnês, faziam acordos com os clubes. Providenciavam apitos, chapéus engraçados, bebida. Isso foi durante a Lei Seca. Nasci em 1929, e creio que nessa época meu pai trabalhava na MCA. Não sei se era o bando de Al Capone, mas havia algum tipo de envolvimento de gângsteres. Eles controlavam o setor de bebidas e, para poder agenciar as bandas e fazer todos esses arranjos, você tinha de cooperar com os caras que mandavam no pedaço. Então creio que tinham, sim, algum tipo de acordo.

MURRAY SCHUMACH (DA SUA BIOGRAFIA INÉDITA SOBRE JULES STEIN): Em setembro de 1933, Stein, com uma incrível presença de espírito, aproveitou aquela que deve ter sido a maior oportunidade da vida dele. Naquele mês, quando os mafiosos estavam ficando especialmente turbulentos, pois a Lei Seca fora suspensa naquele ano e eles se dedicavam a procurar novas fontes de renda, James C. Petrillo, que então era o chefe da seção de Chicago da Federação Americana de Músicos, telefonou para Stein e insistiu para que ele fosse "imediatamente" até seu escritório. Stein, que tinha tratado várias vezes com Petrillo sobre questões sindicais, confiava nele e sabia que, se dizia que era urgente, era porque era mesmo.

Então Stein, geralmente tão econômico, resolveu pegar um táxi para ir ao escritório de Petrillo, que ficava a um quilômetro e meio dali. Quando ele entrou na sala com painéis de mogno nas paredes e janelas à prova de balas um andar acima do nível da rua, o sindicalista grandalhão logo fechou a pesada porta de madeira maciça para que ninguém ouvisse nada. Então se sentou à escrivaninha num dos cantos afastados da sala, fora do alcance da calçada, e disse na sua voz rouca: "Seu nome está na lista. É melhor arranjar um guarda-costas".

Isso significava que Stein estava para ser sequestrado. Ele ficou abismado. Perguntou como Petrillo estava a par disso, mas ele não quis dizer. Stein sabia que Petrillo arriscara muitas vezes a vida para impedir que os mafiosos ingressassem no sindicato e que dispunha de excelentes fontes clandestinas.

Foi apenas em 1975 que Petrillo, já octogenário, manco e de bengala, achou que finalmente poderia comentar o episódio. Nessa época, ele morava num prédio de luxo em Chicago e me mostrou com orgulho uma foto na parede em que aparecia com Truman — ele tocava trompete enquanto o presidente tocava piano.

Bebericando seu brandy, Petrillo contou que fora avisado por George E. Browne, que, junto com Willie Bioff, dirigia a Aliança Internacional de Trabalhadores Teatrais. Bioff e Browne não eram apenas funcionários do sindicato de teatro. O FBI botou os dois na cadeia em 1941 por extorsão. O sindicato era dominado por Al Capone e seus asseclas, tendo Bioff como testa de ferro. Nos anos 1930, a entidade extorquiu milhões de dólares dos chefes dos estúdios mais poderosos de Hollywood: às vezes cada mordida chegava a 50 mil ou 100 mil dólares.

JAMES PETRILLO (DA BIOGRAFIA INÉDITA DE JULES STEIN ESCRITA POR MURRAY SCHUMACH): George Browne era um bom líder trabalhista. Nunca roubou um centavo. Mas gostava de se relacionar com mafiosos. Não sei por quê. Se você dorme numa cama com piolho, vai acordar infestado. Bem, em todo caso ele gostava de mim e confiava em mim. Do contrário, não teria vindo me falar da história com Jules. George me diz: "O que você sabe desse cara, Jules Stein?". Respondo: "É um bom sujeito". Então George me dá o toque. Ele diz que o resgate vai ser de 50 mil dólares.

Ligo para Jules e lhe digo para ir imediatamente ao escritório. É claro: não é algo que se comente pelo telefone. Jules me pergunta como fiquei sabendo. Eu não falo, claro. Não tem como. O que acontece com George se ficarem sabendo? Matam ele. E eu no meio da coisa. Preciso proteger os dois. Nunca soube bem qual era o grupo. Gostam de dizer que foi Al Capone. Por que Al Capone? Podia ser O'Banion. Podia ser Touhy.

As pessoas não entendem como eram as coisas naqueles tempos. É, sei que o pessoal vê um monte de filmes sobre os gângsteres de Chicago. Mas não é a mesma coisa. É quase impossível que alguém de fora compreenda que, naqueles dias, se alguém desse um espirro todo mundo já punha a mão na arma. Era uma desgraça. Os caras chegavam para comprar ingresso e diziam: "Al me mandou". Ou: "Touhy me mandou". Aí vinha alguém alguns dias depois e o cara dizia: "Está todo mundo pagando. Então você vai pagar também". Havia muito disso. Ninguém blefava naquela época. Se o cara dizia que você ia levar um tiro, pode apostar que ia mesmo. Você levava um tiro.

Bem, passo a informação para Jules. Ele não se abala. Jules é assim. Fica ali sentado, roendo as unhas, como faz quando fica nervoso.

JULES STEIN (DA BIOGRAFIA INÉDITA ESCRITA POR MURRAY SCHUMACH): No dia seguinte, fiz uma apólice de seguro contra sequestros da ordem de 75 mil dólares. Sempre soube que a Lloyd's fazia seguro de coisas imprevisíveis — como condições climáticas, por exemplo. Então concluí que fariam esse também. Não sabia a quem mais recorrer. Tinha certeza de que era a gangue de Touhy que estava por trás daquilo. E os grandes gângsteres de Chicago naqueles tempos tinham acordo com os políticos, com a polícia, com os juízes. Percebi que não fazia o menor sentido procurar os tiras. Petrillo repetia: "Saia da cidade. Saia da cidade". Me recusei a sair. Creio que fui meio bobo. Mas achei que não iriam atrás de empresários dentro da lei.

Eu tinha a coragem dos tolos. Desde então vi montes de filmes sobre Chicago e os gângsteres. Gastaram uma quantidade enorme de ketchup neles. Mas o engraçado é que, quando você vive no meio de tudo isso, a coisa não parece ter importância. Não fiquei com medo. Não sei por quê. Ou era tonto demais ou... sei lá. Continuei a andar pelas ruas de Chicago e a fazer meus negócios como sempre. Mas, ao mesmo tempo, antes de entrar no carro, eu olhava o banco traseiro para ver se não havia ninguém escondido, pronto para nos dar uma pancada na cabeça.

OSCAR COHEN: E Petrillo era de quem? Havia uns dez caras em Chicago que mandavam nele.

JEAN STEIN: Eram do grupo do Al Capone?

OSCAR COHEN: Acho que eram da bandidagem. Não sei. Não me parece possível que você fosse chefe de um sindicato e não fosse bandido, sabe? Isso em qualquer sindicato. Quer dizer, a Federação Americana de Músicos ficava fora de Chicago. Eu era moleque. Não tinha como saber tudo o que se passava. Dizia comigo mesmo que talvez nem devesse prestar atenção naquilo, porque o que estava acontecendo não podia ser verdade.

JULES STEIN (DA BIOGRAFIA INÉDITA ESCRITA POR MURRAY SCHUMACH): Minha relação com Jimmy Petrillo se estreitou muito ao longo dos anos, porque ele me achava honesto. E eu achava que ele era honesto também. Quando eu solicitava alguma coisa e ele negava, havia uma razão para isso. Se ele me dizia: "Não quero que você faça tal coisa, porque vai me complicar", eu não fazia. Se queria levar uma orquestra para a seção dele, por exemplo, e ele dizia: "Agora é um momento difícil para mim, esqueça", eu esquecia. Sabia que Jimmy tinha problemas específicos de outra ordem. Ele dirigia sua seção em Chicago com mão de ferro. E estava indo contra os gângsteres que tentavam se apoderar do seu sindicato. Jimmy nunca deixou. Você nunca combate os sindicatos. Precisa vencê-los pela inteligência.

Nos primeiros tempos, havia quem pensasse que eu tinha o apoio dos mafiosos. Mas essas pessoas nunca entenderam que minha formação médica me incutiu um senso ético muito forte. A medicina é, basicamente, uma profissão ética. Durante toda a minha vida, eu nunca quis nenhum tipo de associação com qualquer coisa que manchasse isso.

DO *COLLIER'S*, 10 DE MARÇO DE 1934:

No saguão do edifício onde o dr. Stein atua em Chicago, o sr. Joe Kospar de East St. Louis tentava reanimar seus dois companheiros exaustos. Falava alto, num dialeto do rio Mississippi. O longo tempo que passou em parques de diversão, apregoando em barracas e discursando em tendas, havia roubado ao sr. Kospar qualquer eventual capacidade de falar num volume de voz normal. Além disso, eram seis horas da tarde e a barulheira do Loop ao anoitecer, sem mencionar a gritaria da multidão no saguão, fazia uma concorrência acirrada [...].

"O doutor está ali", disse o sr. Kospar, atravessando a multidão para se dirigir a um indivíduo baixo e bem vestido, de olhar frio e incisivo. "Olá, doutor. É só um minutinho."

Mas um sujeito, com a destreza própria de uma grande prática, empurrou de lado Joe Kospar de East St. Louis, e outro intercessor concluiu a operação, devolvendo o sr. Kospar ao lugar de onde viera. O dr. Jules C. Stein — que administra as atividades de mais de 90% dos conjuntos de baile do país, o figurão dos shows de boate em Chicago, continuou a andar sem se deter, rodeado pela aura da celebridade. Não se dirigia a um clube noturno. Para o dr. Stein, clubes noturnos são um negócio. Só iria a algum deles se os negócios exigissem. Raramente exigem [...].

O dr. Stein exerceu a medicina durante dois anos antes de encaminhar seus talentos para a diversão pública. Sob sua direção enérgica, surgiu o que seus insignificantes rivais chamam de "cartel das bandas" — a Music Corporation of America, que, como foi dito, administra, agenda, dirige e dita os compromissos de mais de 90% dos conjuntos musicais de baile nos Estados Unidos.

Resumindo, se você quer uma orquestra de baile fina e elegante com a garantia de não ter nenhuma nota dissonante, procure o dr. Stein, seja para o baile de debutantes de sua filha Mary, para uma festa do cinema ou da rádio, ou para uma recepção de gala.

LEW WASSERMAN: Não revi seu pai até o primeiro semestre de 1937, quando voltei a Los Angeles e a MCA acabava de se mudar para o prédio em Beverly Hills. Seus pais haviam alugado a casa de

Douglas Fairbanks em Santa Monica. Eu estava hospedado no Beverly Hills Hotel, e seu pai me pegou num domingo de manhã num Rolls-Royce conversível amarelo e me levou até a praia. Era uma casa magnífica. E uma praia também magnífica, de areia branca. Não havia absolutamente ninguém. Peguei um calção emprestado e uma toalha e me encaminhei para o mar. Seu pai falou: "Aonde você está indo? Não nadamos no mar, temos uma piscina". Eu nunca tinha visto uma piscina na vida. Nunca vou esquecer.

Quando vim para cá, não estávamos fazendo muita coisa no cinema. Fiquei bem amigo desse senhor chamado Nat Deverich, que era sócio de Leland Hayward. Haviam originalmente trabalhado para Myron Selznick e William Morris. Eram donos da cidade. Um dia, Deverich me chamou ao escritório dele. Hayward estava esparramado no sofá, sem sapatos, o nó da gravata desfeito, sem paletó, tomando uma bebida. Não se levantou, não trocamos aperto de mão. Ele disse: "Nat Deverich tem você em alta consideração. Por que não se junta a nós? Damos um terço da empresa e você a dirige". E Leland Hayward continuou: "Sabe, detesto estar nesse negócio. Minha mulher não gosta também. Enjoei". Então falei: "Se você se sente assim, por que não vende a firma para nós? Para a MCA?". Seu pai estava na Ásia, então passei uma semana com Nat até fechar o acordo. Compramos a empresa. Bem, era a época da guerra e Gene Kelly, Jimmy Stewart e David Niven estavam todos fora, no serviço militar. Quando voltaram, foi realmente a grande explosão da MCA. Passamos da insignificância à maior empresa dos Estados Unidos.

Deixei que Hayward escolhesse a sala que quisesse, menos a do seu pai e a de Taft Schreiber. A sala que ele escolheu tinha um belo papel de parede francês, que ele abominou. Falei: "Vou tirar. Faço qualquer coisa para fecharmos o negócio". Ele pôs um quadro de Paul Klee — sabe, uma daquelas caras pela metade com um ponto no meio. Seu pai entrou esbravejando no meu escritório.

"Aquele quadro maluco... Vou falar com ele." "Não o deixe nervoso em hipótese nenhuma, Jules", eu disse. Alguns dias depois, seu pai me disse: "Dei um jeito. Ele ficou muito contente". Jules tinha mandado arrancar o papel de parede francês e revestiu o escritório inteiro com painéis de madeira. Custou cerca de 40 mil dólares. E o quadro ficou lá.

Comecei a comprar os terrenos atrás do prédio da MCA por 7 mil a 9 mil dólares cada. Seu pai falou: "Mas a troco de quê você continua a comprar todos esses terrenos?". Respondi: "Algum dia vamos crescer. A guerra vai acabar".

Jules me promoveu em 1946 e virei diretor executivo. Ele era dono da empresa inteira. "Agora você dirige. Vou dedicar o resto da minha vida à medicina", Jules me disse. Foi por sugestão da sua mãe. Desde então e até o dia em que ele morreu, tivemos uma única discordância. Jules nunca me disse: "Por que você não fez assim ou assado?". Nunca questionou. De 1946 a 1954, quando distribuíram as ações entre os executivos, ele ficou sendo o único proprietário da empresa. Comprei, sei lá, mais uma dúzia de agências de talentos ao redor do mundo. Tínhamos escritórios na Alemanha, França, Itália, Inglaterra — tínhamos um monopólio. Fiz 27 viagens num ano para a Inglaterra, antes que existissem jatos até lá.

JIM MURRAY: Dentro da MCA, havia um sistema de castas. Lew Wasserman ficava lá em cima. Não sei dizer o que seu pai fazia, pois nós na linha de frente não tínhamos ideia, e eu era agente de campo. Nem Taft Schreiber. Se você me perguntar o que Schreiber fazia, não vou poder responder, mas a gente tinha ideia de que ele era muito importante. A pirâmide vinha descendo, então havia o departamento de cinema, o departamento de televisão e o departamento de apresentação ao vivo. Estávamos na base da pirâmide, e no entanto gerávamos uma fortuna fabulosa. Descobríamos montes de novos talentos que se tornavam grandes astros do cinema, mas ficávamos lá embaixo. O departamento de cinema só tinha esnobes. Não que troçassem da gente, nem nada assim, mas estávamos simplesmente abaixo deles.

Vou lhe dizer uma coisa: nos vinte anos que trabalhei na MCA, nada disso que estamos comentando sobre os brutamontes ou os mafiosos aparecia, nada. Não dava para dizer que eles estavam ligados à máfia. A coisa tinha tanta classe, era tão limpa e profissional que nunca cheguei a ver isso. Eu sabia, mas não via. É como eu acho que a MCA operava na época do seu pai. Eram todos engravatados. A ligação com a máfia era mantida em nível superconfidencial. A MCA tinha classe demais para ser de outro jeito.

Mudaram meu nome de Murray Fusco para Jim Murray quando me tornei agente. A MCA não fornecia cartões de visita para qualquer um. Antes se asseguravam de que você parecesse um agente, se comportasse como um agente. Então, naqueles dias, quando alguém me pedia um cartão profissional, eu dizia: "Puxa, esqueci", e anotava meu nome num guardanapo.

Havia um agente chamado John Dugan. Era irlandês. Parecia o ator James Cagney, baixinho como ele. Me chamou ao escritório e disse: "Murray, precisamos mudar seu nome". Perguntei: "Por quê?". Ele respondeu: "Porque não faz sentido. Não soa bem, vamos lhe dar outro". E eu: "Qual vai ser meu nome?". E ele: "Jim Murray". Assim, meu nome virou meu sobrenome. Ele me transformou num irlandês. Gostei muito, pois ia ganhar cartões da firma. Por quanto tempo você pode ficar escrevendo seu nome em guardanapos?

Agenciávamos um número que se chamava Divina. Era uma garota que nadava nua num tanque de bom tamanho. Nua. Era apresentado em bares, então eles tinham de demolir as paredes para pôr o tanque lá dentro e depois levantar de novo.

JEAN STEIN: Como era a Divina?

JIM MURRAY: Ah, a cada semana era uma mulher diferente. Não vinha ao caso. Bastava ser uma stripper. Inclusive havia uma em Staten Island. Tínhamos cinco ou seis unidades.

Passei três anos em Chicago. Quando Dean Martin e Jerry Lewis desfizeram a dupla, o primeiro serviço que peguei para Jerry foi no Chez Paree. Então agendo o cara, vou à estreia no Chez e a fila dava a volta no quarteirão. Eu sabia que eram todos gângsteres. Todo mundo ali era. Esse foi o começo da carreira solo de Jerry Lewis, sem Dean, e ele se saiu muito bem no Chez.

Mais tarde, quando eu estava trabalhando em Las Vegas, Woody Allen, um cara legal, chegou ao aeroporto. Fui pegá-lo. Eu pegava todos os artistas. Pego o cara e ele está com uma caixa pequena com seu clarinete e uma sacola no braço, bem pouca bagagem. Tinha só um paletó esporte que usava durante o show inteiro, em todos os shows, um paletó de tweed marrom. Ele se apresentava com Petula Clark. Ela era basicamente a grande atração do show. Era uma apresentação fantástica. Gerava uma quantidade de dinheiro que você nem acredita. Minha ideia egoísta era separar os dois. Assim eu conseguiria dois contratos, certo? Então fiz isso. Ela entra e se apresenta muito bem. Aí ele chega com o clarinete e é um horror, não fecho nada. Fiquei com ele durante três semanas. Na primeira semana, ele disse: "Jim, não quero o cheque, não mereço o pagamento". Então ele me fez ir até os brutamontes e dizer: "Ele quer que vocês fiquem com o cheque". "De jeito nenhum! Ele fica com o cheque, quer queira, quer não." Ele não aceitou. É o único cara de que ouvi falar em toda a minha vida que quis devolver dinheiro para o Caesars Palace. O número dele foi muito sem graça. Não era aquele tipo de comédia que você fica ouvindo enquanto fuma e bebe.

Fui transferido para o escritório de Miami em 1958, pois a ideia era que eu fosse o agente em Cuba devido à minha experiência no ramo dos clubes noturnos. Minha função era agendar números lá e em Miami. Fui duas vezes a Cuba, e uma vez me apresentei a George Raft no Capri. Fiquei surpreso ao ver os shows depois de passar por Las Vegas. Havia mais garotas, não tão produzidas como lá, onde tinham um monte de peitudas dançando. Mas tudo acabou no dia em que um dos agentes do escritório de Miami chegou e disse: "Jim, não vai ter serviço para você. Cuba morreu, Castro está lá. O que você vai fazer agora?". Respondi: "O que você quer que eu faça? Vou limpar piscinas".

CONNIE BRUCK: Lew Wasserman era bom em armar acordos particulares de uma maneira invisível e irrastreável, e assim o nome de Ronald Reagan conseguiu escapar da corrupção ileso, mas não era segredo que a relação entre Reagan e a MCA ia além da usual simbiose agente/cliente. Em 1941, por exemplo, Wasserman, procurando prorrogar o adiamento do serviço militar de Reagan, escreveu uma carta para Jack Warner assinar, e então transformou Reagan no maior negócio da história da agência. Wasserman triplicou o salário dele e, acrescentando algumas semanas ao contrato de sete anos, arredondou o valor para 1 milhão de dólares. Conforme os dois se tornavam mais próximos, Wasserman guiou Reagan entre os meandros políticos de Hollywood. Sidney Korshak também era próximo do ator. Dá-se muita atenção ao comparecimento de Reagan como testemunha favorável perante a Comissão de Atividades Antiamericanas da Câmara em 1947, mas sua estreia política foi anterior, ao posicionar-se ao lado dos estúdios — e da máfia — num episódio crítico nas longas e violentas lutas trabalhistas em Hollywood. Sua apresentação em 1946 diante do Sindicato dos Atores de Cinema e Televisão, o SAG, durante aquela batalha, provavelmente preparou o caminho para sua eleição como presidente da entidade no ano seguinte. Foi a partir dessa posição que Reagan e Wasserman, então presidente e diretor executivo da MCA, realmente ingressaram no setor.

Como presidente do SAG, Reagan forneceu à MCA uma licença que permitia à empresa manter uma agência de talentos, a MCA Artists, e também uma nova produtora de televisão, a Revue Productions. Sem a licença, aquilo não seria aprovado, dado o conflito de interesses intrínseco de ser ao mesmo tempo agente e empregador. Alguns anos depois, Reagan se tornou apresentador, supervisor e astro de uma produção da Revue, a *General Electric Theater*. Com esse papel, sua carreira de ator ressuscitou e o levou aos lares de todos os americanos que tinham televisão em casa. No final dos anos 1950, a MCA produziu ou coproduziu um número de séries de TV maior do que qualquer outra empresa, e respondia por cerca de 45% dos programas de horário nobre de toda a rede de televisão. Era esse o grande poder da licença: a MCA podia fazer as regras, porque ninguém no mundo comercial tinha força suficiente para contestá-las. Isso seria impossível sem Reagan.

Em 1961, já estava claro para Wasserman e Stein que o tempo deles estava chegando ao fim, tanto como agentes quanto como produtores. O monopólio era evidente demais. E, se tivessem de escolher, sem dúvida ficariam com a produção e abririam mão do papel de agentes. Leonard Posner, advogado da Divisão Antitruste do Ministério da Justiça, estava desmascarando rapidamente vários aspectos das violações das leis contra o monopólio praticadas pela MCA e descobrindo algumas provas dos acordos secretos entre a MCA e Reagan. Mas o que Posner estava realmente procurando, no que se referia a Reagan, eram provas de que ele recebera propina da MCA para fornecer a licença. Em 1962, Reagan foi questionado perante um grande júri em LA, e declarou que não se lembrava de detalhe algum de um eventual acordo com a MCA no período em que foi presidente do SAG. Com John F. Kennedy na

Casa Branca e Robert Kennedy como procurador-geral, a MCA e suas subsidiárias foram por fim acusadas de violar a Lei Antitruste de Sherman, e o SAG foi citado como cúmplice da conspiração. Num acordo que Wasserman negociou com o governo, a MCA concordava em dissolver sua empresa de representação, mas preservava a possibilidade de se tornar um conglomerado de entretenimento em grande escala — a MCA Universal.

Não muito depois, Reagan deu início à sua carreira política. O jesuíta George Dunne, professor de ciência política na Universidade Loyola, declarou numa entrevista, logo no começo da ascensão política de Reagan: "É um homem perigoso, porque se expressa muito bem e é arguto. Mas também pode se mostrar muito ignorante, como claramente foi, ao meu ver, interpretando tudo em termos de uma ameaça comunista". Taft Schreiber, executivo da MCA que era muito próximo de Stein e adversário ferrenho de Wasserman, ingressou num grupo de republicanos ricos para dar apoio a Reagan quando ele se candidatou ao governo da Califórnia. Logo Schreiber se tornou o principal angariador de fundos e copresidente da campanha. Stein também esteve envolvido até o pescoço, em termos financeiros.

GORE VIDAL: Jules e eu falávamos de política, e por isso nos dávamos tão bem. Ele queria saber das fofocas maldosas sobre os líderes do país. Eu contava como eles eram, e Jules adorava. Era um bom agente. Um dia podia ser útil, sabe? E eu gostava muito dele. Acho que ele também gostava de conversar comigo, o que era um espanto, pois Jules julgava minha mãe o demônio encarnado — a *shiksa* louca que devia ter se casado com uma estaca cravada no coração. Jules encarnava o Antigo Testamento perto dela. A mulher dele, Doris, era uma alcoólatra. Segundo ele, Doris não precisava de incentivo para beber. A influência da minha mãe era ínfima nesse departamento. O Johnny Walker chegava antes.

Nina, minha mãe, já tinha se casado com o terceiro marido, general Olds, e passou a guerra bebendo no Beverly Hills Hotel. Ela era assim — uma garota atrevida dos anos 1920. Ocupava o primeiro bangalô, que era duplo, de modo que a babá ficava numa ponta e na outra a sra. Olds fazia o social com a sua dama de companhia, a sra. Stein. Não faziam muita cerimônia, aquelas garotas. Começavam direto. Ao nascer do sol já estavam preparando o primeiro martíni. Nossas mães, a sua e a minha, realizavam conferências realmente estratégicas no Polo Lounge, o restaurante do hotel. Por volta do meio-dia, entravam e de lá conduziam a Segunda Guerra Mundial. Foi assim que vencemos. Nina e Doris cuidavam de tudo, até que Doris caía numa roseira de um lado e Nina caía do outro lado. Dorothy Earl, grande amiga das duas de Santa Barbara, que tinha mais de 1,80 metro de altura, simplesmente as agarrava pela nuca, como a gente faz com os gatinhos, tirava ambas das roseiras e as guiava para mais uma rodada de drinques.

Antes, minha mãe tinha sido a sra. Hugh D. Auchincloss de Newport, Rhode Island. Naqueles tempos, os nomes eram títulos. Em vez de ser a duquesa de Devonshire, você era a sra. Hugh D. Auchincloss. Os ingleses me perguntavam: "Por que vocês não têm títulos?". Porque temos nomes. Todo mundo sabia quem você era ao ouvir o seu. Doris queria entrar de cabeça na shiksalândia. E foi assim que minha mãe entrou na vida da sua.

Nina e Doris eram umas bêbadas felizes quando estavam juntas e tinham uma infinidade de segredinhos. Viviam cochichando sobre uma coisa e outra. Ah, e havia homens entrando e saindo, sabe? Eram mulheres interessantes. Quer dizer, não eram feias de se olhar. Você não saía correndo. As pessoas se aproximavam. Sua mãe foi criada num mundo muito mais grosseiro. A minha foi criada para ser uma dama. Não deu certo. Ela sentia arrepios só de pensar em arte. Odiava. Sua mãe pelo menos gostava de móveis. Tinha os valores de uma corista. Reconhecia uma boa pedra à primeira vista.

LOUIS BLAU: Quando seus pais estavam viajando pela América do Sul, sua mãe levou a caixa de joias dela. Era grande. E estava cheia. Lembro que recomendei: "Fique com ela e não deixe ninguém chegar perto". Não conseguimos sair do aeroporto da Guatemala com ela. Os guatemaltecos devem ter achado que sua mãe ia iniciar uma revolução, comprando o Exército com todas aquelas joias. Falei a eles: "Ela é muito famosa nos Estados Unidos e vai apresentar muitos shows aqui na América Latina. Tudo isso faz parte do figurino". "Não, não e não. Ninguém pode ter uma coisa dessas. Há mais coisa nessa caixa do que temos no Tesouro da Guatemala." Chamaram o ministro do Interior para examinar. Confirmaram que não iam deixar a caixa sair do aeroporto. E me permitiram guardá-la num local seguro. Recuperamos as joias quando prosseguimos a viagem. Creio que fomos para a Argentina.

JEAN STEIN: Mamãe dizia que Evita Perón admirou o broche que ela estava usando durante a audiência que tiveram. Parece que o costume era oferecer à primeira-dama qualquer coisa pela qual ela manifestasse desejo, mas mamãe não tinha a menor intenção de dar o broche.

GORE VIDAL: Depois que fui para o Exército, minha mãe doou minhas roupas, meus livros e todos os meus bens para o Exército da Salvação, alegando que eu não ia voltar. Era uma das pessoas mais horríveis que já existiram na face da terra. Eu tinha vontade de matá-la, e nunca superei isso. Minha meia-irmã, Nini, era muito nervosa. Tentava ser uma boa menina e levava uma surra atrás da outra, do tipo que quebrava os dentes.

NINA AUCHINCLOSS STRAIGHT: Lembro de todas as peles que nossas mães usavam, um animal mordendo o outro. Elas jogavam a estola em volta dos ombros, sabe como? A cauda ficava balançando. Se você visse um rabo abanando, podia apostar: era a sra. Stein ou mamãe.

Todo mundo usava chapéu naquela época. Joias para o dia, joias para a tarde, joias para a noite e chapéus combinando. A água-marinha informal que cobria o pulso inteiro da pessoa. Mas sua mãe era bonita — cabelo, rosto, tudo —, não devia ser um grande esforço. Os penteados de LA naquela época eram dignos do século XVIII. Maria Antonieta pareceria uma motoqueira.

A última vez que vi sua mãe, ela havia acabado de comprar o anel de diamante lapidado mais incrível do mundo. Simplesmente adorei. Pensei em escrever para você dizendo: "Por favor, não o venda. Alguém precisa ficar com ele. Ele me deixa profundamente emocionada". Ela disse que a amiga dela Frances Goldwyn viu o anel e falou: "Doris, nunca pensei que você precisasse desse tipo de coisa". Parecia o rinque de gelo do Rockefeller Center, aberto para patinação no verão.

Nossas mães juntas eram a personificação de dois homens procurando outros homens, em busca de presas. Para minha mãe, era um pretexto para sair da cama e se arrumar. Não consigo me lembrar dela me beijando, abraçando ou algo assim. Há fotos em que parece meiga comigo, quando eu era bebê. Mas ela sempre dizia que não gostava de meninas. Reconheço que eu não era uma criança muito bonita. Parecia o menino da lua de Orson Welles.

Lembro que você usava aquelas saionas incríveis tipo Scarlett O'Hara para ir à escola. Quase nem conseguia passar pela porta. Tínhamos de empurrá-la com aquelas anáguas. Ir a uma festa na sua casa era uma ocasião e tanto. Primeiro a gente entrava naquela imensa casa de bonecas no andar de cima. Eu adorava. Adorava todos aqueles quartos. Queria morar ali. Meu grande sonho quando pequena era crescer e morar num daqueles berços feitos com vime. Tão aconchegante, com todas as sedas, as rendas e tudo o mais. Bem, achava que a casa de bonecas era ainda melhor.

Lembro de uma mulher muito severa me perguntando o que eu fazia dentro do armário de chapéus da sua mãe — devia ser a governanta, a srta. Hirschberg. Mas eu não ia falar. Tinha amigos ali no armário. A iconografia daqueles chapéus contava sozinha toda a história do cinema. Hoje ninguém capricha muito. Na época, todas as mulheres tinham cintura e realmente se arrumavam.

GORE VIDAL: Sua mãe era muito divertida. Eu gostava dela. Ninguém gosta das mães enquanto mães. Ela sempre se referia aos homossexuais como "nossos amigos emplumados". Demorou até eu entender que ela não estava falando de periquitos.

JEAN STEIN: Walter Hopps sempre dizia que nós duas, eu e minha irmã Susan, éramos tipo acessórios. Quando apareciam artistas de cinema em casa, nossos pais nos levavam até a sala, com nossos robes de seda, como bonequinhas, para as devidas reverências. Nossa vida social era cuidadosamente regulada, mas eu não me sentia à vontade com aquele pessoal de Hollywood. Papai não fazia muita questão de ter gente em volta, mas mamãe saía quase todas as noites. Adorava companhia. Era aberta com todos, flertava muito. Mas isso era apenas por fora. Quando estava em casa, só conosco, a história era outra.

EARL MCGRATH: Sabe, Doris estava sempre com um copo na mão. Quando ele começava a esvaziar, ela olhava para o mordomo, Charles Harris, e meio que erguia os olhos para a prateleira. Então olhava outra vez para Charles e depois na direção de algum convidado, e mais uma vez para a prateleira. Charles servia outro copo. Ela pousava o seu e ia até o convidado: "Ah, olá, como vai? Que prazer revê-lo". Então pegava a nova dose que Charles havia preparado. Assim, ela nunca precisava terminar uma bebida.

CHARLES HARRIS: Lembro da primeira vez que vi seus pais. Estavam na sala de jantar quando entrei e me apresentei. Não sei se eu era preguiçoso demais para sair e procurar outro emprego ou se era mais fácil ficar lá e esquecer o que era aquilo lá embaixo. Porque, quando você trabalha em serviços domésticos, todos os empregos são iguais, sabe? Não dá para progredir muito. O serviço pode melhorar, mas o salário é mais ou menos estável. Você não ganha aumento nem nada disso. Eles dizem para você esperar até que eles morram, quando então lhe deixarão alguma coisa. No testamento.

Os Stein estavam na América do Sul quando comecei. Misty Mountain era mil por cento diferente do Hearst Castle. Não havia nenhuma comparação. Quando fui trabalhar lá, o sr. Hearst tinha 45 mil acres. Seu pai tinha só nove acres, a maioria na descida do morro. O sr. Hearst vivia como um rei. Seu pai vivia como um mendigo. Embora sua fortuna fosse provavelmente maior do que a do sr. Hearst.

JOAN DIDION: Não sei dizer com certeza quando nós, seus pais e eu, ficamos próximos. Gostei de seu pai porque ele era fascinado por dinheiro e impostos. E da sua mãe porque ela era divertida e me escolheu como a pessoa que ela podia mandar ao bar pegar uma bebida sem criar constrangimentos. Eu ocupava o lugar de Charles.

JEAN STEIN: Nunca vou entender quais eram exatamente as motivações de mamãe. Lembro que ela me levou a uma entrevista num colégio particular chamado Westlake. No caminho, disse: "Provavelmente não vão aceitá-la, porque você é judia". E não me aceitaram. Até os seis anos, eu nem sabia que éramos judeus. A Segunda Guerra havia começado. Uma noite, papai e mamãe entraram no nosso quarto, e ele disse a nós duas, a minha irmã e a mim, que, se alguém algum dia nos insultasse, era porque éramos judias. Lembro que perguntei: "O que é isso?".

Fui apolítica até meus dezesseis anos, quando o advogado do meu pai, Edwin Weisl, tentou me arrumar um namorado, também advogado. Suponho que meu pai confiasse na capacidade de julgamento de Weisl — ele era confidente de vários homens poderosos, inclusive Lyndon Johnson, e meu pai podia contar com ele para dar um jeito nas coisas sempre que necessário. Claro que aos dezesseis eu não fazia muita ideia do que significava isso. Em todo caso, Weisl disse que tinha o rapaz ideal para mim e me levou ao tribunal em Nova York, durante um julgamento. Foi no período da lista negra, e William Remington tinha sido acusado de ser comunista. O advogado que eu fui conhecer era Roy Cohn, responsável pelo pérfido plano por trás do processo. Sentei e assisti aos trabalhos do tribunal, e em alguns minutos estava do lado da vítima. Foi um despertar fundamental para mim quando jovem. Remington era um homem distinto e foi tragicamente assassinado na prisão. Roy Cohn se tornou o assecla fiel de Joseph McCarthy. A grande ironia da carreira de Cohn foi que ele encabeçou a perseguição contra os homossexuais que trabalhavam no governo federal, sendo ele mesmo homossexual, coisa que negou até o dia em que morreu de aids.

O sonho dos meus pais era que eu me casasse com alguém de uma família nobre. Era como um romance de Henry James ambientado em Hollywood. A família de Gore Vidal representava para minha mãe a aristocracia americana, e assim ela gostou quando ficamos íntimos. Gore me adotou como uma espécie de irmão mais velho. Eu era uma atenta discípula dele, que procurava ampliar meus horizontes, dando-me cartas de apresentação a amigos como Paul e Jane Bowles quando fui a Tânger. Quando me mudei para Nova York, muitas das minhas amizades se deveram a Gore. Ele ofereceu o templo onde comecei a me rebelar contra meus pais.

GORE VIDAL: Você estava ali um pouco perdida, sem grande interesse pelo mundo acadêmico de Wellesley, para o qual tinha sido encaminhada como se fosse um convento. Parecia uma freira. Falei: "Entre em contato com gente mais interessante". Então lhe apresentei uma ou duas figuras literárias. Normalmente não recomendo essas coisas a ninguém, mas, se você não conhece, não tem ideia do que é. E como digo a todo mundo: passei seis meses sem ver você, e quando nos reencontramos você estava com Faulkner.

JEAN STEIN: No ano em que passei em Paris na casa do meu tio David, fiz uma entrevista com William Faulkner para a *Paris Review*. Tinha vinte anos e havia conhecido Faulkner no Palace Hotel em St. Moritz, nada menos. Ele estava prestando um favor a seu velho amigo, o diretor Howard Hawks, que o ajudara anos antes em Hollywood com projetos de roteiros quando ele estava na pior. Hawks se preparava para fazer um filme chamado *Terra dos faraós* e encomendara o roteiro a Faulkner e Harry Kurnitz. St. Moritz era um ponto de parada no caminho até o Egito, onde Hawks pretendia rodar o filme. Então lá estavam eles com Robert Capa, e Charles Feldman com a mulher, Jean Howard, que eu conhecia por intermédio dos meus pais. Eles me convidaram e me apresentaram Faulkner. O filme acabou sendo um desastre e, mais tarde, quando lhe perguntei a respeito, Faulkner parecia não se lembrar muito do tempo que passou no Egito. Durante a entrevista, ele descreveu a mecânica vazia do sistema de Hollywood, contando que uma vez foi contratado para escrever os diálogos para um filme da MGM ambientado em New Orleans que nunca foi rodado. Disse que tudo aquilo era uma "atividade tola e incompreensível". Como cresci naquele mundo, a definição me pareceu bastante apropriada.

Enquanto isso, meus pais continuavam nutrindo a esperança de que eu acabasse por encontrar um príncipe. A certa altura cedi e me casei com William vanden Heuvel. Tivemos duas filhas, Katrina e Wendy. Aos olhos dos meus pais, Bill representava respeitabilidade. Na verdade, ele vinha de uma família de imigrantes. O pai havia trabalhado numa fábrica de mostarda em Rochester e a mãe tocava uma pensão. Meus pais ficaram muito felizes que eu me casasse na Igreja católica. Tive de fazer um curso para aprender a criar os filhos dentro da fé. As meninas foram batizadas e fizeram a primeira comunhão, mas eu não tinha a menor intenção de criá-las como católicas praticantes.

Anos mais tarde, depois que Bill e eu nos divorciamos, disse a meus pais que voltaria a usar meu nome de solteira. Minha mãe falou: "Essa é a coisa mais idiota que você já fez na vida". Fiquei chocada que ela dissesse isso na frente do meu pai.

WENDY VANDEN HEUVEL: Vivíamos num mundo diferente daquele dos meus avós. Eu devia ter uns oito anos quando vovó, vovô, mamãe, Katrina e eu fomos à Disneylândia. Vovô sempre falava com grande respeito de Walt Disney. Ele tinha um passe livre para o parque. Era dourado, como um cartão de crédito. Nossa guia era uma loira do condado de Orange, tipo uma Anita Bryant, com um uniforme azul feito de tecido sintético e um lenço de bolinhas azul e vermelho no pescoço. Passou uma mulher de shortinho justo, sandália plataforma e bustiê. Sem sutiã. Pura década de 1970. A guia ficou espantada e a mulher foi expulsa do parque. Mamãe perguntou: "Qual o problema com aquela mulher?". A guia respondeu: "Se os visitantes veem gente assim, não vão mais acreditar em Mickey Mouse".

Então mamãe perguntou à guia se havia algum negro trabalhando na Disneylândia. Ela ficou bastante constrangida e disse que havia dois. Trabalhavam no passeio submarino. A seguir fomos a uma exposição especial sobre o progresso na história, patrocinada pela General Electric. Vovó estava comentando como aquilo era fantástico e mamãe disse: "É uma porcaria". Vovó olhou para ela e disse: "Há algo de errado com você". Voltamos e ninguém falou com mamãe. Ela sacou que era hora de ir para Nova York. Naquela noite, Katrina e eu jantamos com vovó e vovô, e minha irmã comentou que não entendia qual era o problema de usar shortinho. Vovô virou para ela e disse: "Fique fora disso. Sua mãe é uma encrenqueira. Uma comuna".

JEAN STEIN: No verão do ano das audiências de Watergate, Walter Hopps e eu dividimos uma casa em Trancas, nos rochedos além de Malibu. Quem nos apresentou foi Dennis Hopper, e éramos, vamos dizer, almas gêmeas. Uma noite decidimos receber os amigos. No círculo de Walter havia muitos artistas plásticos talentosos da Califórnia. Ed Ruscha, Ed Moses, Larry Bell e Billy Al Bengston — estavam todos lá. Lembro que, quando meus pais entraram, meu pai deu uma olhada nos convidados e disse: "Ah, meu deus, quem é esse povo?". Não os chamou de "ralé", mas tenho certeza de que era isso o que ele achava. Ficou ainda mais chocado com a chegada de Jennifer Jones e Norton Simon. A certa altura, o marchand Nick Wilder foi até Norton e disse: "Querido, faço um boquete em você a hora que quiser". Foi nessa noite que Tom Wicker, colunista editorial do *New York Times*, teve uma discussão com meu pai sobre as audiências do Watergate. Papai havia dado uma contribuição de peso, cerca de 160 mil dólares, para a campanha de reeleição de Nixon, que parecia ir se danar logo mais. Ouviram papai dizer: "Como pego meu dinheiro de volta?". Um dos altos executivos da empresa, Taft Schreiber, ao que tudo indicava, tinha arranjado uma grande isenção fiscal para Hollywood. Depois, naquela noite, Bill Eggleston chegou de Memphis com uma maleta cheia de drogas. Na outra vez que apareceu, achou que estava no mar, a bordo de um cruzeiro. Perguntou: "Onde estamos?". Era uma boa pergunta.

Um ano mais tarde, mais ou menos, durante o julgamento dos documentos do Pentágono, convidei os réus e seus respectivos advogados para assistir a um filme em casa. Eu os conheci quando ajudei a levantar fundos para a defesa. O processo havia criado uma grande cisão entre gerações na comunidade hollywoodiana. Os que haviam passado pelo período da lista negra se sentiam fortemente ameaçados pelas questões em jogo. Depois que os convidados foram embora, meu pai me informou que nunca mais queria ver aquelas pessoas na casa dele. Percebi em sua atitude uma coisa primitiva, como se ele sentisse que o pogrom estivesse voltando para apanhá-lo.

Embora tivéssemos divergências constantes, eu sempre morria de medo de irritar meu pai e me empenhava ao máximo para não atiçar seu lado ruim. Uma vez eu estava em Paris e precisava voltar a Nova York a tempo de uma projeção de *O milagre de Anne Sullivan*, que ele havia organizado em prol da sua fundação de pesquisa para a prevenção da cegueira. Cheguei atrasada ao aeroporto e me avisaram que o avião já estava taxiando. Saí correndo para a pista e parei na frente do avião. O piloto da Air France deve ter achado que eu era uma americana maluca, mas parou e me deixou embarcar.

WENDY VANDEN HEUVEL: Quando eu tinha dezessete ou dezoito anos, quis arranjar um agente. Minha mãe me ligou e disse

Wendy vanden Heuvel.

que havia falado com sua amiga Nancy Dowd, que sabia de um papel num filme que eu podia tentar. Então telefonei para Nancy e ela me deu o nome do agente. Liguei para o vovô para lhe contar a notícia, e ele disse que queria me ver com a máxima urgência.

Quando entrei, vovó parecia extremamente preocupada e perguntou: "Onde você estava? Venha cá, sente. Seu avô tem algo muito importante para lhe dizer".

Os dois estavam no quarto. Sentei e peguei um copo de água. Não fazia ideia do que se tratava. Talvez tivessem descoberto a anfetamina que eu tinha roubado. Vovô parecia muito preocupado e falou: "Você já ouviu falar em escravidão branca?". E eu: "O quê? Do que você está falando?". E ele: "Bem, as mocinhas vão a Hollywood na esperança de virar artistas de cinema, mas são sequestradas, drogadas e embarcadas em navios chineses para serem usadas como escravas. Nunca mais se ouve falar delas".

Então eu disse: "Certo, mas o que isso tem a ver comigo?".

"Bem, quero o nome desse agente que você vai ver. Não sei quem é. Pode ser um traficante de escravas brancas. Nunca se sabe."

Ele estava meio que assuntando o que acontecia de fato, mas parecia que se referia a um esquema de prostituição. Isso me fez lembrar aqueles filmes de Lily Tang dos anos 1940. A única coisa que eu sabia sobre prostituição vinha dos filmes antigos que eu tinha visto na televisão. Enquanto ele falava, fiquei fantasiando que ia ser levada para Shanghai num barco chinês, com todo aquele ópio e fumaça, e então seria confiada a um bordel no Lower East Side, onde nunca mais me encontrariam. Eu me vi acorrentada num riquixá, sendo chicoteada.

Por fim, eu disse: "Do que você está falando? É um amigo de mamãe".

Ele respondeu: "Escute bem. Diga a eles que você é neta de Jules Stein e que estou cuidando da sua carreira. Só quero o nome".

"Você está louco", retruquei. Se era para falar aquilo, melhor nem ir. De que vale conseguir um papel se você diz uma coisa dessas? O agente ia me achar muito esquisita. Então combinamos que eu estaria atenta e eles não se preocupariam comigo.

Vovô estava deitado na cama. Descalço, de camisa, calça e gravata. Na lateral havia um controle e, enquanto ele discorria sobre a escravidão branca, ia apertando um botãozinho e erguendo aos poucos o encosto da cama, como para me controlar. Foi muito engraçado, tive de segurar a risada. Minha impressão era de estar falando com um homem absolutamente paranoico. Era quase como tratar com alguém com delírios de realeza.

WARREN BEATTY: Eu conhecia bem seu pai, sabe? Toda vez que alguém precisava de uma orientação médica, eu ligava para ele e ele dava um pulo lá, como se fosse o único compromisso na sua agenda. Lembro que ficamos sentados no terraço em Misty

Mountain quando ele estava bem doente. Era firme, o cara. Lembra quando ele pegou a mania daquela frutinha que era um cruzamento de framboesa com amora? Era o único sabor que lhe apetecia. Lembro que me disse que achava que Ronald Reagan ia ser presidente dos Estados Unidos e tomei como sinal de que ele começava a perder a lucidez. Ele me fez rememorar uma conversa que tive com Sam Goldwyn em 1968, quando ele especulava quem seria o próximo presidente. Na época eu trabalhava para Bobby Kennedy. Sam disse: "Aquele cara, como é mesmo o nome dele? Veio me ver outro dia". Ele não conseguia lembrar, até que finalmente disse: "Nixon, Richard Nixon". Pensei: Bom, Sam acha que Richard Nixon pode virar presidente. Imagino que isso mostra como o coitado está ruim.

E aí acontece a mesma coisa com Jules. Ele falou: "Temos um cara que, a nosso ver, daria um presidente e tanto". Estava sentado ali, tomando sorvete. Perguntei: "Quem?". E ele disse "Ronnie Reagan", então pensei: Ah, puxa, Jules está acabado.

JEAN STEIN: Ainda que Warren achasse que papai já estava no fim, ele ainda dedicava tempo e energia ao Jules Stein Eye Institute, que havia fundado. Queria ser lembrado mais por suas contribuições para preservar a visão do que pelas iniciativas empresariais.

Nos últimos tempos de vida, meu pai gostava de ler necrológios. Não para ver quem havia morrido, mas para ver a quem ele tinha sobrevivido. Homens assim raramente têm amigos. Ele tampouco se interessava pela maioria dos meus amigos. Walter Hopps apareceu num Ano-Novo, quando papai estava assistindo ao Rose Bowl. Perguntou educadamente quem estava ganhando. Papai se virou e disse muito sério: "O que conta não é quem está ganhando, e sim quem está perdendo".

WENDY VANDEN HEUVEL: Em 1981, descobrimos que o câncer ósseo do vovô havia se tranformado em metástase, e mamãe, Katrina e eu fomos ao hospital para vê-lo. Estava deitado, com um ar muito deprimido. "Sabem que eu amo vocês", ele disse. "Ah, não sei que mundo vai ser esse para vocês duas, meninas. É assustador. Não entendo o que anda acontecendo, não compreendo mais nada."

Então ele se virou para Katrina e disse: "Sei que você vai realizar grandes coisas. Maravilhosas. Tenho plena fé em você". Mamãe me defendeu, dizendo: "E Wendy também!". Ele respondeu: "Não, Wendy não. Você, Katrina". Recuei uns três metros do leito, em câmera lenta, até chegar à parede. Procurei segurar as lágrimas o máximo que consegui. Por fim ele disse: "Bem, meninas, hora de ir. Venham me dar um beijo de despedida". E eu, tipo, ah, filho da mãe. Mas fui, dei um beijo nele e fomos embora. No trajeto inteiro dentro do táxi fiquei chorando, dizendo a Katrina que eu não prestava para nada, nunca ia ser ninguém. Acreditei mesmo nisso. Foi maldade da parte dele. Até hoje carrego isso dentro de mim.

JEAN STEIN: Lembro que estávamos todos parados no saguão de entrada em Misty Mountain, antes de ir ao enterro de papai em Forest Lawn, e ouvi Edie Wasserman dizer a Lew: "Bem, já era hora". Mesmo um pouco abalada, pensei: Nossa, é bom demais para ser verdade. Edie estava com um alfinete de diamante que dizia "amor".

WENDY VANDEN HEUVEL: Vovô foi enterrado em Forest Lawn ao lado de Mary Pickford — queria poder se erguer à noite e dançar com ela. Ele disse isso a Mary antes que ela morresse.

Wendy (à esq.) e Katrina vanden Heuvel.

CHARLES HARRIS: Sabe, depois que fecharam o caixão do seu pai, falei que ele devia ficar com o *Wall Street Journal* numa das mãos e uma lupa na outra. Mas fecharam o caixão rápido demais. Estive na sala do velório antes do enterro. Havia alguns breves murmúrios, algumas poucas lágrimas aqui e ali. Mas creio que a maioria já havia secado. Swanee, que sempre trabalhou como lavadeira da família, era a única que estava histérica. Creio que era uma manifestação sincera, de coração. Sempre achei que Wasserman tivesse ido buscá-la, mas talvez nem tenha sido ele. Eu soube que Glenda, a ex-secretária do seu pai, assistiu a tudo do alto de uma árvore. Não fora convidada para o funeral. Se eu escrevesse sobre o tempo que passei com os Stein, só seria engraçado para aqueles poucos que soubessem do que estou falando. Em Iowa ou Kentucky, Jules Stein seria apenas um judeu. Mas, em Beverly Hills, gostariam disso.

WENDY VANDEN HEUVEL: Logo após o funeral de vovô, eu quis ficar com algumas lembranças dele. Fui até o guarda-roupa dele e peguei um de seus smokings. Experimentei e me serviu muito bem, porque vovô era baixo: não chegava a 1,70 metro de altura. Na verdade, ele tinha uns seis ou sete smokings, e creio que catei dois ou três. Também peguei um monte de blazers velhos, daqueles com forro, pois na época eu era adolescente e era uma coisa legal de usar para ir à escola. Acho que eu tinha uns dezoito anos. Pensei: Ninguém vai saber que eu peguei esses aqui, afinal são tantos. Vovô tinha sessenta ou setenta paletós esporte. A maioria era feita em Paris, segundo as etiquetas, e todos eram de alfaiataria. Os tecidos eram lindos: linho, seda. As cores também. Havia tweeds, mas esses eu não quis.

Levei os smokings e blazers para o quarto e escondi no armário. Não ia usar enquanto não chegasse a Nova York, aí ia me exibir com eles por toda a cidade. Mas não foi tão fácil quanto imaginei. Ou vovó mexeu nas minhas gavetas ou uma das empregadas comentou alguma coisa. O que sei é que eu estava no banheiro, secando o cabelo, e vovó começou a bater na porta, dizendo: "Venha cá. Venha cá, sua moleca". Saí, com o cabelo ainda molhado. Ela estava com um dos smokings na mão. Gelei.

Ela perguntou: "O que é isso? O que é isso? De onde você pegou?".

Falei: "Não sei". Não havia o que dizer. "Só queria uma lembrança do vovô. Só isso." Eu estava quase gritando para me livrar da situação.

Ela disse: "Eu sei o que você anda aprontando. Sei por que as mulheres usam esse tipo de roupa. Moça não deve usar calça comprida. Se você usa esse tipo de coisa, é porque deve ser lésbica! Sei a respeito de Marlene Dietrich. Sei dessas coisas".

Falei: "Ouça, gosto de blazers e coisas assim, e queria algumas roupas do vovô. É o que todo mundo anda usando. Mas não sou lésbica!". Então fiquei brava. Estava apavorada porque tinham me apanhado. Vovó estava um pouco histérica, imagino, por causa do funeral. Ela acabou me deixando ficar com um dos paletós, mas não me permitiu ficar com nenhuma das calças. Então tenho um paletó, que ainda uso de vez em quando.

Vovó continuou sociável como sempre após a morte de vovô. Estava sempre indo a algum coquetel ou dando festas em casa.

JEAN STEIN: Meus meios-irmãos, Larry e Jerry, pagaram Richard Gully — você se lembra dele? — para organizar reuniões com sessão de cinema em casa para mamãe. Era só um exemplo de como faziam tudo para ela no final.

WENDY VANDEN HEUVEL: Fui visitar vovó para tentar me aproximar mais dela. Ela havia acabado de fazer oitenta anos. Eu estava sentada em seu banheiro com paredes de espelho, uma réplica ruim do saguão em Versalhes, e ela estava se maquiando. Pensei: Meu deus, que coisa mais esquisita. Ela deve estar fazendo isso todas as noites faz uns sessenta anos ou mais. E pensei como era estranho ter esse ritual de se maquiar todas as noites. Me afetou muito ver vovó tão velha e com menos controle do que o normal.

Parecia uma boneca com toda aquela maquiagem; pôs montanhas de base e blush. O traço de delineador nos olhos saiu torto porque a mão dela tremia. Lembro que eu ficava ao lado dela naqueles coquetéis, com meus dezesseis ou dezoito anos, pensando: Você deve estar de gozação! Parecia saída do museu de Madame Tussauds — dava um pouco de medo. E aí tinha as cintas de renda preta que ela punha para modelar o corpo quando usava vestido tubinho. Lembro dela em pé na frente dos espelhos do banheiro, onde dava para ver sua imagem de todos os ângulos. Aquele banheiro era fenomenal. Creio que havia um espelho até no teto, que se via da banheira. Ela ficava ali com uma cinta preta, o cabelo grisalho, pondo a maquiagem. Por último vinha o batom, sempre vermelho — bem vermelho mesmo. Era como um ritual maravilhoso para ela — a preparação, a maquiagem, o vestido, os sapatos.

Nos últimos anos de vida, uma mulher a ajudava a se vestir e maquiar. Ela a sentava reta numa cadeira, como uma boneca, pronta para as atividades da noite. Tinha um vazio em vovó. "Aonde vou hoje à noite?", ela perguntava. Parecia a Billie Whitelaw em *Rockaby* de Beckett — uma mulher de idade sentada numa cadeira de balanço, vivendo no passado, existindo apenas nas suas recordações.

DOROTHY STEVENS: Eu gostava muito da sua mãe e creio que trabalhávamos bem juntas. Era sua secretária social e penso que tinha muita confiança em mim, eu sentia isso. Ela me pedia para escrever suas cartas e eu perguntava se queria ditar alguma coisa. "Ah, não, não, escreva você." Eu pegava algumas expressões que ela costumava usar, como "devo dizer", e botava, assim ficava parecendo que era ela mesma escrevendo. Quando me parecia necessário, eu levava um rascunho e lia para ela ou pedia que lesse. "Talvez você queira acrescentar alguma coisa." Era muito raro haver mudanças. "Não, está bom, está ótimo assim." Então eu voltava e passava o texto para seu papel de carta timbrado.

Nem tudo era um mar de rosas, sabe? Mas ela lidava muito

bem com as coisas. Eu procurava ajudá-la em tudo o que podia. Às vezes me pedia para descer e lhe fazer companhia na biblioteca, principalmente depois que seu pai faleceu. Eu sabia que ela era muito solitária. Mas não demonstrava os sentimentos. Não queria que ninguém desse qualquer sinal de perceber sua solidão, e por isso nunca comentei nada. Tinha grande simpatia por ela, mas nunca falei nada.

Quando sua mãe realmente ficou mal, perto do fim, e teve de ir para o hospital, eu ia vê-la com grande frequência. Eu estava no hospital quando ela morreu. Segurava sua mão, e ela segurava a minha.

BETTY BREITHAUPT: Sua mãe realmente pressionava seu pai para continuar indo ao escritório, mesmo no final da vida. Atribuo a ela a responsabilidade por grande parte do sucesso dele, ela sempre lhe dava muita força. Ligava de manhã e dizia: "Ele já está a caminho. Não queria ir, mas falei que precisava. Tem de marcar presença". Às vezes eu sentia vontade de dizer: "Você sabe o que ele faz quando chega aqui? Senta na cadeira e dorme". Fui secretária do seu pai por muitos anos e, depois que ele morreu, passei a trabalhar para o sr. Wasserman, que não era muito simpático. Talvez todos os homens da MCA tivessem sido assim quando eram agentes, mas com a idade amoleceram um pouco. Wasserman não. Gritava muito. Teve um cara que saiu do escritório depois de ouvir uns gritos, foi para casa e teve um ataque cardíaco. Era um ambiente de alta pressão. Eu ainda trabalhava lá em 1993, quando um ex-funcionário atirou no prédio. Estava sentada à minha mesa no décimo sexto andar, do lado de fora do antigo escritório do seu pai. O atirador estava no parque do outro lado da rua, com um rifle. Lembro que ouvimos um *ping* e então uma bala atravessou a janela e foi parar bem atrás de mim. Disseram-nos para ir engatinhando até o centro do prédio e deitar no chão até a polícia chegar. Houve vários feridos.

Lembro quando Matsushita comprou a MCA em 1990. Wasserman achou que devia mostrar seu lado japonês e resolveu fazer um lago de carpas na casa dele. Alimentava diariamente os peixes, mas havia muitos problemas, eles morriam sem parar, tanto que tiveram de chamar o SeaWorld para ajudá-los a refazer o lago.

WENDY VANDEN HEUVEL: Uma vez Wasserman me contou uma história sobre a pobreza. Estávamos na rua esperando o carro vir e lhe perguntei: "Você sempre quis fazer isso que faz? O que significa isso para você? Do que você gosta no trabalho? Sempre quis fazer filmes?". Ele respondeu: "Não, mas sempre soube que queria ter dinheiro". Então contou que tinha sido porteiro de cinema durante anos em Cleveland. "Quando você conhece a pobreza, fica sabendo que o que quer é dinheiro. Eu não queria mais viver daquele jeito". Isso era muito claro para ele. Eu estava perguntando sobre sua paixão, basicamente. Por que ele se envolvia tanto com o que fazia. Aquela foi a resposta que obtive — basicamente poder e dinheiro. Fiquei interessada. Pensar que esse tipo de motivação levava uma pessoa à posição em que ele estava. Mas não creio que estivesse falando a verdade. Acho que em algum nível era isso mesmo, claro, mas estava curiosa em saber qual era sua verdadeira paixão. Bem, talvez fosse dinheiro. Ele tinha mesmo um lance de poder, queria ser como um rei.

Para dizer a verdade, eu não conhecia bem o sr. Wasserman, mas lembro que estive numa reunião na Universal e fiquei olhando pela janela e pensando: ah meu deus, isso aqui é um reino. Você está no alto dessa torre negra, olhando lá fora, e é uma sensação muito poderosa. E então saquei. Lew Wasserman estava sentado na cabeceira da mesa, comandando. Olhei para ele e pensei: Esse cara acha que é um rei; é disso que se trata. Eu tinha acabado de visitar o Dalai Lama. No mundo do budismo tibetano, ele é considerado um rei, mas num sentido totalmente diferente. Nessa religião, eles falam muito sobre a ilusão. Vivemos basicamente com ilusões e nos perdemos nelas, no nosso samsara. Não vivemos na verdade, esse é o nosso problema, é por isso que estamos sempre dando cabeçadas. E aí estavam esses dois reis de reinos diferentes: um é o rei de criar ilusão por cima da ilusão, e o outro é o rei que trata de romper a ilusão. Foi como uma revelação. Hollywood é muito poderosa e muito real. Por mais que faça de conta, é real, tem movimento próprio e não se brinca com ela. Tem uma força real. Mas era como *Guerra nas estrelas*, em que as forças da luz e as das trevas estão em confronto. Dava para ver Lew Wasserman e o Dalai Lama se enfrentando.

BETTY BREITHAUPT: Creio que vi o sr. Wasserman pela última vez em 1998, no refeitório. Dava para perceber que suas faculdades mentais não eram mais o que tinham sido. Sorria muito. Eu nunca o tinha visto sorrir. As garotas sempre tinham de encontrar alguém que almoçasse com ele. Dispunha de uma mesa própria no refeitório e de uma garçonete para servi-lo, Anne. Comia sempre a mesma coisa, acho.

WENDY VANDEN HEUVEL: Voltei anos depois a Misty Mountain para ver o que encontraria. Xereteando pelo subsolo quando não havia ninguém por lá, me senti como uma catadora de lixo. Encontrei aqueles baús da velha Hollywood, cheios de cartolas, fotos, roupas e boás. Os baús tinham selos do lado de fora, de todos os lugares a que meus avós tinham ido: Paris, Londres, Madri, Buenos Aires. Era como ser transportada para outra época. Uma época de elegância e classe, muito distante da Hollywood de hoje. Havia beleza e algo artístico nela. Vestidos de baile com vidrilhos, fraques, polainas, peitilhos, monóculos. Imagine Rita Hayworth, Ava Gardner, Ginger Rogers, Fred Astaire.

Encontrei um chapéu de vovó que tinha doze gambás cheirando a rosa em cima e um véu de renda preta na parte da frente. Era bizarro. Vovó também tinha aqueles chapéus baixos e redondos muito clássicos e chapéus moles com uma flor do lado — que imagino que as senhoras usassem nas pistas de corrida. Havia fotos dela e dos amigos vestidos para bailes de máscaras ou apenas rindo, fumando, bebendo, se divertindo. Os baús tinham aquele cheiro de coisa velha guardada, como se tivessem ficado fechados por muito tempo. Na verdade, o subsolo inteiro me assustava. Era uma sala de projeções e área de recreação com uma mesa de sinuca numa sala ao lado. Fora todo montado para o entretenimento, mas não havia ninguém ali a quem entreter. Parecia muito vazio, fantasmagórico. Era possível ouvir o silêncio e uns pequenos rangidos quando se andava. Eu tinha lembranças de como havia sido — a luz saindo do projetor, vovô ao telefone dizendo ao operador para começar, gritos nos filmes de terror, bolas de sinuca batendo, meus amigos brincando. Vimos *Grandes esperanças* naquela sala, o antigo, em branco e preto. Aquele lugar era bem srta. Havisham, mas ainda mais assustador.

DOROTHY STEVENS: Algum tempo depois da morte da sua mãe, eu estava no andar de cima, no meu escritório, quando tocou a campainha. Atendi ao interfone e uma vozinha rachada disse: "Posso falar com a sra. Stein?". Pensei comigo mesma: Que coisa mais estranha! Respondi: "A sra. Stein não está. Sou a secretária. Posso ajudar?". Ela respondeu: "Sou Katharine Hepburn e quero entrar. Só quero passear pela propriedade". "Um momento, por favor. Vou chamar o segurança para abrir o portão." Eu era muito cautelosa no que se referia a permitir a entrada dos outros. Como ela pediu para falar com a sra. Stein, isso só agravou minha preocupação. Naquela época a srta. Hepburn estava aqui em Los Angeles, fazendo um tributo a Spencer Tracy para a MGM TV.

Então liguei para o quarto de Barney e disse: "Tem alguém lá embaixo falando com uma voz de taquara rachada, dizendo ser Katharine Hepburn. Hesitei em abrir o portão, mas claro que não quero insultar essa senhora, então desça lá e, se for mesmo ela, deixe entrar".

Então Barney desceu imediatamente a longa entrada de carros em curva. Depois me falou que, quando deu para enxergar o portão, viu Katharine Hepburn se segurando nas grades do portão e espiando como um esquilo. Barney me contou que ela andava tão rápido na subida que ele próprio, com bem mais de 1,80 metro, mal conseguia acompanhar seu passo.

Desci a escada e, sim, era a srta. Hepburn, com sua roupa habitual — calças largas, sapatos esporte que faziam um barulhinho quando ela andava, um casaco também folgado, um suéter jogado nas costas e amarrado na frente. O cabelo estava penteado como de costume, puxado para cima num coque pequeno. Falei: "Boa tarde, srta. Hepburn. Desculpe tê-la feito esperar no portão". "Ah, não, não", ela disse, "eu sei que você não pode deixar qualquer coisa velha entrar." Respondi: "Bem, srta. Hepburn, dificilmente eu a consideraria uma coisa velha. Da próxima vez que vier nos visitar, diga apenas 'Lago Dourado', e o portão será aberto". Ela riu: "Farei isso, farei isso, sim".

Ela ficou relembrando enquanto percorríamos a casa inteira. Tinha alugado a casa por um período curto em 1935, logo antes que o sr. e a sra. Stein a comprassem. Adorava o lugar. Estávamos na sala de estar e ela falou: "Você nunca vê cobras por aqui?". Respondi: "Cobras? Ah, não". "Ah, sim", ela disse. "Quando eu morava aqui, volta e meia aparecia uma rastejando pelo chão." E eu: "Nossa, e o que fazia?". E ela: "Ah, pegava minha espingardinha e *bam-bam*, atirava nela". Katharine Hepburn nos contou que, naquela época, era um lugar afastado, muito afastado, e bem selvagem. Disse que se sentava no pátio para tomar seu chá e os cervos vinham e quase comiam na sua mão.

Uma senhora maravilhosa. Eu não tinha acreditado naquela vozinha lá embaixo. Mais tarde fiquei sabendo que ela tentara entrar na casa outras vezes, mas não havia ninguém. Aqui você precisa ser muito prudente. Há bastante gente tentando dar o golpe. Dizem que estão entregando flores e têm uma arma dentro do buquê, sabe? É um artifício muito usado em Los Angeles.

JEAN STEIN: Quando visitei a casa, alguns anos depois que Rupert Murdoch a comprou do espólio, foi um choque descobrir que continuava tudo igual. Na parede que leva à sala de projeção, os Murdoch chegaram a pôr fotos da minha família em festas na casa, nos anos 1940 e 1950. Eu me senti uma aparição enquanto explicava quem eram aquelas pessoas a William Scheetz, o administrador de Murdoch.

WILLIAM SCHEETZ: O sr. Murdoch simplesmente se mudou direto, sem alterar nada. Eu ia cozinhar alguma coisa, procurava uma receita e o primeiro livro que pegava trazia o nome da sua mãe, Doris Stein, com um círculo em volta de suas receitas favoritas, com pequenas anotações. Comíamos com os mesmos pratos e talheres, cozinhávamos nas mesmas panelas e frigideiras.

Fui eu que tive a ideia de pendurar as fotos do seu pai. Bem, fui eu que as encontrei. Mostrei ao patrão e ele disse: "Têm uma história muito interessante. Podíamos fazer um livro com elas". Ele é dono da HarperCollins. Você nem conseguia descer com os convidados até o final da escada, pois eles paravam e ficavam olhando as fotos. "Onde dá para comprar esse tipo de coisa, você sabe? Onde se encontra esse tipo de decoração, tão exclusiva, da casa?" Também achei as fotos da sua festa de debutante.

JEAN STEIN: Ah, isso foi mil anos atrás. Judy Garland cantou "Over the Rainbow".

DAVID "PREACHER" EWING: Vim só pelo passeio. Parecia que a gente estava numa exposição. Quer dizer, é como morrer, ressuscitar e ver que alguém está vivendo sua vida. Achei incrível que William Scheetz abrisse cada canto e recanto, tipo, o armário de louças, "Eis a porcelana da sua mãe". Parecia até que ia abrir a gaveta de lingeries dela e mostrar os espartilhos. Eles tinham aquela antena de placa da DirecTV, porque a certa altura o dono da DirecTV era Murdoch. Ficava no alto do telhado, ao lado da antena de televisão antiga, estilo anos 1950, e William Scheetz disse: "Não sei por que deixaram lá em cima". Respondi: "Porque eram os Stein".

FIONA SHAW: Havia muitos elementos marcantes na casa. Em cima do piano, na sala de estar, estava uma foto de Rupert Murdoch com a família, que, evidentemente, era uma coisa surreal para alguém de fora. Nem fiquei olhando a foto, de tão constrangida. Pensei: Ah, é Rupert Murdoch — ah, e a família.

E o administrador, William Scheetz... Senti que, logo que os Murdoch saíam, a casa era dele. Scheetz comandava. Tive essa visão pavorosa de que ele ficava dançando por ali, sabe como?, meio que um brinquedo que ganha vida à noite. E era obcecado pela história da casa, pelas pessoas que tinham morado lá. Por Jean e seus pais. Senti seus pais ali, e sua filha desmiolada correndo em volta.

William Scheetz continuava a criticar você, dizendo: "Sabe quanto vale isso?". Estava muito bravo com você, por deixar tudo para trás. Não conseguia resistir a lhe dizer o preço de cada coisa, que ele sabia por que a Christie's tinha vindo avaliar a mobília. "Essas cadeiras valem 2,5 milhões de dólares cada", "Essa poeira vale vinte dólares". Devíamos ter simplesmente saqueado a casa e enchido uma van com as coisas.

WILLIAM SCHEETZ: Eu era mais o decorador da casa, entende? O sr. Murdoch não dá a menor importância ao ambiente que o cerca. Você pode deixá-lo numa garagem com uma cadeira e um telefone que ele passa o dia lá fazendo suas coisas normalmente. Basta um lápis e um bloco de papel para ele ficar feliz da vida. Ele não se importa com o local onde trabalha. Creio que tem tudo dentro da cabeça. E creio que foi por isso que muitas coisas nunca mudaram na casa, pois ele não tinha nenhum motivo para mudar nada. Aprecia as coisas como elas são. E recebia muitos elogios pela casa, muitos mesmo.

JEAN STEIN: Lew Wasserman tinha dito a Rupert Murdoch que, se ele comprasse a casa, todos os objetos dentro dela seriam seus. Pensei que ele negociaria segundo os interesses da minha família.

JOAN DIDION: O sócio do seu pai, o velho sr. Wasserman... Claro que estava negociando em favor do sr. Murdoch. Claro que sim. Claro que sim.

BARRY DILLER: Comprei a casa para Rupert Murdoch alguns meses após a morte de Doris. Rupert estava procurando uma casa na Califórnia. Foi, viu a propriedade e voltou para a Austrália.

Conversei com Lew e ele me disse: "Creio que a casa vai sair rápido — se Murdoch a quiser, é melhor que você faça alguma coisa logo". Liguei para Murdoch na Austrália, conversamos sobre o assunto e ele disse: "Não quero perdê-la". Respondi: "Tudo bem, se você está falando sério...". Ele retomou: "Estou. Se conseguir, compre a casa para mim". Então liguei de volta para Lew e o preço, se não me engano, era 62 ou 67, algo assim. Perguntei se Murdoch poderia ficar com toda a mobília. Lew falou que tudo bem e fechamos negócio. Aí liguei para Rupert: "Você comprou a casa. É incrível". Aquela sala de jantar onde eu havia almoçado e jantado tantas vezes quando seus pais eram vivos estava exatamente igual. A prataria, acho, era a mesma. Estava incluída no preço da casa. Era o que eu tinha negociado com Lew.

Em valores corrigidos, era muito menos do que os 47 milhões que David Geffen deu pela casa de Jack Warner, mas o que ninguém sabe é que ele também comprou a casa com tudo, absolutamente tudo dentro dela. Ele disse a Barbara Warner, disse bem assim: "Não quero negociar nada com você. Quero tudo, tudo, tudo o que está dentro da casa". Mais tarde, ele vendeu grande parte das coisas à Time Warner por um valor enorme, porque eram todos os pertences de Jack Warner, incluindo seus arquivos, seus prêmios da Academia, todo tipo de coisa. David ganhou muito com isso. Mas, em todo caso, havia uma grande diferença entre o preço que ele pagou e o preço que Rupert pagou.

DAVID "PREACHER" EWING: O melhor momento com William Scheetz foi quando estávamos do lado de fora da casa e perguntei: "Você tem uma arma?". Ele disse algo como: "Guardo uma dentro da casa devido ao que aconteceu lá em New Orleans depois do furacão Katrina. Eu só via aquelas hordas subindo o morro, como os saqueadores em *Frankenstein*". Também gostei quando encontrei o livro *A People's History*, de Howard Zinn, no quarto de hóspedes no andar de baixo, e Scheetz falou que Murdoch tinha lido de cabo a rabo.

WILLIAM SCHEETZ: Um amigo me deu um exemplar do *Nation*, um dos clientes dele assina o jornal. Mostrei ao patrão. Era um anúncio de página inteira do próprio jornal. E num dos cantos havia uma foto da sua filha. Dizia: "Katrina vanden Heuvel, editora e publisher do *Nation*". E aí, no canto oposto, havia uma foto do sr. Murdoch. Dizia: "Dono de praticamente todo o resto". E embaixo, no centro do anúncio: "Faça já sua assinatura para ajudar na desmurdoquização do mundo" ou algo assim. Verdade. Mostrei a Rupert. "Esta é a filha de Jean Stein." "É mesmo?" Falei: "E olhe o que diz a seu respeito: Dono de praticamente todo o resto". "Quem me dera", ele disse.

KATRINA VANDEN HEUVEL: O anúncio tinha uma foto minha e uma foto de Murdoch, como se fosse uma luta de boxe, e havia uma declaração de independência: "O antídoto à murdoquização — Assine o *Nation* para amigos e parentes. Independente desde 1865".

Havia uma história por trás do anúncio, porque a primeira vez que o *Nation* lançou a página dupla central em papel brilhante em cores foi em 1996, e era o National Entertainment Complex, que tinha a News Corp como um dos braços. E com Murdoch, não era apenas por suas posições de direita, mas a ideia de que ele era esse polvo engolindo o mundo com suas ideias, seu poder e sua fortuna. E de fato vi aí a ironia em relação ao meu avô, porque nos anos 1940 o *Saturday Evening Post* havia chamado a MCA, a empresa dele, de "o polvo dos Estados Unidos". E agora Murdoch era dono de uma parte da história da nossa família. É como *Um fantasma camarada*, não é? Você se lembra desse filme incrível? Lembro que assisti na sala de projeções dos meus avós. Amei. Murdoch literalmente comprou os tijolos, a argamassa, até as fotos, para dar a si mesmo o sinete que era de vovô. Claro, pagou pela casa, mas em certo sentido ele pegou bens que o fariam se sentir o magnata de Hollywood. É muito sinistro, pois parece mesmo um filme de fantasma ou de casa assombrada, com os moradores anteriores nas paredes, se divertindo ao estilo grandioso de antigamente. Para mim, Misty Mountain agora não tem mais a aura de mistério ou o glamour de Hollywood. A casa está supostamente em condições perfeitas, mas todo o estofamento daquelas poltronas do pátio ao ar livre foi arrancado. Veio um corujão-orelhudo e destroçou oito delas em poucos minutos. Talvez estivesse bravo. Bravo com Rupert Murdoch. Ele desceu arremetendo para atacar e fez a maior algazarra. Segundo William Scheetz, dava para ouvir de longe, parecia um monstro. Me lembrei da minha avó, sempre doida com os cervos comendo suas rosas. E aí meus avós simplesmente mandavam construir mais cercas.

JOE JOHNSTON: Fui jardineiro dos Stein e continuei trabalhando na propriedade quando Rupert Murdoch a comprou. Uma vez, quando os Stein ainda moravam aqui, fui até a piscina e lá estava um negro. Ele diz: "Saia da minha propriedade". Esse homem, esse desconhecido, diz para mim: "Saia da minha propriedade". E eu digo: "Aqui não é sua propriedade. O que você está fazendo aqui?". Aí, ele vai embora e vou procurar Charles, o mordomo, e digo: "É melhor trancar as portas e tudo. Tem um estranho aqui". Charles falou com o patrão, que estava lá dentro. Na casa. Tínhamos uma espingarda calibre 22 que usávamos para atirar nos esquilos quando começavam a fazer bagunça. Então peguei aquele troço. E aí encontrei o cara sentado num banco na varanda de cima, onde ficava o escritório do patrão. Aí eu disse: "É melhor você sair já daí". E ele não saiu. Desci correndo e logo que chego na alameda dos carros ouvi alguém me dizendo: "Solte a arma". Me virei e era a polícia de Los Angeles. Eles acabaram pegando o cara na varanda e desceram com ele, então seu pai apareceu vindo pela cozinha. Ele disse: "Aqui não é propriedade sua. Chamei a polícia". Levaram o sujeito embora. Não sei quem era o cara. Não era um vagabundo. Só um cara normal, um desconhecido.

WILLIAM SCHEETZ: Havia desabrigados morando no morro logo abaixo da propriedade. Eles tinham livros, comida, tudo organizado, talvez um cobertor ou coisa assim onde sentar e dormir. E achamos que estavam entrando escondido nas estufas, nas noites de frio, para se aquecer. Bebiam água e não fechavam direito a torneira. E então os jardineiros diziam: "Peraí, ontem estava fechada. Por que agora está vazando?". Trancamos as estufas, trocamos as fechaduras, mudamos as coisas deles de lugar e então parou.

Os vizinhos ao sul ergueram uma cerca de cinco metros de altura separando nossos terrenos, por causa das onças-pardas. E na primeira quinzena um animal pulou por cima dela e entortou o alto da cerca tentando entrar. Agora eles têm no quintal seguranças durante a noite, câmeras e um tipo de dispositivo que espirra água quando detecta movimento. Nesse meio-tempo, nossa cadela voltou para Nova York, porque entrou numa briga com a onça-parda. Lembro que custou milhares de dólares para tratar os ferimentos.

Aí os vizinhos quiseram que a cerca ficasse com seis metros. Disse para parar nos cinco, porque fiquei com medo de que ficasse parecendo a Grande Muralha da China. Eles me mandaram uma batelada de informações sobre as onças-pardas e seus padrões de comportamento. Supostamente não são de entrar em áreas residenciais. Os jardineiros de lá trabalhavam sete dias por semana. Plantavam as flores, então três semanas depois tiravam e plantavam novas. E então tiravam essas flores.

Nossos jardineiros volta e meia encontravam ninhos de cascavel no terreno. Pelo menos uma vez por ano, quando limpavam a capoeira. E aí brigavam para ver quem levava as cobras para casa, para comer.

GENE BARNET KERR: Não consigo imaginar por que alguém ia querer entrevistar um segurança. As pessoas em geral, quando olham para um segurança, só veem o uniforme, não um rosto. O segurança pode ir para casa, mudar de roupa e conversar com alguém com quem tinha conversado duas horas antes sem ser reconhecido. Não sei por quê, mas é assim.

Trabalhar em Misty Mountain foi o serviço mais tranquilo que tive na minha vida inteira, sem dúvida. Depois que venderam a casa, os guardas dos Stein ficaram preocupados. Ninguém sabia o que ia acontecer. O pessoal do serviço doméstico temia que Murdoch não ficasse com eles. Se ele quisesse, poderia ter seguranças. Bem, não sabíamos que tipo de pessoa ele era. Dá para entender por que os caras detestavam a ideia de ir embora — sei que *eu* detestava. Você podia ficar andando pelo lado de fora, mandar no próprio nariz. Comecei cerca de uma semana antes que a sra. Stein falecesse. Cheguei a encontrá-la uma vez quando descia pela entrada dos carros. Só a vi sorrir uma vez.

A casa ficou vazia por um tempo, antes que Murdoch comprasse a propriedade. Eu ficava andando lá em cima, em volta da piscina velha e dos vestiários, imaginando todo aquele pessoal antigo de Hollywood que tinha estado por lá no passado. Devia ser bastante gente. Creio que era o único lugar que tinha alguma magia para mim. Fiquei triste quando demoliram o pavilhão.

Não trabalhávamos para o estúdio, e sim para uma empresa de segurança que tinha um contrato com o estúdio, que absorvia os custos. Quanto ao que aconteceu com a empresa de segurança, só posso especular. Todo mundo queria trabalhar para o estúdio. Na verdade, nunca vi na vida tantos aspirantes a Hollywood como os caras que passavam por nossa equipe. Creio que os agentes mandavam os sujeitos para conseguir emprego como seguranças e assim poder ter alguma visibilidade. Muitos dos seguranças estavam interessados em cinema — ou melhor, em Hollywood. Imagino que alguns se dariam por satisfeitos se dissessem uma palavrinha ao sr. Wasserman ou ouvissem uma palavrinha do sr. Stein. Muitos aspirantes a Hollywood nunca conseguirão chegar lá porque não têm o agente ou o contato certos. Vêm e vão embora. São milhares, tenho certeza, que vêm e vão embora.

Dizem que a segurança é um dos setores em crescimento mais rápido nos Estados Unidos. A quantidade de gente que tem seguranças é maior do que eu imaginava. Talvez tenha mais a ver com prestígio do que com segurança. É como se nosso trabalho fosse atender o portão e controlar a entrada e a saída das pessoas. Na vizinhança onde eu moro, ninguém pode se permitir ter seguranças. O pessoal do bairro começou a deixar as luzes acesas a noite inteira, e o número de casas com grades nas janelas não para de aumentar. É o que dá fazer — eles não têm condições de contratar gente ou serviços de segurança como no Westside ou em Bel Air. Moro afastado, em El Monte. Vivo tendo problemas por lá, gente pegando coisas do meu quintal e assim por diante. Roubam tudo o que não estiver pregado no chão. Minha ideia de segurança talvez seja totalmente diferente da sua. A impressão que eu tenho é de que meu lugar é lá, guardando minha própria casa, e não aqui na colina. Aqui nunca acontece nada.

Notas biográficas

LAUREN BACALL foi atriz de cinema. Participou, entre outros, dos filmes *Uma aventura na Martinica*; *À beira do abismo* e *Paixões em fúria*. Escreveu duas autobiografias, *Bacall fenomenal* e *Now*.

DON BACHARDY é artista visual. Seus livros de retratos incluem *October* (em colaboração com Christopher Isherwood); *One Hundred Drawings*; *Drawings of the Male Nude*; *Last Drawings of Christopher Isherwood* e *Hollywood*.

WARREN BEATTY é ator e diretor de cinema. Entre seus filmes estão *Clamor do sexo*; *Bonnie e Clyde: Uma rajada de balas*; *Shampoo*; *O céu pode esperar*; *Reds*; *Dick Tracy*; *Bugsy* e *Politicamente incorreto*.

JOAN WILLENS BEERMAN é psicanalista. Trabalha no comitê sul da Califórnia do Human Rights Watch.

ANN SMITH BLACK é sobrinha de Lucy Smith Doheny.

LOUIS BLAU foi advogado.

MARYANN BONINO é professora, musicóloga e curadora da Mansão Doheny.

BETTY BREITHAUPT foi secretária de Jules Stein e, mais tarde, de Lew Wasserman.

ROY BREWER foi o representante de Hollywood na Aliança Internacional dos Trabalhadores Teatrais e Operadores de Máquinas de Cinema.

HARRY JOE "COCO" BROWN JR. foi amigo de infância de Barbara Warner Howard.

CONNIE BRUCK é redatora da *New Yorker* e autora de vários livros, entre eles *Predators' Ball* e *When Hollywood Had a King*.

GAYLE CHELGREN é sobrinha de Hugh Plunkett.

RUTH COGAN era irmã de Jules Stein.

OSCAR COHEN foi produtor executivo e presidente da Associated Booking Corporation.

BUD CORT é ator de cinema e de teatro. Fez *Voar é com os pássaros* e *Harold e Maude*.

JOHN CREEL é o fundador e presidente de empresas especializadas em design, desenvolvimento de produtos e marketing internacional. É enteado de Robert Plunkett, irmão de Hugh Plunkett.

MIKE DAVIS é escritor, historiador e ativista político. Escreveu, entre outros, os livros *Cidade de quartzo*; *Ecologia do medo* e *Planeta favela*. Recebeu uma Bolsa MacArthur em 1998.

JOAN DIDION é ensaísta e romancista. Autora de, entre outros, *Slouching Towards Bethlehem*; *Play It as It Lays*; *A Book of Common Prayer*; *O álbum branco*; *Political Fictions*; *Where I Was From*; *O ano do pensamento mágico* e *Blue Nights*.

BARRY DILLER é presidente e chefe executivo da IAC e presidente e chefe executivo da Expedia. Foi presidente do conselho diretor da Fox, sob Rupert Murdoch.

CAROLE WELLS DOHENY é atriz. Foi casada com Edward L. Doheny IV, bisneto de Edward L. Doheny.

PATRICK "NED" DOHENY é músico e bisneto de Edward L. Doheny.

TOPSY DOHENY é a viúva de Timothy Doheny, filho de Edward L. Doheny Jr.

BRODRICK DUNLAP é corretor imobiliário na Coldwell Banker Residential Bookerage.

PHILIP DUNNE foi roteirista, produtor e diretor de cinema.

WILLIAM EGGLESTON é fotógrafo. Publicou, entre outros, *Los Ala-*

mos; *Election Eve*; *William Eggleston's Graceland*; *The Democratic Forest*; *Faulkner's Mississippi* e *Ancient and Modern*.

DAVID "PREACHER" EWING é escritor e cineasta bissexto na Califórnia.

JANE FONDA é atriz de cinema. Atuou em *Pelos bairros do vício*; *Barbarella*; *A noite dos desesperados*; *Klute*; *O passado condena*; *Amor para a eternidade* e *Num lago dourado*. Escreveu *Minha vida até agora* e *O melhor momento*, entre outros.

BEATRIZ FOSTER era psiquiatra.

PATRICK FOULK foi amigo íntimo de Ann Warner.

DAVID GEFFEN é filantropo e colecionador de arte. Foi produtor e executivo de empresas fonográficas e cinematográficas.

FRANK GEHRY é arquiteto. Entre seus edifícios, estão o Guggenheim Museum de Bilbao, o Walt Disney Concert Hall em Los Angeles, o museu de arte da Fondation Louis Vuitton em Paris e o Pierre Boulez Hall na Barenboim-Said Akademie em Berlim.

HAL GLICKSMAN trabalhou como conservador de acervo no Pasadena Art Museum e foi diretor do Pomina College Museum of Art.

FABIENNE GUERIN era amiga de Mary Jennifer Selznick. É casada com J. P. "Rick" Guerin.

RICHARD GULLY foi chefe de protocolo de Jack Warner.

CHARLES HARRIS era o mordomo de Jules e Doris Stein.

BROOKE HAYWARD é autora de *Haywire* e filha de Leland Hayward e Margaret Sullavan.

DENNIS HOPPER foi ator e diretor de cinema. Participou, entre outros, dos filmes *Sem destino*; *O último filme*; *Apocalipse Now* e *Veludo azul*.

MARIN HOPPER é designer e filha de Dennis Hopper e Brooke Hayward.

WALTER HOPPS foi curador, diretor de museu e marchand.

BARBARA WARNER HOWARD é filha de Jack e Ann Warner. É presidente do conselho diretor do New York Theatre Workshop.

CY HOWARD foi roteirista, produtor e diretor de cinema e terceiro marido de Barbara Warner Howard.

JEAN HOWARD foi fotógrafa e mulher do agente Charles Feldman.

LYLA HOYT era a filha mais velha de Grace Garland e foi casada com Warren Hoyt.

MARSHA HUNT foi atriz de cinema, teatro e televisão, mas hoje está aposentada.

JAN IVAL era o mordomo e motorista de Ann Warner.

JOE JOHNSTON trabalhou como jardineiro de Jules Stein e consultor paisagístico de Rupert Murdoch em Misty Mountain.

DEBORAH JOWITT é crítica de dança. Foi colega de Jane Garland em Marymount.

CRAIG KAUFFMAN foi artista visual.

SALLY KELLERMAN é atriz de cinema. Entre seus filmes estão *M*A*S*H*; *Voar é com os pássaros* e *Gatinhas*.

GENE BARNETT KERR trabalhou como segurança em Misty Mountain.

NAOMI KLEIN é escritora e ativista social. Publicou *Sem logo: A tirania das marcas num planeta vendido*; *A doutrina do choque: A ascensão do capitalismo de desastre* e *This Changes Everything: Capitalism vs. the Climate*, entre outros. Integra o conselho diretor do grupo de ativistas de defesa climática 350.org.

RING LARDNER JR. foi roteirista, romancista e jornalista. Entre seus filmes estão *A mulher do dia*; *Laura* e *M*A*S*H*. Escreveu o romance *The Ecstasy of Owen Muir*.

ANSON LISK é sobrinha de Lucy Marceline Smith Doheny, que foi a primeira mulher de Edward L. Doheny Jr.

EARL MCGRATH foi um intelectual, ex-galerista e ex-diretor da Rolling Stones Records.

ARTHUR MILLER foi dramaturgo, roteirista e escritor. Entre suas peças estão *Todos eram meus filhos*; *A morte de um caixeiro-viajante*; *As bruxas de Salém*; *O panorama visto da ponte* e *Depois da queda*. Assinou, entre outros, o roteiro de *Os desajustados*.

LOUISE MILLS é filha de Karl Kramer, executivo da MCA.

ED MOSES é artista visual. Teve uma retrospectiva no MOCA em 1996.

JIM MURRAY foi um executivo da MCA.

WALLACE NEFF JR. é filho do arquiteto Wallace Neff.

JIM NEWMAN foi cofundador do Syndell Studio em Los Angeles, com Walter Hopps e Craig Kauffman.

LARRY NIVEN é autor de ficção científica e filho de Lucy Estelle Doheny (Dickie Dell). É neto de Edward L. Doheny Jr.

GERALD OPPENHEIMER era filho do primeiro casamento de Doris Stein.

GREGORY ORR é filho de Joy e Bill Orr e neto de Ann Warner e seu primeiro marido, Don Page.

JOY ORR era filha de Ann Warner e seu primeiro marido, Don Page.

ALZOA GARLAND OTTO é filha de Alzoa Garland, primeira mulher de William Joseph Garland.

JACKIE PARKS foi amigo próximo de Jack Warner.

ARTHUR PARKS FOI um executivo da MCA.

O REVERENDÍSSIMO WILLIAM PERSELL é bispo e antigo prior da igreja episcopal St. John's em Los Angeles.

JAMES PETRILLO foi presidente da Federação Americana de Músicos.

ABRAHAM POLONSKY foi roteirista, diretor de cinema e romancista.

RICHARD RAYNER é um historiador e escritor inglês que mora em Los Angeles há 25 anos. Entre seus livros estão *The Blue Suit* e *A Bright and Guilty Place*.

SETH ROSENFELD é autor de *Subversives: The FBI's War on Student Radicals, and Reagan's Rise to Power*. Como jornalista independente estabelecido em San Francisco, escreve para *The New York Times*; *Los Angeles Times* e *Harper's Magazine*.

LARRAINE ROSNER é a viúva de Louis Rosner.

LOUIS ROSNER era neurologista e foi um dos médicos de Jack Warner.

WILLIAM SCHEETZ é o administrador pessoal e dos bens de Rupert Murdoch.

MURRAY SCHUMACH foi jornalista do *New York Times* durante 48 anos. Também escreveu vários livros, entre eles *The Face on the Cutting Room Floor: The Story of Movie and Television Censorship* e *The Diamond People*.

DANIEL SELZNICK é produtor e filho de David e Irene Selznick.

FIONA SHAW é atriz de teatro e cinema e diretora de ópera. Atuou em muitas peças, entre elas *Medeia* e *O testamento de Maria*. Também dirigiu várias óperas, inclusive *O rapto de Lucrécia*, de Benjamin Britten, no Glyndebourne.

BETTY WARNER SHEINBAUM é artista visual, filha de Harry e Rea Warner.

JUDY SIMON é mulher de Donald Simon, filho do primeiro casamento de Norton Simon.

TOM SITTON é historiador e escritor. Entre seus livros está *Grand Ventures: The Banning Family and the Shaping of Southern California*.

STEPHEN SONDHEIM é compositor e letrista. Entre suas obras estão *Amor, sublime amor*; *Música numa noite de verão*; *Sweeney Tood: O barbeiro demoníaco da rua Fleet*; *Sunday in the Park with George* e *Caminhos da floresta*.

HERBERT SORRELL era presidente da Confederação dos Sindicatos de Cinema.

SUSAN SPIVAK é advogada.

DAVID STEIN é o irmão mais novo de Jules Stein.

JULES STEIN foi o fundador da Music Corporation of America e do Jules Stein Eye Institute.

DOROTHY STEVENS era a secretária social de Doris Stein.

NINA AUCHINCLOSS STRAIGHT era escritora e meia-irmã de Gore Vidal.

MARTIN SUMEERS é marchant e consultor particular.

TOMOYUKI "YUKI" TAKEI é cabeleireiro e ex-dono de salão.

ANNE TERRAIL é filha de Barbara Warner Howard e Claude Terrail.

KATRINA VANDEN HEUVEL é editora e publisher do *Nation*, e filha de Jean Stein.

WENDY VANDEN HEUVEL é atriz, professora, produtora, diretora do grupo teatral sem fins lucrativos Piece By Piece Productions, e filha de Jean Stein.

GORE VIDAL era ensaísta, romancista e dramaturgo. Escreveu muitos livros, entre eles *Juliano*; *Burr*; *United States: Essays 1952-1992* e *Palimpsesto: Memórias.*

AMY WALKER WAGNER é advogada e filha de Michael Walker, irmão mais novo de Bob Walker.

BOB WALKER é fotógrafo e filho de Jennifer Jones e Robert Walker.

DAWN WALKER é mulher de Bob Walker.

GILLIAN WALKER é psicoterapeuta e docente de psiquiatria na Escola de Medicina da Universidade de Nova York, da disciplina terapia de casais e de família.

JACK WARNER JR. foi produtor de cinema, filho de Jack Warner e da primeira mulher, Irma Solomon.

LEW WASSERMAN foi presidente do conselho diretor e diretor da Music Corporation of America e, mais tarde, da MCA Universal.

RICHARD WEISMAN é colecionador de arte, filho de Marcia Weisman, irmã de Norton Simon.

STEFANIA PIGNATELLI WERNER é designer de interiores.

ALICE WEXLER é historiadora e filha de Milton Wexler. Entre seus livros estão *Mapping Fate: A Memoir of Family, Risk, and Genetic Research* e *The Woman Who Walked into the Sea: Huntington's and the Making of a Genetic Disease.*

MILTON WEXLER foi analista e fundador da Hereditary Disease Foundation.

Agradecimentos

A Bill Clegg pelos conselhos editoriais, pela amizade e pela dedicação a este livro.

A David Ebershoff, editor incrivelmente cuidadoso que me orientou com simpatia e gentileza.

Ao talentoso poeta e editor escocês Robin Robertson, por acreditar neste livro.

A Ed Ruscha, que sempre foi um amigo gentil.

A Ottessa Moshfegh, amiga leal e editora maravilhosa que acompanhou todos os os passos deste livro.

A Webster Younce, a quem agradeço o cuidadoso trabalho de edição e o profundo envolvimento com o projeto.

A Marie Jager, pesquisadora intrépida e dedicada, de espírito inabalável.

A Mary Blume, Kennedy Fraser e Fiona Shaw, amigos constantes, que com amor e bondade me apoiaram ao longo de todo o projeto.

Sou especialmente grata às seguintes pessoas, por sua generosidade e seus conselhos: Mike Davis, William Eggleston, David "Preacher" Ewing, Dennis Hopper, Walter Hopps, Barbara Howard, Diane Keaton,

Brigitte Lacombe, Ed Moses, Richard Rayner, Deborah Treisman, William Vollmann, Bob Walker e Dawn Walker.

Pelo incentivo e apoio, quero agradecer a Hilton Als, Richard Axel, Jack Bankowsky, Cori Bargmann, Peter Bogdanovich, Natasha Parry Brook, Peter Brook, Connie Bruck, Elizabeth Coll, Mary Dean, Angie Dickinson, Joan Didion, Carole Wells Doheny, Brodrick Dunlap, Winston Eggleston, Jodie Evans, Susan Feldman, Harry Gamboa Jr., Silvia Gaspardo Moro, Gronk, Tom Hayden, Jim Heimann, Willie Herrón III, Marin Hopper, Caroline Huber Hopps, Janet Johnson, Robert "Cyclona" Legorreta, Norman Lloyd, H.W. MacDonald, Earl McGrath, Kristine McKenna, Alessandra Moctezuma, Chon A. Noriega, Ethan Nosowsky, Gail Oppenheimer, Gerald Oppenheimer, dr. Pratapaditya Pal, Grace Pollak, Karen Ranucci, Michael Ratner, Cahrles Ray, Danna Ruscha, Mariam Said, Robert Scheer, William Scheetz, Daniel Selznick, Betty Sheinbaum, Stanley Sheinbaum, Sid Sheiberg, Alexandra Shiva, Fatssi Valdez, Jataun Valentine, Gillian Walker, Sam Watters, Vivien Lesnik Weisman, Drenka Willen, Barbara Williams, JoAnn Wypijewski e Narda Zacchino.

Devo uma menção especial àqueles que transcreveram as gravações, Ian Hassett e Joanna Parsons.

Quero agradecer aos colegas de David Ebershoff na Random House: Barbara Bachman, Susan Kamil, Beth Pearson, Tom Perry, Robbin Schiff, Amelia Zalcman e, em especial, Caitlin McKenna.

Também quero agradecer aos colegas de Bill Clegg na Clegg Agency: Jillian Buckley, Chris Clemans, Henry Rabinowitz, Kirsten Wolf e Drew Zagami.

Devo agradecimentos especiais a Molly Jean Bennett, Rachel Cole Dalamangas, Al Davidian, Adam Figueroa, Gloria Gomez, Paul Hassett, Mercedes Marcial, Marina Parulava, Kaitlin Phillips e Amy Ryan.

Por fim, sou especialmente grata a Katrina e Wendy vanden Heuvel, que sempre estiveram ao meu lado e a quem dedico este livro.

Créditos dos textos

Agradeço às seguintes pessoas e entidades pela autorização para reproduzir os materiais abaixo:

AVALON, INTEGRANTE DE THE PERSEUS BOOKS GROUP E ESPÓLIO DE DIANA COOPER: Excerto de *Diana Cooper: Autobiography by Diana Cooper*, copyright © 1985. Reproduzido com autorização de Avalon, integrante de The Perseus Books Group e do Espólio de Diana Cooper.

GLOBAL MULTIMEDIA PARTNERS, INC.: Excerto da revista *Collier's*. Reproduzido com autorização da Global Multimedia Partners, Inc.

HARRY RANSOM CENTER DA UNIVERSIDADE DO TEXAS EM AUSTIN E DANIEL SELZNICK: Quatro telegramas do Western Union Bank de David O. Selznick a Jennifer Jones; memorando de David O. Selznick a Katharine Brown e D. T. O'Shea, de 19 de agosto de 1941; memorando de David O. Selznick a Whitney Bolton, diretor de divulgação e publicidade, de 10 de setembro de 1941; memorando de David O. Selznick a Katharine Brown e Whitney Bolton, de 8 de janeiro de 1942; carta de David O. Selznick a Dore Schary, de 1º de setembro de 1941, todos conservados na David O. Selznick Collection, Harry Ransom Center, Universidade do Texas em Austin. Reproduzido com autorização do Harry Ransom Center na Universidade do Texas em Austin e de Daniel Selznick.

HEARST COMMUNICATIONS, INC.: Excerto de "Love at First Analysis Turns to Charity", de *Los Angeles Herald Examiner*, 25 de junho de 1980. Reproduzido com autorização de Hearst Communications, Inc.

MARSHA HUNT: Citação atribuída a Marsha Hunt. Reproduzida com autorização.

CHRISTOPHER MOUNT: Excertos de uma biografia inédita de Jules Stein, escrita por Murray Schumach. Reproduzidos com autorização de Christopher Mount.

SETH ROSENFELD: Citação atribuída a Seth Rosenfeld. Reproduzida com autorização.

BOB WALKER: Carta sem data de Jennifer Jones a David O. Selznick; carta de Jennifer Jones a David O. Selznick, março de 1959. Reproduzidas com autorização.

Créditos das imagens

Todos os esforços foram feitos para determinar a origem das imagens publicadas neste livro, porém isso nem sempre foi possível. Teremos prazer em creditar as fontes, caso se manifestem.

p. 14: cortesia do Departamento de Coleções Especiais, Bibliotecas da Universidade da Califórnia do Sul.
p. 22: cortesia da Central de Arquivos, Arquidiocese de Los Angeles.
p. 24: cortesia da equipe do *Los Angeles Times*. Copyright © 1915 Los Angeles Times. Reproduzido com autorização.
p. 25: cortesia de Photography Juergen Nogai, Alemanha.
p. 40: cortesia de Underwood & Underwood.
p. 58: cortesia de Barbara Warner Howard.
p. 72: cortesia de Barbara Warner Howard.
p. 110: © Salvador Dalí, Fundación Gala-Salvador Dalí AUTVIS, Brasil, 2017.
p. 111: © Salvador Dalí, Fundación Gala-Salvador Dalí AUTVIS, Brasil, 2017.
p. 112: Bettmann/Getty Images.
p. 119: cortesia de Barbara Warner Howard.

p. 120: cortesia de Barbara Warner Howard.
p. 148: cortesia de Ed Moses.
p. 150: cortesia de Ed Moses.
p. 168: cortesia de Billy Al Bengston.
p. 214: cortesia da Coleção Jean Howard, Centro de Herança Americana, Universidade de Wyoming.
p. 220-2: cortesia da Coleção David O. Selznick, Centro Harry Ransom, Universidade do Texas em Austin. Cortesia de Daniel Selznick.
p. 224: cortesia de Bob Walker.
p. 227: cortesia do Dennis Hopper Art Fund.
p. 231: no alto e embaixo: Cortesia de Bob Walker.
p. 239: cortesia de William Phillips e equipe do *Los Angeles Times*. Copyright © 1967 Los Angeles Times. Reproduzido com autorização.
p. 241: cortesia dos Arquivos do Norton Simon Museum.
p. 254: cortesia de Bob Walker.
p. 263: cortesia da equipe do *Los Angeles Times*. Copyright © 1976 Los Angeles Times. Reproduzido com autorização.
p. 286: cortesia de Bob Walker.
p. 292: cortesia de Jean Stein.
p. 294: cortesia de William Eggleston, Eggleston Artistic Trust.
p. 295: cortesia de Jean Stein.
p. 296: cortesia de Jean Stein.
p. 298: cortesia de David "Preacher" Ewing.
p. 300: © Inge Morath © The Inge Morath Foundation/ Magnum Photos/ FotoArena.
p. 332: cortesia de Langdon Clay.
p. 336: cortesia de Laura McPhee.

ESTA OBRA FOI COMPOSTA EM MINION PELO ESTÚDIO O.L.M. / FLAVIO PERALTA E IMPRESSA EM OFSETE PELA GRÁFICA BARTIRA SOBRE PAPEL PÓLEN SOFT DA SUZANO PAPEL E CELULOSE PARA A EDITORA SCHWARCZ EM ABRIL DE 2017

FSC
www.fsc.org
MISTO
Papel produzido a partir de fontes responsáveis
FSC® C105484

A marca FSC® é a garantia de que a madeira utilizada na fabricação do papel deste livro provém de florestas que foram gerenciadas de maneira ambientalmente correta, socialmente justa e economicamente viável, além de outras fontes de origem controlada.